독재자의 최후

The Most EVIL Dictators In History

길산

독재자의 최후

초판 1쇄 인쇄 2005년 10월 31일
초판 1쇄 발행 2005년 11월 7일

지은이 셸리 클라인
옮긴이 이순영
발행인 이종길
펴낸곳 도서출판 길산
디자인 신성희
교 열 추지영
마케팅·관리 송유미

ADD 경기도 고양시 덕양구 화정동 970-2
TEL 031.973.1513
FAX 031.978.3571
E-mail keelsan@keelsan.com
http://www.keelsan.com
ISBN 89-91291-05-8 03900

값 18,000원

The Most Evil Dictators In History
Copyright ⓒ 2005 by Shelly klein
Korean Translation Copyright ⓒ 2005 by Keelsan Books

This Translation published by arrangement with Michael O'Mara Books Ltd.
Korean edition is published by arrangement with
Michael O'Mara Books Ltd through Ericyang Agency.

이 책의 한국어 판권은 신원 에이전시를 통한
Michael O'Mara Books Ltd.사와의 독점계약으로 '도서출판 길산'이 소유합니다.
저작권법에 의하여 한국 내에서 보호를 받는 저작물이므로
무단전재와 복제를 금합니다.

파본은 구입처나 본사에서 교환해 드립니다.

독재자의 최후

셸리 클라인 지음 | 이순영 옮김

목 차

서문   7

헤롯 대왕 유아 학살자   17

칭기즈칸 바다의 전사   39

샤카 줄루 아프리카의 왕   59

요시프 스탈린 러시아의 엉클 조   81

아돌프 히틀러 20세기의 전쟁 군주   105

마오쩌둥 중국의 혁명적 지도자   133

아나스타시오 가르시아 소모사 우리 편인 개자식   159

프랑수아 '파파 독' 뒤발리에 조용한 시골 의사	183
김일성 북한의 스탈린	209
아우구스토 우가르테 피노체트 죽음의 장군	231
니콜라이 차우셰스쿠 국가의 미래를 짓는 몽상적 건축가	255
폴 포트 브라더 넘버 1	279
이디 아민 빅 대디	303
사담 후세인 중동의 스탈린	327
로버트 무가베 짐바브웨의 실력자	351
감사의 말	376

The Most Evil Dictators In History

도서출판 길산

| 서 문 |

　잔악함으로 명성을 떨쳤던 독재자가 죽거나 혹은 그들의 체제 아래서 고문을 당했던 사람들이 살아 나와 그들의 잔인한 행위를 외부 세계에 고발할 때마다 다시는 이런 일이 일어나서는 안 된다는 목소리가 예외 없이 높아진다. 하지만 그러한 일은 여전히 사라지지 않고 또다시 지구상의 곳곳에서 되풀이된다. 지금도 세계 곳곳의 많은 사람들이 복종을 강요하고 파괴를 즐기는 정신병적인 기질과 몽상적인 열정에 사로잡힌 독재자들로 인해 고통받고 있다. 독재자가 되도록 만드는 동기는 절대 사라지지 않는다. 하지만 안타깝게도 그 희생자들은 그렇지 않다.
　이 책에 등장하는 인물 가운데 가장 흥미로운 사람은 요시프 스탈린이다. 그는 가장 두려운 인물이면서 동시에 굉장히 영향력 있는 인물이었기 때문이다. 그가 살아있을 때나 이미 죽은 지금이나 자신의 나라뿐 아니라 전 세계에서 스탈린만큼 숭앙받는 독재자는 없을 것이다. 스탈린은 어떤 삶을 지향하든 모든 사람들에게 하나의 교리처럼 받아들여졌고 그것은 지금도 변함이 없다. 그나마 다행스러운 것은 그와 같은 독재자가 그 하나뿐이라는 것이다. 오스왈드 모슬리 Oswald Mosley [1]나 영국의 국민전선, 그리고 나치스 지도자 장-마리 르펭이 이끄는 프랑스 국민전선과 같은 유럽의 몇몇 극우파 집단들이 히틀러를 찬양하기도 하지만 말이다. 그러나 스탈린과는 달리 히틀러의 영향력은 이데올로기보다는 다분히 인종주의적인 것이었다.

홀로코스트와 같은 대학살이나 미국과 영국의 병사들이 죽음의 수용소를 해방시키면서 찍은 필름의 양을 놓고 본다면, 아마도 히틀러의 공포정치가 '악惡'이라는 단어에 가장 적합할 것이다. 문명화된 국가가 수백만 명의 남녀, 심지어 아이들에게 저지른 살인 행위를 낱낱이 조사해 보면 그 실상은 상상을 초월할 만큼 참혹하다. 어떻게 국가 전체가 그러한 통치 아래에 있을 수 있는가? 어떻게 모든 국민이 바로 곁에서 일어나는 일을 모를 수가 있는가? 독일은 수백만 명의 작은 히틀러들, 즉 그들의 총통이 품었던 것과 같은 분노를 나름의 방식으로 품고 있었던 사람들로 가득했던 것일까? 이 점은 언제나 뜨거운 논쟁의 대상이었고, 앞으로 몇 년간은 계속될 것이다. 하지만 한 가지 분명한 것은 우리 모두의 마음속에는 '악'이라는 본성이 잠재되어 있다는 것이다.

인간의 본성에 잠재되어 있는 정신병적인 측면, 즉 이 책에 등장하는 독재자들이 자행했던 고문과 사람을 살해하면서 느끼는 쾌감이라는 문제에 이르면, 선한 사람과 악한 사람을 확연히 구분할 수 있다. 히틀러, 폴 포트, 이디 아민, 스탈린, '파파 독' 뒤발리에, 사담 후세

---

1. 영국의 정치가. 1932년부터 1940년까지 영국 파시스트 연합의 지도자였고, 1948년부터 죽을 때까지 유니언 운동(파시스트 연합을 계승한 조직)의 지도자였다.

인…. 이들은 모두 어떤 말로도 정당화할 수 없는 반인륜적인 범죄를 각자의 방식으로 저질렀다. 스탈린은 희생양으로 삼은 사람들이 죽는 모습을 보는 것에 대해 '병적인 흥미'를 느꼈으며, 파파 독은 자신의 집 안에서 무고한 사람들이 고문당하는 모습을 즐겨 보곤 했다. 사담 후세인은 고문하는 장면을 촬영해 두었다가 나중에 당사자와 그 가족에게 보여주었다는 사실이 최근에 밝혀졌다.

올바른 정신을 가진 정상적인 사람이라면 그러한 모습을 보고 싶지 않을 것이다. 그렇다면 이러한 독재자들은 미치광이였을까? 단순히 미치광이였다는 말만으로 그들의 행동을 설명할 수는 없다.

열다섯 명의 인물에 대해 연구하면서 흥미로운 사실 하나를 발견했다. 몇몇 독재자들이 공통적으로 충분한 교육을 받지 못했다는 것이다. 사담 후세인과 이디 아민은 문맹에 가까웠고, 히틀러와 폴 포트, 김일성, 차우셰스쿠는 학업을 마치지 못했다. 히틀러는 예술학교에 들어가지 못한 것에 대해 엄청난 열등감을 느꼈다. 독재자들이 특히 증오했던 대상들의 공통분모도 역시 교육과 관련되어 있다. 예를 들어 폴 포트와 마오쩌둥, 이디 아민은 '지식인'들을 박해했다. 그들을 자신의 체제를 위협하는 존재로 여겼기 때문이다. 독재정권은 집권당의 권위에 불만을 나타내거나 의문을 제기하는 것을 용납하지 않는다. 왜냐하면 지식을 갖춘 사람들이 독재정권의 부당함에 대해 부르짖는 것을 내버려둔다면 자신들 체제의 정당성을 대중들에게 강요하기 힘들기 때문이다.

그렇다면 전 세계를 피로 얼룩지게 한 이들은 자신들의 죄를 어떻게 정당화할까? 사람들을 이롭게 하기 위해 자신의 정책과 이데올로기를 강요한 독재자도 있을까?

헤롯 대왕과 칭기즈칸, 샤카 줄루의 경우 그들이 통치하던 시대에서 볼 때 다른 독재자들만큼 악랄하다고 할 수는 없다. 당시에는 적을 쓰러뜨리고 권력을 쥔 사람이라면 누구든 그와 같은 행동을 했을 것이다. 칭기즈칸이나 샤카 줄루의 시대에는 인간의 생명이 오늘날처럼 신성불가침의 대상이 아니었다. 서구 세계의 문명화에 거대한 영향을 미친 로마인들도 헤롯 대왕 못지 않은 야만적인 풍습을 가지고 있었다. 이들은 시대가 만든 독재자들이라고 할 수 있다.

그러나 유감스럽게도 다른 독재자들의 경우는 다르다. 특히 아우구스토 피노체트는 자신이 살바도르 아옌데의 좌익 정부를 무너뜨리지 않으면 나라가 경제적으로 궁핍한 상태에 빠질 것이라고 믿었다. 몇몇 다른 독재자들도 자신이 권력을 차지하는 것이 나라를 위한 최선의 행동이라고 믿었다. 하지만 권력을 잡은 뒤 그들은 국민들에게 약속한 것을 지키지 않았다. 차우세스쿠와 '파파 독' 뒤발리에가 그랬고, 스탈린과 마오쩌둥도 어느 정도는 이 경우에 속한다.

독재자들은 자신들의 정책이 사회적으로나 경제적으로 국가를 위한 최선의 선택이라는 믿음을 가지고 있었다. 그러나 그들은 어떤 정책도, 어떤 꿈도, 어떤 사회적 이상도 극단으로 치달으면 절대 성공하지 못한다는 것을 보여주었다. 오히려 악몽으로 변할 뿐이라는 것을 말이다.

사담 후세인과 이디 아민, 아나스타시오 가르시아 소모사와 같이 정권을 차지하는 것만이 유일한 목표였던 사람들에게 나타나는 뚜렷한 공통점은 다른 사람들을 굴복시키고 사욕을 채우는 것을 병적으로 즐겼다는 점이다. 소모사는 후세인이나 이디 아민만큼 많은 사람들을 죽이지는 않았지만 자신의 이익을 위해 국민들을 가난의 고통 속으로 몰아넣었다.

반면 후세인과 아민은 자신들의 탐욕을 아무렇지도 않게 드러냈을 뿐 아니라, 자신들의 이름으로 쏟아지는 피를 보고도 전혀 당혹스러워하거나 고통스러워하지 않았다. 두 사람 모두 자신들이 저지른 죄악을 오히려 자랑스러워했고, 허황되고 과장된 말로 사람들을 괴롭혔으며, 아무나 닥치는 대로 고문하고 살해했다.

이 책에 실린 다른 어떤 독재자보다 베일에 싸인 인물은 김일성이다. 그 역시 국민들의 고통을 담보로 엄청난 재산을 축적하고 수많은 사람들을 고통 속으로 몰아넣었다. 그러나 북한이라는 나라 자체가 폐쇄적이고 국제적으로도 고립되어 있기 때문에 그가 자국민들에게 얼마만큼의 고통을 주었는지는 정확히 알 수 없다. 그나마 알려진 것은, 다른 독재자들과 마찬가지로 김일성 또한 자신의 피 묻은 왕관을 아들에게 물려주었다는 것이다. 이것은 독재자들의 삶에서 끊임없이 되풀이되는 주제다. 그들은 자신의 지위와 권력이 아들에게 세습되기를 원했다.

아나스타시오 소모사와 파파 독, 김일성, 니콜라이 차우셰스쿠, 사담 후세인은 자신들이 죽고 난 뒤에 그 뒤를 이을 수 있도록 아들을 교육했다. 이들은 스스로를 왕족이라고 생각하며 자신의 아들이 국가를 통치할 권리를 타고났다는 과대망상증에 사로잡혀 있었을 것이다. 어쩌면 아들이 권력을 이어받으면 자신이 영생을 얻게 되리라고 생각했는지도 모른다. 아마도 두 번째 설명이 훨씬 그럴듯하다. 독재자들은 말할 것도 없고, 어느 누구도 자신이 없는 세상을 상상하지 못하니 말이다. 살아 있는 동안 완전한 통치권을 행사했던 독재자라면 분명 죽어서도 그렇게 할 수 있다고 믿고 싶을 것이다. 그것을 이루는 데 아들에게 권력을 물려주는 것 이상의 방법이 있을까?

영국의 낭만파 시인인 퍼시 비쉬 셸리Percy Bysshe Shelley는 「오지만디아스Ozymandias」[2]에서 권력의 광기와 무의미함을 노래했다. 셸리는 이

---

2. 오지만디아스는 이집트의 왕 람세스 2세의 별명이다.

시에서 절대 권력자라도 시간 앞에서는 철저하게 무너지고 만다는 것을 아주 적절하게 비유하고 있다.

> 고대의 나라에서 온 한 나그네를 만났네.
> 그는 이렇게 말했지.
> 몸체가 없는 커다란 돌다리 두 개가 사막에 서 있다.
> 그 옆에는 부서진 얼굴 하나가 반쯤 모래에 묻혀 있다.
> 굳게 다문 입술과 조롱하듯 차갑게 내려다 보는 얼굴엔
> 생명 없는 물체에 새겨진 조각가의 열정이 드러나고,
> 그것을 묘사한 손과 심장의 박동이 아직도 살아있는 듯하다.
> 그 받침대엔 이런 글이 적혀 있다.
> '나의 이름은 왕 중의 왕, 오지만디아스.
> 너희 힘 있는 자들이여!
> 나의 위대한 업적을 보라.
> 그리고 두 손 들어 항복하라!'
> 그러나 그곳에는 아무것도 남아 있지 않네.
> 부서진 거대한 폐허 주위로 적막하고 쓸쓸한 사막이
> 끝없이 평평하게 펼쳐져 있을 뿐.

최근의 사건, 즉 사담 후세인의 정권이 붕괴된 직후 이라크 국민들이 그의 동상을 무너뜨린 광경은 이 시의 내용과 너무도 잘 들어맞는다. 그러나 독재자들의 손에서 고통받아야 했던 사람들에게는 언젠가 그의 궁이 무너질 것이며 후손들도 사라질 거라는 사실이 별 위안이 되지 못한다. 그들에게 필요한 것은 그러한 일이 다시는 일어나지

않는다는 확신이다. 인류는 그러한 독재자가 활개를 칠 수 없는 시대를 만들어야 한다. 그러나 그렇게 되기까지 독재자들은 마음껏 권력을 휘두르는 즐거움을 만끽할 것이다. 지금도 지구상 어딘가 보이지 않는 곳에서 미래의 독재자들이 때를 기다리고 있을 것이다.

1

헤롯 대왕
HEROD THE GREAT

헤롯 대왕
HEROD THE GREAT

유아 학살자 |

BC 37년부터 BC 4년에 세상을 떠날 때까지 유대 왕국을
실질적으로 지배했던 헤롯 왕의 치세 기간은 기독교 역사가들뿐 아니라
유대인 역사가들도 좀처럼 받아들이기 어려운 시기이다.
헤롯 왕은 유대인이면서 반反유대인이었고,
그리스·로마 문명의 옹호자이자 후원자였으며,
그와 동시에 이루 말할 수 없이 잔인한 행동을
서슴지 않았던 동방의 야만인이었다.

폴 존슨[1]의 『유대인의 역사』 중에서

    세상의 그 어떤 것보다 위대한 예수의 탄생 이야기는 매년 크리스마스에 전 세계의 교회와 학교 그리고 지역 문화회관 등의 무대에서 가장 많이 올려지는 주제이다. 요셉과 마리아는 여관에서 쫓겨나 마구간에서 밤을 지새게 되었고 그날 밤 아기가 태어났다. 아기가 태어나자 동방의 박사 세 명과 목자 세 명이 와서 경배를 드렸다. 그러

---

1. 영국의 역사학자이자 저널리스트.

헤롯 대왕은 BC 74년경에 태어났으며, 말년에 이르러 심신증으로 추정되는 증상들로 점차 쇠약해지기는 했지만 78세까지 삶을 누렸다. 이런 병들은 그가 저지른 수많은 악행들로 인해 비롯되었는데, 어떤 학자는 헤롯의 병을 '헤롯의 악'이라고 표현하기도 했다.

나 수많은 복음을 예고하는 이 경이로운 사건 뒤에는 어두운 그림자가 감춰져 있었다. 유대 왕국의 모든 사람들이 그리스도의 탄생을 축복하지는 않았던 것이다. 새로운 시대가 시작됨을 알리는 예수의 탄생 소식을 듣고 두려움에 휩싸인 사람은 다름 아닌 헤롯 대왕이었다.

헤롯(헤로데스) 왕은 BC 74년경 유대 왕국 남쪽의 작은 사막 지역인 에돔[2](지금의 이스라엘 남부 네게브)에서 태어났다. 헤롯의 아버지는 안티파테르이고 어머니는 아랍인의 후손인 키프로스였다. 안티파테르는 카이사르[3]가 폼페이우스를 격파한 뒤 BC 49년에 유대의 총독에 오른 히르카누스 2세의 편에 서서 그를 도왔다. 히르카누스와 안티파테르는 당시의 초강대국인 로마에 협조하는 것이 그들 자신과 가족들에게 이로운 일임을 분명히 인식하고 있었으므로 내전이 계속되는 동안 카이사르를 지원했다.

카이사르가 승리하자 히르카누스는 유대 전체를 통치하게 되었고 안티파테르도 상당한 권력을 누리게 되었다. 안티파테르는 자신의 두 아들도 높은 지위에 오르게 했다. 큰아들 파사엘은 예루살렘의 총독이 되었고, 당시 열여섯 살밖에 되지 않았던 헤롯은 유대와 사마리아의 북쪽에 위치한 비옥한 땅이며 나중에 예수 그리스도가 사역의 중심지로 삼은 갈릴리 지방의 총독이 되었다.

헤롯이 총독의 자리에 오른 뒤 처음 보여주었던 행동은 그가 나중에 자신의 백성들을 어떻게 다스렸는지를 짐작하게 한다. 헤롯은 공평한 군주이면서 폭군이었고, 문명인이면서 야만인이었다. 정권을 장악하자마자 헤롯은 정부의 법을 따를 것을 강요하고 세금 납부를 거부한 반+종교적 반란군을 진압하기 시작했다.

헤롯은 일단 반란군과 그 주동자인 헤제키아를 잡아들여 고문한 다음 유대의 종교 재판을 완전히 무시하고 그들을 모두 처형했다. 종교적 전통을 중시하는 유대 사람들이 격분한 것은 당연한 일이었다. 그들은 유대 정부가 교회와 국가의 분리를 허용하지 않는다는 사실을 지적하면서 헤롯이 유대의 율법을 심각하게 위반했음을 알렸다. 이 일로 헤롯은 산헤드린[4]에 서야 했다. 산헤드린에 선다는 것은 예사로운 일이 아니었다. 보통 사람들은 재판관 앞에서 엎드려 용서를 구했지만 헤롯은 그러지 않았다.

---

2. 구약성서의 '오바댜서書'에 언급되어 있는 지명이다.
3. 로마의 장군이자 정치가. 갈리아를 정복했으며 BC 49~BC 46년의 내전에서 승리해 독재관이 된 뒤 일련의 정치적, 사회적 개혁을 추진하다 귀족들에게 암살되었다.
4. 로마 제국 시대에 예루살렘에 있던 유대인들의 최고 의회 의결기관. 주로 제사장과 바리사이인 법률학자 등 71명으로 구성되었으며 사법권과 유대율법에 따른 재판권을 행사했다.

헤롯은 무장한 병사들의 호위를 받으며 법정에 나타났다. 게다가 번쩍거리는 옷을 입은 그는 재판관들에게 인사도 하지 않고 법정 한 가운데로 성큼성큼 걸어 들어갔다. 재판 결과 헤롯에게 유죄 판결이 내려졌다. 그러나 갑자기 로마로부터 그를 풀어주라는 명령이 내려왔다. 의기양양하게 산헤드린을 나와 갈릴리로 돌아온 헤롯은 더욱 오만하게 행동했다.

BC 44년 3월 15일, 카이사르가 브루투스[5]와 카시우스[6]에 의해 암살되었을 때 헤롯의 아버지 안티파테르는 초조한 마음으로 누가 로마 제국의 권력을 차지할지 지켜보았다.

헤롯 왕가파(헤롯가는 늘 이렇게 불렸다)는 혈통으로 보면 아랍 민족에 속하고 종교상으로는 유대 민족에 속했지만 가문의 신분과 지위를 유지하기 위해 로마의 편에 섰다. 로마는 안티파테르와 그 가족들에게 운명을 바꿀 수 있는 기회를 주었다. 안티파테르는 카이사르가 죽자 로마의 정세를 주의 깊게 살피고 있었다. 그러던 중에 안토니우스[7]와 옥타비아누스는 죽은 카이사르의 복수를 하려 했고, 브루투스와 카시우스는 이들에 맞서 전쟁을 일으킬 비용을 지원해 달라고 유대 왕국에게 요청했다.

그들의 요구를 받아들일 수밖에 없었던 안티파테르는 총독들로부

---

5. 로마 공화정 말기의 정치가. 명문가 출신으로 카이사르 암살을 주도했다.
6. 고대 로마의 정치가이자 장군. 카이사르 암살 주모자의 한 사람으로 브루투스와 의형제를 맺은 사이다. 카이사르와 폼페이우스의 내란에서 폼페이우스 함대를 지휘했으나 나중에 카이사르 편에 서서 여러 관직에 올랐으며 BC 44년 초 법무관에 임명되었다. 공화정의 전통을 수호한다는 명목하에 브루투스 등과 함께 BC 44년 3월 15일 카이사르를 암살했다.
7. 율리우스 카이사르 휘하의 장군. 옥타비아누스, 레피두스와 함께 제2차 삼두정치(BC 43-30)를 성립한 실력자 중 한 사람. 로마 공화정을 무너뜨린 최후의 내전에서 이집트 여왕 클레오파트라와 함께 옥타비아누스(아우구스투스 황제)에게 패배했다.

터 세금을 거둬들여 비용을 마련해야 했다. 그 자체만으로도 백성들의 반발을 살 만한 일이었는데, 그는 새로운 명목의 세금을 강압적으로 거둬들여 상황을 더욱 악화시켰다. 이때 말리쿠스라는 세금 징수원이 로마 사람들에게 안티파테르의 무능함을 알리기 위해 명령을 거부했다. 안티파테르와 카시우스는 곧바로 말리쿠스를 잡아들였다. 하지만 그를 처형하려는 순간 히르카누스가 나타나 사형 집행을 철회했다.

그 일이 있은 지 얼마 지나지 않아 유대 왕국에 성대한 잔치가 벌어졌다. 카시우스와 함께 이 자리에 참석한 안티파테르는 포도주를 한 모금 들이켜고는 그대로 쓰러져 숨을 거두었다. 독살당한 것이다. 모든 정황으로 보아 범인은 분명 말리쿠스였다. 헤롯과 그의 형 파사엘은 복수를 맹세하고 단행했지만 카시우스가 보낸 무장한 로마 군사들이 암살자를 처형했다.

이 일로 헤롯은 로마에서 유리한 위치를 차지하게 되었다. 그러나 카시우스에게는 그다지 운이 따르지 않았다. 그는 얼마 뒤 벌어진 전쟁(BC 42년경)에서 안토니우스와 옥타비아누스의 연합군을 맞아 싸우다 패배한 뒤 칼로 자신의 몸을 찔러 자살했다. 그뒤 안토니우스가 로마 제국의 동쪽을 지배했다.

이즈음 유대 왕국은 또 다른 유대인 반역자들의 침략을 받았지만, 헤롯은 폭동을 신속하게 진압했다. 헤롯이 보여준 충성심에 대한 보상으로 히르카누스는 헤롯을 자신의 손녀딸인 마리암네와 결혼시켰다. 헤롯에게는 이미 도리스라는 아랍인 아내가 있었지만 두 번째 아내를 맞아들이지 못할 이유는 없었다. 유대율법에 위배되는 일도 아니었을뿐더러 그 결혼으로 헤롯은 엄청난 이익을 얻을 수 있었다. 어쨌거나 마리암네는 왕녀였고 유대 왕국에서 가장 큰 세력을 가진 사람의 손녀딸이었으니 말이다.

헤롯이 평생 동안 맞아들인 아내는 10명이 넘었고, 그들과의 사이에서 낳은 아이도 12-14명쯤 되었던 것으로 알려지고 있다. 그중에서 헤롯이 늘 마음에 두었던 아내는 도리스와 마리암네였다. 따라서 아버지의 권세를 등에 업고 가장 많은 혜택을 누린 것도 그 두 사람 사이에서 태어난 자식들이었다. 도리스와의 사이에는 안티파테르라는 아들이 하나 있었고, 마리암네와의 사이에는 알렉산데르와 아리스토불루스 두 아들이 있었다.

헤롯은 아들들에게 강한 왕조를 물려주기 위해 로마와 동맹을 맺는 데 전력을 다했다. 그는 카시우스가 죽은 후 '지배자들'과 좋은 관계를 유지하려면 안토니우스를 자기편으로 만들어야 한다는 사실도 알고 있었다. 자신을 유대의 왕위에서 몰아내기 위해 안토니우스를 부추기는 무리들이 있다는 것을 알게 된 헤롯은 서둘러 로마로 달려갔다. 로마 제국 동쪽의 지도자는 자신이 그러한 일에 관여할 이유가 없다는 말로 헤롯을 안심시켰다. 안토니우스는 헤롯이 로마의 친구이며, 한때 그가 카시우스 편에 섰다고 하더라도 자신을 찾아온 것은 로마 제국에 대한 충성심을 나타내는 것임을 알고 있었다.

사실 안토니우스와 헤롯은 공통점이 많았다. 두 사람 모두 향락을 즐겼으며 술과 연회를 좋아했다. 안토니우스는 성품이 따뜻하고 감정이 풍부하면서도 잔인한 성향을 가지고 있었다. 헤롯에게 대항하는 유대교도 수백 명을 처형하라는 명령을 내린 것에서 그의 이러한 기질을 엿볼 수 있다. 안토니우스는 헤롯과 그의 형인 파사엘을 내세워 유대를 통치하게 했다. 이를 지켜본 히르카누스는 자칫하면 자신이 꼭두각시 왕이 될지도 모른다는 생각에 위기감을 느끼고 있었다. 하지만 곧 그의 영토가 새로운 전쟁에 휘말리는 바람에 자신의 지위를 재정비할 여유가 없었다.

BC 40년경, 로마의 가장 사나운 적 중 하나인 파르티아(고대 이란 왕국으로 지금의 이란과 이라크 일부 지역을 지배했다)가 로마 제국의 영토인 시리아를 침략했다. 로마의 군대는 서쪽으로 진군하면서 침략자들을 몰아내고 영토를 되찾았다. 헤롯의 '보호자들'이 전쟁에 몰두하는 동안 헤롯을 칠 기회를 노리고 있던 안티고누스가 이끄는 유대인들이 원성이 자자한 군주를 공격하기 시작했다. 더구나 안티고누스는 파르티아인들에게 헤롯을 몰아내거나 죽이면 유대 전체의 지배권을 넘겨주겠다고 약속했다. 안티고누스와 그 부하들은 결국 파르티아의 지원으로 유대를 침략하고 예루살렘을 지배했다.

전쟁이 계속되는 동안 헤롯은 간신히 마사다Masada로 피신했다. 그러나 그의 형인 파사엘과 히르카누스는 적에게 붙잡혔다. 안티고누스는 히르카누스의 귀를 잘라 파르티아 사람들에게 전리품으로 선사했다. 히르카누스는 자국이 침략당하는 고통을 감내해야 했을 뿐 아니라 신체의 장애로 더 이상 대제사장의 역할을 수행하지 못하는 아픔을 겪어야 했다. 파사엘 역시 순탄하지 못했다. 적의 포로가 된 그는 깊이 절망한 나머지 감옥의 벽에 머리를 찧어 자살을 했거나 안티고누스와 그 부하들에 의해 독살당한 것으로 짐작된다.

한편 헤롯의 부하들은 헤롯이 머물고 있는 마사다로 모여들었다. 마사다는 히브리어로 '요새'를 의미한다. 홀로 뚝 떨어진 바위산 꼭대기에 우뚝 서서 사해를 굽어보고 있는 400미터 높이의 절벽을 생각하면 딱 들어맞는 이름이라 할 수 있다. 그 위치와 높이 때문에 마사다로 가기란 아주 힘든 일이었다. 유대의 역사가 플라비우스 요세푸스(Flavius Josephus, 37?~100?)[8]는 마사다로 가려면 '꼬불꼬불한 길'을 따라 가야만 했기 때문에 몸을 숨기기에는 이상적인 장소라고 말했다. 하지만 헤롯은 그 요새에서 숨을 곳을 찾기 전에 먼저 형제 한 사람을 찾아가 조언을 들었다.

> 헤롯은 트레사의 이두매('에돔의 영토'라는 의미)로 가서 형제인 요셉을 만나 자신의 문제를 의논했다. 헤롯이 처한 상황에서는 그것이 최선의 방법이었다. 그에게는 용병을 비롯해 따르는 무리가 많았지만 그가 가고자 했던 마사다는 그 많은 사람들이 생활하기에는 너무 좁았다. 결국 9천 명이 넘는 일행들 중 대부분은 각자의 길을 가고 일부만 이두매에 남게 되었다. … 헤롯은 그에게 방해가 되지 않으면서 가장 가까운 사람들만 데리고 요새로 갔다. 그렇게 해서 마사다에는 그의 아내들과 추종자들을 비롯해 8백 명 정도만 머물게 되었다.[9]

헤롯은 마사다에 잠시 머물다가 가솔들과 가신들을 두고 로마로 떠났다. 이때 이집트를 지나다가 클레오파트라를 만났다는 이야기가 전해지기도 한다. 로마에 도착한 헤롯은 유대의 왕이라는 칭호를 내려줄 것과 유대에 로마의 주권국을 다시 세우도록 허락해 줄 것을 원로원에 간청했다. 원로원은 그에게 'rex socius et amicus populi Romani', 즉 '로마 시민의 친구이자 동맹국의 왕'이라는 공식 칭호를 내려주고 유대를 장악할 수 있는 군대를 지원해 주었다.

헤롯은 로마 병사 3만 6천 명을 이끌고 갈릴리로 가서 모든 저항 세력들을 진압한 뒤 요파(Joppa, 텔아비브야포)로 향했다. 그리고 마사다에 숨어 있던 충성스러운 추종자들을 자유롭게 해준 다음 예루살렘을

---

8. 유대의 제사장이자 역사가. 저서로 『유대 전쟁사』(7권), 『유대 고대사』(20권), 『자서전』(1권), 『아피온 반론』(2권) 등이 전해지고 있는데, 모두 그리스어로 기록되어 있다.
9. 플라비우스 요세푸스의 『유대 고대사 Jewish Antiquities』.

몇 주 동안 포위한 끝에 성벽을 타고 올라가 도시를 점령했다.

헤롯은 로마 병사와 그에게 한결같은 충성심을 보인 유대인들에게 명해 예루살렘에 사는 사람들을 대부분 학살하고 남아 있는 사람들에 대한 지배권을 확실하게 장악했다. 그러나 로마 병사들은 한술 더 떠서 예루살렘에 남아 있는 금과 옷가지, 보석 등 값나가는 물건들을 약탈하기 시작했다. 헤롯은 자신이 가진 재산의 상당액을 주겠다고 약속함으로써 로마 병사들의 약탈을 중단시켰다.

한편 안티고누스는 포로로 붙잡혀 안티오크(시리아의 도시)에서 로마인들에게 넘겨졌다. 그리고 십자가에 매달려 의식을 잃을 때까지 채찍질을 당하다 처형되었다.

유대를 지배하는 동안 헤롯은 로마 제국의 권력자가 바뀔 때마다 무조건적인 지지를 보내 위대한 정치가의 면모를 유감없이 발휘했다. 안토니우스라는 별이 떠오를 때는 지체 없이 그에게 충성을 맹세했고, 그가 세력을 잃자마자 즉시 옥타비아누스의 둘도 없는 동맹자가 되었다. 헤롯은 로마의 가장 충성스러운 '식민국 왕'이 되는 데 주저함이 없었다.

헤롯은 유대 사회의 모든 부분을 장악하기 위해 산헤드린의 재판관 71명 중 46명을 처형했다. 산헤드린의 재판관들은 헤롯이 세속적인 문제들을 결정하는 데 방해가 되었기 때문이다. 이후로 산헤드린은 종교재판만을 다루는 법정으로 전락했다.

헤롯은 여기에서 그치지 않았다. 그는 권력을 유지하는 데 위협적인 존재인 대제사장의 임명과 해임 방식을 바꾸어 유대인들의 세력을 약화시켰다. 원래는 그 역할과 칭호가 세습되어온 대제사장의 임명권과 해임권을 자신이 가지게 된 것이다. 유대인들은 로마로 인해 대제사장의 권위가 더럽혀졌다고 여겼다.

헤롯이 임명한 사람 중에 유대인들의 지지를 받은 대제사장은 아나넬루스였다. 임명될 당시 그의 나이는 열일곱 살밖에 되지 않았는데도 유대인들은 마음을 다해 그를 존경하고 칭송했다. 대제사장이라는 존재에 대한 공포심이 뿌리 깊이 박혀 있던 헤롯이 유대인들의 전폭적인 지지를 받고 있던 아나넬루스를 경계한 것은 당연한 일이었다.

그러던 어느 날 헤롯은 여리고(예리코)에서 성대한 잔치를 열어 아나넬루스를 초대했다. 그날은 찌는 듯한 더위로 사람들이 대부분 근처에 있는 연못으로 자리를 옮겼다. 이때 헤롯의 친구들이 아나넬루스를 연못가의 으슥한 곳으로 유인해 물에 빠뜨려 죽였다는 설이 전해지고 있다.

대제사장의 죽음으로 유대인들은 큰 슬픔에 잠겼다. 아나넬루스의 어머니인 알렉산드라와 몇몇 사람들은 그의 죽음 뒤에 어떤 음모가 있었을 것이라고 생각했다. 그리고 그것은 아랍인들이 그들을 모독한 것이라고 여겼다. 아들의 죽음에 몹시 분노한 알렉산드라는 이집트로 가서 클레오파트라에게 도움을 구했다. 알렉산드라의 심정을 공감한 클레오파트라는 유대에서 헤롯을 몰아내기 위해 힘이 닿는 한 무슨 일이든 도와주겠다고 약속했다.

후대의 많은 독재자(예를 들어 스탈린, 차우세스쿠, 파파 독 등)들이 언제든지 적의 동태를 살피기 위해 방대한 첩보 조직을 만들었던 것처럼 헤롯도 곳곳에 자신의 사람들을 심어놓았다. 특히 사람들이 매일같이 모여 공공연하게 소식을 주고받는 큰 시장이나 공중목욕탕에 첩자들을 배치해 두었다. 클레오파트라와 알렉산드라의 계획은 미처 행동에 옮기기도 전에 헤롯의 귀에 들어갔다. 그 사실을 자신이 심어놓은 첩자를 통해 알게 된 알렉산드라는 예루살렘으로 달아나 관 속에 숨었다.

누구나 알고 있듯이 당시 클레오파트라는 로마 제국의 실력자 안토니우스를 유혹하느라 여념이 없었다. 안토니우스도 아름다운 이집트

여왕에게 온통 마음을 빼앗기고 있었다. 두 사람은 로마 제국의 서쪽 절반을 지배하고 있던 옥타비아누스를 몰아내고 수도를 로마에서 이집트의 알렉산드리아로 옮길 계획을 세웠다.

BC 31년 안토니우스는 충성스러운 병사들을 모두 모아 그리스의 악티움에서 옥타비아누스가 이끄는 군대를 맞아 싸웠지만 패배하고 클레오파트라와 함께 이집트로 달아나버렸다. 자국의 전쟁에 몰두하느라 안토니우스의 군대를 지원하지 못한 것은 헤롯에게 오히려 다행이라고 할 수 있었다. 헤롯은 악티움 해전의 결과를 듣고는 언제나 자신에게 유리한 편에 서는 그답게 승리자 옥타비아누스에게 충성을 맹세했다.

헤롯은 옥타비아누스의 승리를 기념하기 위해 악티안 경기를 개최했다. 그리스·로마 방식을 따른 이 경기는 전차 경주와 간주곡, 그리고 레슬링과 같은 오락으로 구성되어 있었다. 하지만 이 경기는 유대인들에게 또 하나의 모욕이었다. 무엇보다 음악의 소재가 대부분 전통 유대교에서는 수용하기 힘들 만큼 음란한 것이었기 때문이다.

이 시기에 그리스 문화에 흠뻑 빠져 있던 헤롯은 이 경기 외에도 그리스 문화를 많이 도입했다. 젊은 용사였던 마케도니아의 알렉산드로스 대왕은 BC 323년에 사망하기 전까지 그리스 문화를 로마의 동쪽 지역에 전파했다. 헤롯이 통치할 즈음에는 로마 제국 내에서 그리스 문화가 쇠퇴하고는 있었지만 여전히 남아 있었다. 헤롯은 '스트라토의 탑'이라는 항구 도시를 재건하고 확장하여 아우구스투스 카이사르의 이름을 따서 '카이사레아'라고 불렀다. 그리고 사마리아라는 도시를 재건하여 세바스테(아우구스투스의 그리스식 이름)라고 이름 붙이고 그리스 로마 양식의 공공건물들을 세웠다.

위협적인 존재였던 아나넬루스를 처치하고 이제 자신의 뒤에 로마라는 든든한 후원자가 있다는 데 힘을 얻은 헤롯은 자신의 가장 오랜

'적'인 히르카누스에게 눈길을 돌렸다. 안티고누스가 처형을 명령했지만 기적적으로 살아남은 히르카누스는 귀가 잘렸는데도 바빌로니아의 대제사장이 되었다.

히르카누스가 언젠가는 돌아와서 왕위를 차지할지도 모른다는 두려움을 늘 간직하고 있던 헤롯은 그를 제거할 계획을 세웠다. 탈무드를 비롯하여 이 시기에 관해 쓰여진 몇 가지 자료를 보면, 할아버지인 히르카누스의 뜻밖의 죽음으로 절망한 마리암네는 자살을 했고 그녀의 몸은 꿀 속에 저장되었다고 한다. 그러나 마리암네는 히르카누스가 죽고 얼마 뒤 아내의 부정을 의심한 헤롯의 손에 처형된 것으로 알려져 있다. 로버트 그레이브스의 소설인 『신神 클라우디우스』에서 이에 대한 설명을 찾아볼 수 있다. 이 소설은 방대한 양의 역사적 사실에 근거하여 쓰여진 것이다.

> 남편이 할아버지를 암살하라는 명령을 은밀히 내렸다는 사실을 알고 마리암네는 당연히 분노했다. 그래서 차라리 얘기하지 않았으면 좋았을 이야기를 헤롯의 어머니와 누이에게 하고 말았다. 마리암네가 헤롯에게 큰 영향력을 미치는 것을 시기하던 헤롯의 어머니와 누이는 그가 돌아오기가 무섭게 마리암네에게서 들은 이야기를 그대로 전했다. 그리고 헤롯이 없는 동안 마리암네가 사악하고도 대담하게 체임벌린이라는 남자와 정을 통했다고 말했다. 그 말을 들은 헤롯은 두 사람을 처형했다.[10]

---

10. 로버트 그레이브스의 『신神 클라우디우스 Claudius the God』.

부정을 저지르고 남편을 배반했다는 누명을 쓰고 죽은 아내 마리암네의 유령이 나타나자 헤롯이 겁에 질려 몸을 웅크리고 있다. 헤롯은 마리암네와 그녀의 연인으로 의심되는 사람을 처형했다.

헤롯에게 이처럼 피를 좋아하는 잔인한 면이 있긴 했지만, 또 한편으로는 건설적인 면도 있었다. 그는 치세 기간 동안 파사엘 탑(나중에 '다윗의 탑'으로 알려졌다), 안토니아와 마카루스 요새를 지었고, 특히 예수가 그 계단 위에서 설교했다고 전해지는 예루살렘의 제2성전을 재건했다. 이것은 솔로몬 성전의 잔해 위에 세워진 것이었다. 헤롯은 그 밖에 거대한 도시와 탑, 궁전 등을 새로 짓거나 재건했다.

헤롯의 지휘 아래 건축된 제2성전은 완성되기까지 막대한 비용이 들어갔다. 탈무드에 따르면, 이 신전은 노란색과 흰색, 푸른색의 대리석으로 지었을 뿐 아니라 신전 일부에는 진짜 금을 입히기도 했다고 한다. 유대인 역사가 요세푸스의 『유대 전쟁사』에는 다음과 같은 내용이 기록되어 있다.

> 사람들이 처음 이곳에 와서 저 멀리에 있는 신전을 바라보면 마치 눈 덮인 산처럼 느껴진다. 금을 입히지 않은 부분이 하얀 빛을 발하며 반짝였기 때문이다.

요세푸스는 이 신전이 건축되는 동안은 밤에만 비가 내렸는데, 이를 두고 사람들은 신전 건축에 방해가 되지 않도록 하려는 하느님의 뜻으로 생각했다고 기록했다. 헤롯은 신전을 건축하는 데 1만 명이 넘는 사람들과 1천 명이 넘는 성직자들을 동원했다. 제단을 지을 때 돌을 자르지 않고 사용하여 석재에 철이 닿지 않도록 하는 등 정통 유대교도들의 마음을 거슬리지 않으려고 많은 주의를 기울였다.

46년에 걸쳐 완성된 이 신전은 마치 도시 안에 또 하나의 도시가 들어선 듯한 모습이었다. 신전 내에 수도원과 내부 신전, 앞마당과 안뜰, 다리 등이 있었고, 성직자와 율법학자, 음악가, 환전상 그리고 기술자 등을 비롯해 이곳을 찾는 사람들이 수천 명에 이르렀다. 그러나 신전을 짓기 위해 흘린 수많은 사람들의 땀과 신전의 아름답고 장엄한 모습, 그리고 신전이 예루살렘에서 갖는 의미가 무색하게도, AD

70년에 로마인들은 유대의 반란을 진압하면서 신전을 완전히 파괴해 버렸다. 오늘날에는 신전의 서쪽 외벽 일부만이 남아 있는데, 통곡의 벽으로 더 잘 알려진 이곳은 성스러운 장소로서 유대인들이 무너진 돌들 사이에 기도 문구를 끼워넣기도 했다.

헤롯은 신전을 지으면서 로마의 권위를 상징하는 황금 독수리 상을 신전 입구에 설치하는 치명적인 실수를 저질렀다. 신앙심이 깊은 유대인들의 마음을 달래려고 애쓴 보람도 없이 일순간에 그들의 권리를 빼앗은 셈이 되었다. 이에 유다라는 젊은이의 지도 아래 토라(유대교 율법)를 공부하던 한 무리가 그 독수리 상을 무너뜨렸다. 이것을 자신의 권위에 직접 도전한 행동이라고 생각한 헤롯은 그들을 잡아들여 사슬에 묶어 여리고(예리코)로 끌고 가 로마 원형극장에서 심판한 뒤 산 채로 불에 태워 죽였다.

헤롯은 자신이 죽은 뒤에도 오래도록 사람들의 기억 속에 남기를 바랐다. 제2성전을 재건한 것도 그러한 열망 때문이었다. 헤롯은 자신의 영광을 위해 막대한 비용을 건축물을 짓는 데 쏟았다. 자신의 재산뿐 아니라 후대의 독재자들도 그랬듯이 그 역시도 건축비를 충당하기 위해 백성들의 재산을 착취했다. 그리고 적으로부터 빼앗은 재산과 백성들로부터 거둔 세금까지 모두 자신이 착복했다.

역사가 폴 존슨이 기록한 대로, 헤롯이 통치하는 동안 나라가 '밖으로는 평화를 누리고 안으로는 질서가 잡혔으며 무역이 확대된' 덕에 크게 번창했다는 것 역시 그에게 유리하게 작용했다. 그러나 헤롯에 대해 언급할 때면 언제나 긍정적인 면보다는 부정적인 면들이 더욱 두드러졌다.

유대인들을 분노하게 하고 그들의 전통 의식을 해치는 데 있어서 헤롯을 능가할 만한 사람이 없었다. 헤롯은 성전의 독수리 상뿐 아니라, 유대교의 율법에 정면으로 위배되는 극장이나 원형극장과 같은 이교도의 건물들을 짓도록 명령했다.

그러나 헤롯이 자신의 일가친척들에게 가했던 가혹한 행동에 비하면 유대인들 전체의 분노는 아무것도 아니었다.

헤롯은 마리암네 외에 다른 여인들을 아내로 맞았다. 그 여인들이 낳은 자식들 중 살로메와 페로라스는 헤롯이 마리암네가 낳은 알렉산데르와 아리스토불루스만 총애한다고 생각했다. 그들은 알렉산데르와 아리스토불루스가 아버지를 죽이고 유대를 지배하려 한다는 소문을 퍼뜨리기 시작했다. 그리고 헤롯의 맏아들 안티파테르는 이런 소문을 더욱 부추겼다. 그 소문을 듣고 두려움을 느낀 헤롯은 알렉산데르와 아리스토불루스를 반역죄로 고소하여 로마에 재판을 요구했다. 결국 두 사람은 베리투스로 보내져 그곳에서 즉시 재판관들에게 유죄 판결을 받고 아버지의 명령대로 굶어 죽었다.

안티파테르도 처벌을 면할 수는 없었다. 두 의붓형제가 죽고 난 뒤 안티파테르는 임무를 띠고 로마로 떠났다. 안티파테르가 없는 동안 헤롯은 그의 음모를 알게 되었고 그가 로마에서 돌아오자마자 처형했다.

누구든 헤롯의 분노나 공포에서 벗어날 수 없는 것처럼 보였다. 특히 그의 편집증적인 공포는 마태복음에 기록되어 있는 그 유명한 대량 학살을 낳았다. 유아 살해로 알려진 이 사건에 대해 여느 교회 복음서나 보통의 역사서에서는 언급하고 있지 않다. 단 예레미야 31장 15절에 그 끔찍한 사건이 다음과 같이 언급되어 있다.

여호와께서 이와 같이 말씀하시니라. 라마에서 슬퍼하며 통곡하는 소리가 들리니 라헬이 그 자식 때문에 애곡하는 것이라 그가 자식이 없어져서 위로받기를 거절하는도다.

동방에서 박사 세 명이 와서 "유대인의 왕으로 나신 이가 어디 계시뇨. 우리가 동방에서 그의 별을 보고 그에게 경배하러 왔노라"(마태복음 2장 2절)하는 말을 듣고 헤롯은 크게 노했다. 유대의 정식 왕인 자신 이외에 누가 감히 스스로 유대의 왕이라 부른단 말인가? 박사들의 말을 곰곰이 생각하던 헤롯은 마침내 잔인한 결정을 내렸다. 베들레헴과 그 주변에 있는 두 살 이하의 사내아이들을 모두 죽이라는 명령을 내린 것이다. 그후 주의 사자가 요셉의 꿈에 나타나 "헤롯이 아기를 찾아 죽이려 하니 일어나 아기와 그의 어머니를 데리고 애굽으로 피하여 내가 네게 이르기까지 거기 있으라"(마태복음 2장 13절)하고 일렀다.

요셉이 일어나서 밤에 아기와 그의 어머니를 데리고 애굽으로 떠나가 헤롯이 죽기까지 거기 있었으니 이는 주께서 선지자를 통하여 말씀하신 바 애굽으로부터 내 아들을 불렀다 함을 이루려 하심이라.

이에 헤롯이 박사들에게 속은 줄 알고 심히 노하여 사람을 보내어 베들레헴과 그 모든 지경 안에 있는 사내아이를 박사들에게 자세히 알아본 그때를 기준하여 두 살부터 그 아래로 다 죽이니.[11]

---

11. 마태복음 2장 14-16절.

이때 살해된 것으로 추정되는 유아의 숫자가 1만 명에서 15만 명으로 다양하긴 하지만, 폭군이 저지른 행동이라는 데는 이견의 여지가 없다. 살해된 유아의 숫자가 실제로 얼마였든, 유아를 대량으로 살해한 것 자체로 헤롯은 권력을 유지하기 위해서라면 어떤 일도 서슴지 않는 잔인하기 이를 데 없는 사람으로 낙인찍혔다. 자신의 아들들을 죽이고 무고한 아이들을 학살하면서 그렇지 않아도 위태로웠던 헤롯의 지위는 더욱 불안해졌다. 그 늙은 왕을 괴롭히는 병이 정확히 어떤 것인지는 모르지만 이즈음에 헤롯의 건강은 눈에 띄게 나빠졌다.

요세푸스는 헤롯이 기침과 가려움, 고열, 통증 등 여러 가지 병에 시달렸다고 기록했다. 로버트 그레이브스의 『신神 클라우디우스』에도 헤롯의 병에 대해 구체적으로 설명되어 있다.

> 나는 그 병을 '헤롯의 병' 외에 다른 이름으로 불리는 것을 듣지 못했고, 헤롯 이전에 누가 그 병에 걸렸다는 얘기도 듣지 못했다. 병의 증세를 보면 구토를 한 뒤에 엄청난 식욕이 생기고, 위가 썩어가고, 호흡이 죽은 사람과 같았으며, 신체의 은밀한 부분에 구더기가 알을 낳고, 설사가 쉴새없이 나온다. 이 병으로 헤롯은 견디기 힘든 고통을 겪었고 그렇지 않아도 난폭한 천성이 더욱 사나워지면서 광기로 변했다.[12]

하지만 많은 학자들은 헤롯이 정신병을 앓고 있었을지도 모른다고 추측했다. 어쨌든 헤롯은 자신의 아내와 아들들을 처형하라고 명령

---
12. 로버트 그레이브스의 『신 클라우디우스』.

동방 박사 세 명이 헤롯에게로 와서 새로 나신 '유대의 왕'에 대해 물었을 때 헤롯은 몹시 노했다. 그는 자신이 왕이라고 생각했으며 왕의 자리를 위협하는 아기의 존재를 묵인할 수가 없었다. 그래서 베들레헴과 그 주변 지역에 있는 두 살 이하의 남자아이들을 모두 죽이라고 명령했다. 이 대량 학살은 '유아 살해'로 알려졌다. 이때 약 1만 명의 유아들이 살해된 것으로 추정된다.

한 인물이었다. 그런 헤롯이 말년에는 병약한 노인이 되었다. 전하는 말에 따르면, 헤롯은 죽음이 가까워졌을 때 유언을 세 번이나 바꾸어 자식들에게 상속을 하지 않았다고 한다.

헤롯이 죽고 얼마 되지 않아 로마가 예루살렘을 침략했고 유대인들의 요구에 따라 AD 6년에 유대는 로마의 영토가 되었다. 유대인들은 헤롯의 아들 중 누군가가 아버지가 남긴 땅을 차지하지 않을까 두려워했다. 하지만 유대인들이 그들의 왕이자 지배자를 그토록 증오했는데도, 헤롯의 장례식은 굉장히 호화로웠다. 요세푸스는 그의 장례식을 다음과 같이 묘사했다.

> 온통 금으로 뒤덮인 관은 보석으로 장식되어 있었고 그 위에는 선명한 자줏빛 천으로 덮여 있었다. 그 위에 누워 있는 몸은 붉은 천을 두르고 있었고, 띠를 두른 머리 위에 황금 왕관이 씌워져 있었다. 그리고 오른손 옆에는 왕권을 상징하는 홀이 놓여 있었다. 헤롯의 아들들과 친족 모두가 관을 호위했고, 창병과 트라키아 보병, 게르만 병사, 갈리아 병사들이 각각 그들의 사령관과 장교들의 지휘하에 전투 대열을 지으며 뒤를 따랐다. 그 뒤로는 향신료를 든 자유민 5백 명이 따랐다.[13]

어쩌면 헤롯은 불행히도 이 세상이 만나야 했던 첫번째 독재자였을지도 모른다. 그러나 안타깝게도 그는 마지막 독재자가 아니었다.

---

13. 요세푸스 플라비우스의 『유대 전쟁사 The Jewish War』(1959).

2

칭기즈칸
CHINGIZ KHAN

칭기즈칸
CHINGIZ KHAN

바다의 전사 |

칭기즈칸이 권력을 장악하는 과정은
오랜 기간 동안 비이성적인 무분별함으로 여겨졌으며,
외부적인 상황이나 권력의 균형을 고려할 때는 마치 기적처럼 여겨지기도 했다.
하지만 칭기즈칸은 누구 못지않게 논리적이고 빈틈없는 사람이었다.
그는 가능한 범위 내에서만 일을 도모하고 현실에 근거해 계획을 세웠다.

요아임 바르크하우젠의 『칭기즈칸의 황색 제국』(1935) 중에서

시베리아의 아무르 강 부근에서 거주하던 유목민을 '몽골인人'이라고 처음 부른 것은 당나라, 즉 7세기 무렵의 중국인들이었다. 지리적으로 중앙아시아에서 중국과 러시아 사이에 위치한 몽골은 험한 산지와 광활한 평원이 뒤섞여 있는 훌륭한 지형을 갖추고 있다. 이 유목민들은 남쪽으로 펼쳐져 있는 고비 사막을 거쳐 중국과 이란 등지를 여행했다. 북쪽으로는 물살이 빠르게 흐르는 높은 산맥들이 있고, 그곳의 울창한 숲들은 훌륭한 은신처가 되어주었다.

칭기즈칸이 갈색 암사슴과 회청색 늑대 사이에서 태어났다는 전설이 있긴 하지만, 사실 그는 몽골 제국 부족장의 아들이었다.

몽골 사람들은 조직화된 집단을 이루어 살지는 않았다. 매년 이동할 때 이외에는 함께 모이는 일이 없었다. 몽골 사람들이 공유하고 그들에게 공통적으로 영향을 미치는 것은 오직 종교뿐이었다.

이들은 주로 하늘 신, 나무 신 그리고 강 신과 같은 자연의 신을 숭배했다. 이런 점에서 몽골인들은 신도神道를 신봉했던 일본인들과 비슷했다. 그러나 몽골인들은 공통된 종교를 가졌으면서도 여러 세기 동안 무정부 상태에서 살았다. 그러던 중 12세기 초에 한 남자가 나타나 사람들을 한 데 모으고 위대한 운명으로 그들을 이끌었다는 신화가 전해내려온다.

칭기즈칸은 오늘날의 몽골과 러시아의 동남쪽 경계 지역에 위치한 오논 강 기슭에서 1155년에서 1162년 사이에 태어났다. 칭기즈칸의 아버지인 예수게이는 보르지긴족의 후예로 몽골 제국의 부족장이었고, 어머니는 메르키트족 출신의 호엘룬이라는 여인이었다.

칭기즈칸의 본명은 '철인'이라는 뜻의 테무친이었다. 칭기즈칸의 탄생에 관해서는 여러 가지 전설이 전해오는데, 그중 하나는 칭기즈칸이 태어날 때 핏덩어리를 움켜쥐고 있어서 장차 위대한 지도자가 될 운명을 암시했다고 한다. 칭기즈칸의 불가사의한 탄생 설화는 여러 가지가 있다. 칭기즈칸이 갈색 암컷 사슴과 회청색 늑대 사이에서 태어났다는 설도 있고, 알란 쿠아라는 여인이 햇빛을 받고 임신해 그를 낳았다는 이야기도 있다.

테무친의 어린 시절에 대해서는 알려진 것이 거의 없다. 전해지는 얘기로는 테무친이 어린 나이에 또 다른 부족장의 딸인 보르테라는 여자와 결혼을 약속했다고 한다. 하지만 아홉 살이나 열 살쯤 되던 해, 그의 아버지가 적대 관계에 있던 타타르족에게 독살되었다. 그 일이 있고 나서 어린 테무친이 자신의 아버지를 대신해 부족장이 되려고 했다. 하지만 그의 계획은 좌절되었고, 어머니와 남동생 셋, 그리고 여동생 한 명과 함께 부족에서 추방되었다.

부족의 보호 없이 평원에서 살아가기란 고달픈 일이었다. 먹을 것을 얻기도 어려웠다. 이즈음부터 테무친이 무자비한 성향을 나타내기 시작했다고 하는데 그가 형제들 중 하나를 잡아 음식을 빼앗고 그를 죽였다는 얘기도 전해진다. 이 이야기가 전해지면서 테무친은 그 누구도 저항할 수 없는 지독한 우두머리라는 명성을 얻게 되었다.

이 시기에 관련된 이야기가 또 하나 있다. 어느 날 사냥을 하러 나간 테무친은 잠복하고 있던 적의 부족에게 납치되어 그들의 진지에 감금되었다. 그러나 그는 보초를 서던 병사를 죽이고 그곳을 빠져 나왔다. 적이 테무친의 뒤를 쫓았지만 그는 뛰어난 생존 능력을 발휘해 적의 추격을 따돌리고 가족이 있는 곳으로 돌아갔다.

부족으로부터 추방당한 채 평원에서 살게 된 테무친은 콩기라트족의 일원이던 어린 시절 약혼녀의 아버지를 찾아갔다. 그곳에서 테무친은 융숭한 대접을 받았고 보르테와 결혼했다. 훗날 칭기즈칸은 여러 명의 아내와 첩을 두었지만, 그의 삶에서 언제나 가장 중요한 여인은 첫번째 아내인 보르테였다. 보르테는 테무친과의 사이에서 아들 넷을 낳았는데, 그들 모두 후에 이름을 떨치게 된다. 맏아들 주치는 몽골 제국 건설의 최고 공로자였고, 둘째 아들 바투는 러시아와 동유럽에 킵차크 한국(金帳汗國, 남러시아의 초원 일대에 세워졌던 나라)을 건설했다. 둘째 아들 차가타이는 중앙아시아를 지배했으며, 셋째 아들 오고타이는 아버지의 뒤를 이어 몽골 제국의 2대 황제가 되어 중국 북부를 지배했다. 마지막으로 넷째 아들 톨루이는 아버지를 따라 전쟁터로 가 중앙아시아의 메르프라는 도시를 전멸시켰다.

테무친은 신부의 부모로부터 나중에 축적하게 되는 막대한 재산의 기반이 된 검은담비 털가죽 코트를 결혼선물로 받았다. 그리고 아내의 부족에서 아버지가 죽은 뒤로 한 번도 누려보지 못했던 지위를 얻었다. 하지만 그는 자신의 부족과의 인연을 끊을 수 없었다.

테무친은 아버지와 의형제를 맺었던 중앙 몽골의 케레이트족 왕 토그릴을 찾아갔다. 토그릴은 테무친이 아버지의 친척들뿐 아니라 원래의 부족과도 다시 결합할 수 있도록 힘닿는 데까지 돕겠노라고 약속했다. 하지만 미처 그렇게 하기도 전에 메르키트족이 테무친의 아내 보르테를 납치하기 위해 마을을 습격했다.

테무친은 일단 산으로 도망가 몇 주일 동안 몸을 숨기고 있었다. 그리고 토그릴과 자신의 친구인 또 다른 젊은 부족장 자무카와 힘을 합해 보르테를 구해내고 메르키트 부족을 물리쳤다.

그후 테무친과 토그릴, 자무카 이 세 사람의 용맹함에 대한 소문이 멀리까지 퍼지면서 그들에게로 모여드는 몽골 사람들이 늘어났고, 결국에는 이들이 하나가 되어 공동의 적들을 물리칠 수 있었다. 잠시 동안은 이들의 연합이 효과를 발휘했다. 테무친, 토그릴, 그리고 자무카는 서로 가까운 곳에 각자의 막사를 설치하고 함께 가축을 기르면서 그럭저럭 평화로운 생활을 해나갔다.

하지만 안타깝게도 얼마 지나지 않아 세 사람의 관계가 틀어지기 시작했다. 이처럼 세 사람의 동맹이 깨진 배경에는 다양한 정치적 이유가 있었다. 당시는 우정과 동맹이라는 것이 끊임없이 변했고 친구 간의 신의가 언제 어디로 향할지 누구도 확신할 수 없었다.

주변국 사이에서 칭기즈칸의 군대는 체계적이고 효율적인 조직과는 거리가 멀고, 그 병사들은 잔인하고 무질서하다는 평판이 나 있었다.

1195년부터 1196년경에 쿠릴타이(몽골 제국의 국회)에서 여러 몽골 부족의 부족장들이 테무친을 몽골 부족 연합의 칸(왕)으로 선출하고 그에게 칭기즈라는 칭호를 부여하기로 선포하자 세 사람 사이의 분열은 더욱 가속화되었다.

칭기즈의 의미에 대해서는 여러 가지 논란이 있다. '귀중한 전사'나 샤머니즘에서 받드는 '광명의 신 Hajir Chingiz Tengri'으로 해석되기도 하고, '바다의 전사'라는 의미로 보는 견해도 있다. '넓은 바다'라는 뜻의 터키어 텡기즈 tengis에서 유래했고, 바다가 깊은 지혜를 상징하기 때문에 학자들은 '바다의 전사'를 가장 타당한 해석으로 받아들이고 있다. 그러나 해석이야 어찌되었든 칭호가 갖는 의미는 명백했다. 그것은 장차 테무친이 그가 다스리는 모든 사람들의 왕으로 불릴 것임을 의미했다.

왕이 된 칭기즈칸은 야사 혹은 자사크(대법령 Yeke, Jasak)로 알려진 일련의 법률을 제정했다. 안타깝게도 이때의 법전 중 지금까지 남아 있는 것은 거의 없다. 그러나 대부분의 학자들은 이 법령이 대대로 이어지는 몽골족의 전통적인 관습법에 바탕을 두면서도 도덕적인 기준에 근거를 두고 있기 때문에 중요한 문제를 판단할 때마다 유용한 참고가 되었다고 한다. 13세기의 페르시아 역사학자인 아타 말리크 주바이니의 설명을 예로 들어보자.

> 칭기즈칸은 자신의 마음이 원하는 대로 모든 경우에 해당하는 규칙을 세웠고 모든 상황에 해당하는 법규를 제정했다. 그리고 모든 범죄에 대한 처벌을 규정했다. 타타르족 사람들은 글이 없었으므로 칭기즈칸은 몽골 어린이들에게 위구르족(터키계의 부족)의 글을 배우고, 야사와 규칙들을 두루마

리 종이에 적도록 명령했다. 그리고 이것을 대법령이라고
하여 부족장들의 금고에 보관하게 했다.[1]

  테무친이 칸의 지위에 올랐지만 일부 몽골 부족들은 이를 썩 달갑게 여기지 않았다. 그들은 자신들의 전통에 따라 하늘에 오직 하나의 신이 있듯이 땅에도 오직 한 명의 황제만이 있을 수 있다고 믿었다.
  그중 가장 앞장선 사람은 테무친의 친구이자 동맹자이며 케레이트 족의 왕 토그릴이었다. 테무친은 마지막 우정의 표시로 토그릴에게 무기를 버리고 항복할 기회를 주었지만 그는 이를 단호하게 거절했다. 몇 차례의 유혈 전쟁 끝에 케레이트 군대는 괴멸되고 토그릴은 붙잡혔다. 체포된 토그릴은 칭기즈칸에게 자신의 몸에서 절대 피를 흘리지 않게끔 처형해 달라고 요구했다. 그리하여 칭기즈칸은 그를 질식사할 때까지 때려서 죽었다. 토그릴이 처형된 이후 칭기즈칸에게 저항한 몽골 부족들은 1204년경을 마지막으로 전멸당했다고 전해진다.
  1206년 두 번째로 소집된 쿠릴타이에서 칭기즈칸은 통일된 몽골 부족의 황제로 선출되었다. 이때의 집회는 칭기즈칸에게 인간 살해자라는 새로운 명성을 부여했다는 의미에서 이전의 집회보다 더 중요한 의미를 가진다.
  이후에 칭기즈칸은 가능한 많은 영토와 민족을 정복하여 지배하기로 결심했다. 칭기즈칸이 지은 것으로 추정되는 다음의 짧은 시는 그의 고집스럽고 잔인한 일면을 그대로 보여주고 있다.

---

[1] 아타 말리크 주바이니의 『칭기즈칸 : 세계 정복자의 역사 Genghis Khan : The History of the World Conqueror』 (맨체스터 대학 출판부, 1958).

가장 큰 기쁨은 적을 정복하는 것,
적을 쫓고,
적들에게서 재물을 빼앗고,
적들에게 소중한 사람들이 눈물에 잠기는 모습을 보고,
적들의 아내와 딸들을 나의 품에 안는 것.

처음에 칭기즈칸의 군대는 기병대로만 이루어졌었다. 유목민인 몽골족은 대부분 어려서부터 말 타는 법을 배우기 때문에 이것은 자연스러운 일이었다. 몽골족이 타는 말은 튼튼한 품종이어서 조금만 먹고도 광활한 평원을 달릴 수 있었기 때문에 칭기즈칸의 군대는 넓은 지역을 빠르게 이동했다.

그러나 칭기즈칸은 말만으로는 모든 도시를 정복할 수는 없다는 사실을 깨달았다. 칭기즈칸은 중세의 전투용 투석기를 비롯한 각종 무기를 제조하는 거대한 병기고를 세웠다. 또한 병사들에게는 개별적으로 사용할 수 있는 작은 투석기 다루는 법과 창 던지는 기술을 훈련시켰다. 이런 무기들은 대부분 중국 기술자들이 발명한 것이었다.

칭기즈칸은 이란과 아프가니스탄의 영토를 침략할 때 전투용 투석기와 쓰임새가 비슷하지만 모양은 쇠뇌(시위를 놓는 방아쇠 장치가 있는 자루와 활 부분이 교차하도록 부착된 무기)와 비슷해서 굉장히 큰 화살을 아주 멀리까지 쏠 수 있는 노포ballista를 가지고 갔다.

그러나 칭기즈칸이 지닌 가장 큰 재능은 뭐니 뭐니 해도 군대를 조직하는 능력이었다. 칭기즈칸은 십진법 단위로 군대를 편성했다. 가장 큰 단위인 트주멘(tjumen, 사단과 같은 개념)은 충분히 훈련받은 군사 1만 명으로 구성되었다. 보통 하나의 군대는 세 개의 트주멘으로 이루어졌는데, 그중 하나는 근접전을 치르는 임무를 띤 보병으로만 이루어졌다. 그리고 나머지 두 개의 트주멘은 오른쪽과 왼쪽에서 적을 포위하는 임무를 띤 기병으로 이루어졌다. 각각의 트주멘은 열 개의 연대로 이루어졌다. 병사 1천 명으로 이루어진 연대를 밍칸mingghan이라고 불렀으며, 각 밍칸은 백 명의 병사로 이루어진 자쿤jaghun이라는 중대 열 개로 구성되었다. 각각의 자쿤은 열 명의 병사로 편성된 분대로 이루어졌고 이를 아르반arban이라고 했다.

　지휘자는 각 편제별로 선출했다. 즉 아르반의 지휘자는 병사들이 투표를 통해 뽑고, 선출된 아르반 지휘자 10명이 투표를 통해 각 자쿤의 지휘자를 선출하는 방식이었다. 다만 밍칸과 트주멘의 지휘자는 칭기즈칸이 직접 임명해 노욘noyon이라는 칭호를 부여했고, 트주멘 이상의 군대를 다스리는 지휘자는 올로크orlok라고 칭했다.

　칭기즈칸은 지휘자를 가릴 때 사회적 지위나 나이가 아닌 오직 능력만으로 평가했다. 그리고 일단 선출된 지휘자들은 모두 주요 전투에 대등한 자격으로 참가할 수 있었고, 자부심이 강하며 능력이 허용하는 범위 내에서 자유로운 사고를 할 수 있는 존재로 인정되었다. 그러나 이러한 군대 편제도 칭기즈칸이 도입한 혁신적인 제도 중 하나에 지나지 않았다. 뛰어난 전술가이기도 했던 그는 수많은 군사 작전을 창안했다. 그중 가장 전략적인 것은 후퇴를 작전에 도입한 것이다. 상대가 강하면 굴복하다가 언제라도 허점이 보이면 공세를 취하는 이 전법은 동양에서는 오래전부터 사용해 오던 병법이다. 칭기즈칸의 병사들은 일단 상황이 불리하면 퇴각해서 적들의 긴장을 풀어놓았다가 적의 허점이 드러나는 순간 본격적으로 공격을 가했다.

　칭기즈칸의 또 다른 작전은 다섯 개의 중대를 가능한 한 넓게 분산시키는 것이었다. 두 개 중대는 앞에 배치하고 세 개 중대는 뒤에 배치했다가 싸움이 시작되면 뒤에 있던 중대가 앞으로 치고 나가면서 적진으로 화살을 퍼붓는 방식이었다. 뒤에서 앞으로 치고 나간 병사들이 적의 후미로 빠져 단 한 명의 적군도 빠져나가지 못하도록 포위하면 이때 앞에 있던 두 개 중대가 적을 향해 돌진하면서 결정적인 공격을 가하는 것이다. 칭기즈칸의 군대는 대부분 근접전을 펼쳤는데, 단도나 긴 칼을 가지고 싸우기도 하고 경우에 따라서는 무술을 사용하기도 했다.

몽골군은 이와 같은 '2·3' 전략 외에도 적을 포위하여 전멸시키기도 했다. 이 전략에는 무엇보다도 기동성과 빠른 발놀림이 필요한데 몽골군은 이 두 가지 면에서 탁월했고, 특히 아주 가벼운 갑옷을 입고 있었기 때문에 이런 능력을 더 쉽게 발휘할 수 있었다. 위대한 칭기즈칸의 병사들은 이러한 작전을 전장에서 능수능란하게 사용했기 때문에 패배하는 경우가 거의 없었다.

1207년, 칭기즈칸은 중국이라는 거대한 영토를 정복하기 위해 원정에 나섰다. 당시 중국은 세 개의 제국이 지배하고 있었다. 중국 북서 지역은 탕구트족이 세운 서하西夏국과 여진족이 세운 금金나라가 차지하고 있었고, 남쪽에는 송宋 왕조가 있었다. 칭기즈칸은 금나라를 먼저 공격했는데, 그 과정은 매우 힘겨웠고 이렇다 할 성과가 나타나기까지 2년여가 걸렸다.

이처럼 금나라 정복이 늦어지는 동안 칭기즈칸은 만주를 정복했다. 만주 지역은 그 넓이가 1백만 3,600평방킬로미터에 달했으므로 가히 위업이라 할 만했다. 그리고 마지막으로 베이징北京을 정복했는데, 이는 말할 것도 없이 칭기즈칸의 가장 위대한 업적 중 하나였다. 이곳을 정복한 뒤 탕구트족과 진나라도 칭기즈칸의 지배하에 들어갔다. 하지만 이 전쟁에서 수많은 사상자가 생겨났다. 중국 원대元代의 도사道士였던 창춘이 기록한 것을 보면 전장에는 병사들의 시체가 겹겹이 쌓여 있었으며 전쟁이 끝나고 9년이 지나도록 그 시체들이 사라지지 않았다고 한다.

칭기즈칸은 가장 신임한 무갈리에게 중국 원정을 맡기고 자신은 몽골과 호라즘(하레즘 또는 코라즘) 왕국의 경계 지역으로 관심을 돌렸다. 호라즘은 오늘날 투르크메니스탄과 우즈베키스탄, 타지키스탄, 그리고 아프가니스탄과 이란 대부분을 지배했던 광대한 제국이었다.

이때 호라즘 왕국은 유명한 술탄(왕) 무하마드 2세가 통치하고 있었다. 여러 학자들에 따르면, 호라즘 왕국과 몽골의 전쟁은 칭기즈칸이 몽골의 대상隊商과 함께 보낸 대규모 사절단을 무하마드의 병사들이 시르다리야 강 동안에 위치한 오트라르라는 도시에서 살해한 데서 비롯되었다고 한다. 이 일이 있은 뒤 칭기즈칸은 호라즘 왕국의 술탄을 몽골에 넘기라고 요구하면서 그렇게 하지 않을 경우에는 피의 전쟁이 있을 것이라고 경고했다. 호라즘 왕국은 당연히 칭기즈칸의 요구를 거절했고, 칭기즈칸은 곧 전쟁을 선포했다.

호라즘 제국을 향해 출발한 칭기즈칸과 그의 병사들은 1219년 여름의 대부분을 일티쉬 강에서 보내고 그해 가을이 지나서야 오트라르에 이르렀다. 칭기즈칸은 대규모의 부대로 오트라르를 포위 공격하고(실제로 오트라르는 단 이틀 만에 함락되었다), 자신은 12만 명의 병사로 구성된 주력 부대를 이끌고 서쪽으로 진군을 계속해 부하라를 공격했다. 이것이 1220년의 일인데, 오트라르에서와 마찬가지로 부하라에서도 칭기즈칸의 군대는 별다른 저항에 부딪히지 않았다. 여기에서 그치지 않고 더 넓은 영토를 정복하고 싶었던 칭기즈칸은 자신의 병사들을 이끌고 사마르칸트로 향했는데 이곳에서도 역시 저항은 거의 없었다.

그런데도 몽골 군대는 가는 곳마다 불을 지르고 약탈을 했다. 몽골군에게 그것은 중요한 일이었다. 전쟁에서 살아남은 자들이 칭기즈칸의 군대에 맞서 전쟁을 일으키는 것이 얼마나 끔찍하고 무서운 일인지 세상에 알릴 거라는 사실을 알고 있었기 때문이다.

1221년 이슬람의 가장 중요한 도시 중 하나로 도시의 여왕이라고 불리는 메르프를 파괴하면서 칭기즈칸의 무자비함에 대한 원성은 더욱 높아졌다. 칭기즈칸의 아들 툴루이가 지휘하던 병사들은 그 도시를 파괴하고 7십만 명이 넘는 남자와 여자, 그리고 아이들을 학살했다.

사마르칸트를 점령한 뒤 칭기즈칸은 이제 그의 마지막 제물인 호라즘 왕국의 술탄을 찾아 떠났다. 하지만 술탄은 겁에 질려 카스피해의 어느 섬으로 도망쳤고, 전하는 얘기에 의하면 1220년에서 1221년경에 그곳에서 죽었다고 한다. 하지만 이것으로 전쟁이 끝난 것은 아니었다. 술탄의 아들이 카불 북쪽에 위치한 파르반에서 몽골 군을 패퇴시킨 다음 소그디아나에서 몽골 군을 몰아냈다. 이란과 아프가니스탄에는 비극적이게도, 칭기즈칸은 패배로 인한 분노를 이 두 지역에 모두 쏟아내 1221년에서 1222년 사이에 모두 전멸시켰다. 도시는 완전히 불타버렸고 사람들은 무자비한 학살을 당했다. 칭기즈칸의 아들 툴루이는 메르프(바그다드, 카이로, 다마스쿠스와 함께 이슬람의 가장 중요한 도시로 꼽히며 흔히 '도시의 여왕'이라고 불렸다)를 완전히 파괴하고 7십만 명이 넘는 남자와 여자, 어린아이들을 죽였다고 한다. 그리고 아프가니스탄에 있는 힌두쿠시 산맥 근처 바미안에는 '탄식의 도시'와 '붉은 도시'라고 불리는 잔해가 남아 있는데, 이 두 도시 모두 당시 몽골군에 의해 완전히 파괴되었다. 그때의 상황을 주바이니는 이렇게 설명하고 있다.

> 미처 숨 돌릴 틈도 없이, 바미안에서 화살 하나가 날아와 칭기즈칸이 아끼던 손자, 그러니까 차가타이의 아들의 몸에 꽂혔다. 몽골 군은 순식간에 그 도시를 공격했고, 도시를 점령한 칭기즈칸은 사람은 물론 짐승까지도 살아있는 것은 모두 죽이라고 명령했다. 누구든 잡는 즉시 죽이고 어미의 뱃속에 있는 아기도 살려두지 말라고 명령했다.[2]

칭기즈칸과 그의 병사들이 저지르는 파괴 행위를 오늘날의 핵전쟁에 비유하는 학자들도 있었다. 도시와 시내, 마을이 흔적도 없이 무너져버렸고, 사막은 폐허 속에서 도망치는 사람들의 무리로 뒤덮였다. 몽골 군대가 휩쓸고 지나간 자리에 살아 있는 것이라곤 독수리와 같은 맹금(猛禽, 육식을 하는 사나운 새)뿐이었다.

당시 주변국 사이에서 칭기즈칸에 대한 평가는 그리 좋지 않았다. 흰 수염을 길게 기르고 눈 주위로 주름을 지으며 웃는 모습의 초상화가 몇 점 있긴 하지만, 그것은 칭기즈칸이 죽고 나서 자신의 선조를

---

2. 아타 말리크 주바이니의 『칭기즈칸 : 세계 정복자의 역사』.

정복한 한 남자에게 매료당한 중국의 원나라 사람들과 이란의 일칸 왕국 사람들이 그린 것이었다. 그것은 칭기즈칸의 실제 모습과 정반대였다. 칭기즈칸은 너무나 잔인해서 그와 그의 병사들이 승리라는 이름 속에 얼마나 깊이 몰두했었는지 그 정도를 가늠하기란 거의 불가능하다. 칭기즈칸이 적을 고문하고 처형했던 방법은 주변국을 위협하기 위해 과장한 것도 있지만 어느 정도는 근거가 있는 것들이다. 포로들을 펄펄 끓는 기름 항아리 속에 던져 넣거나 목을 베고, 말에 묶어 울퉁불퉁한 길을 끝도 없이 끌고 다녔다는 이야기들 말이다.

이처럼 끔찍하고 잔인한 이야기가 전해지기는 하지만 칭기즈칸은 천성적으로 성찰을 중시하여 종교와 철학에 상당한 관심을 가졌었다고 한다. 다음은 그러한 그의 일면을 보여주는 대목이다.

> 어떤 종교의 신봉자도, 어떤 교의의 추종자도 아니었던 칭기즈칸은 편협함을 싫어해서 하나의 신앙을 다른 신앙보다 더 따르거나 어떤 종교를 다른 종교들보다 우위에 놓는 것을 피했다. 오히려 학식 있는 사람이나 믿음이 깊은 사람들이 있으면 교파를 가리지 않고 존중하고 존경했다. 그는 이슬람 교도들과 함께 기독교인들과 불교 숭배자들도 존경했다. 칭기즈칸의 자식과 손자들 중 일부는 자신의 성향에 따라 종교를 선택해서 몇몇은 이슬람교를 택하고 몇몇은 기독교를 받아들였으며 또 몇몇은 우상 숭배를 했다. 그런가 하면 아버지와 선조들이 믿었던 옛 율법을 그대로 따르는 사람들도 있었다….[3]

---

3. 아타 말리크 주바이니의 『칭기즈칸 : 세계 정복자의 역사』.

하지만 전쟁에 관한 한 칭기즈칸은 누구의 뜻도 따르지 않았고 패배를 받아들이지도 않았다. 그는 무하마드의 아들인 잘랄 앗딘 밍부르누와 그의 군대를 남아시아의 서부 지역, 즉 지금의 파키스탄과 서인도의 인더스 계곡까지 쫓아갔고, 결국은 1221년 말 밍부르누가 싸움을 포기하고 도망쳤다. 하지만 밍부르누를 더 이상 쫓아가지는 않았다. 그것은 인도 중심 지역의 더운 날씨에서는 병사들이 제대로 싸움을 하거나 살아남지 못할 거라는 사실을 알고 있었기 때문이라는 얘기가 있다.

한편, 이란에서 술탄 무하마드를 패배시킨 몽골 군은 자신들의 나라로 돌아갈 때 코카서스 산맥을 넘지 않고 그루지야를 거쳐서 갔다. 당시 그루지야는 한창 번성 중이었다. 그들은 참회왕 다비드 4세(1089-1129)와 타마라 여왕(1184-1213)의 통치 하에서 수십 년간 강력한 독립 정권을 누리고 있었고 무시할 수 없는 군사력도 갖추고 있었다. 처음에 킵차크인들은 제베와 수부타이가 이끄는 칭기즈칸의 군대에 저항했지만 몽골 군의 위력을 알게 되자 곧 러시아 군주들에게 도움을 청했다. 하지만 러시아 군대의 전술은 몽골 군의 상대가 되지 못했다. 얼마 지나지 않아 킵차크 투르크족과 러시아인들은 할크 강에서 패배했다. 제베와 수부타이는 병사들을 이끌고 카스피해를 지나 중앙아시아에 있던 칭기즈칸과 합류했다.

칭기즈칸과 그의 병사들은 4년 동안 약 2만 킬로미터에 달하는 거리를 이동했고 세계에서 가장 강력한 다섯 나라를 정복했다. 그리하여 몽골 제국의 영토는 태평양에서 발트해를 거쳐 지중해에까지 이르렀고, 그 넓이는 1,150만 평방마일이었다. 이것은 3천만 평방킬로미터로서 북아메리카의 세 배에 달하는 크기였다.

몽골의 영향력은 인도 남부 지역까지 미쳐 그곳의 왕들도 칭기즈칸의 위력을 익히 알고 있었다고 한다. 하지만 칭기즈칸의 침략이 가져온 대량 파괴는 어마어마한 것이었다. 이미 언급했듯이 과장된 면이 있기는 하지만 몽골 군이 다른 어떤 나라의 병사들보다 포악하고 잔인했다는 것은 대개의 학자들이 인정하는 사실이다. 다음의 글은 위옹 드 나흐본느가 보르도의 대주교에게 보낸 편지에서 발췌한 것이다.

> 그들의 지휘자들은 마치 빵을 먹듯이 시체를 뜯어먹고 그 뼈를 독수리에게 던져줍니다…. 낮에는 늙고 더러운 여인들이 그들의 먹이가 되었습니다. 아름다운 여인들은 적에게 먹히는 것은 면할 수 있었지만, 그들이 아무리 절규하고 탄식해도 적들은 여인들을 무지막지한 폭력으로 굴복시켰습니다. 적들은 처녀들을 모욕하여 스스로 목숨을 끊게 한 다음 그들의 가슴을 도려내 모양이 아름다운 것은 보관해 두었다가 우두머리에게 바치고 나머지는 게걸스럽게 먹어버렸습니다.[4]

칭기즈칸은 1225년경에 몽골로 돌아왔다. 전쟁터에서 여러 해를 보낸 데다 이제 나이도 들어 말을 타다가 다치는 일도 많았고 예전보다 쉽게 지쳤다. 하지만 위대한 지도자들에게는 쉬거나 기운을 회복할 시간이 없는 법이다. 칭기즈칸에게는 통치해야 할 광대한 제국이 있었고, 지휘해야 할 군대가 있었으며, 아직 정복해야 할 탕구트족이 있었다.

---

4. 장 폴 루의 『칭기즈칸과 몽골 제국Genghis Khan and the Mongol Empire』(2003).

칭기즈칸은 수년 전에 이미 정복당한 뒤 몽골을 따르겠다는 약속했지만 그것을 지키지 않은 탕구트족을 용납할 수 없었다.

1225년에서 1226년으로 넘어가는 겨울, 고비 사막을 넘어가는 것이 몽골 군대의 큰 과제라고 생각한 위대한 몽골의 지도자 칭기즈칸은 탕구트족을 섬멸하기로 결심하고 험난한 여정을 쉬지 않고 진군해 나갔다. 탕구트족과의 전쟁에 대해서는 알려진 것이 거의 없지만 대부분의 학자들은 얼마 못 가 탕구트족이 패배하고 전쟁이 끝났다는 데 의견 일치를 보였다. 하지만 그 이후 칭기즈칸의 죽음에 대해서는 의견이 분분하다. 칭기즈칸이 그 전쟁에서 죽었기 때문에 적들이 멸망하는 모습을 보지 못했다는 주장이 있는가 하면, 그 전쟁이 끝난 다음 사냥을 나갔다가 사고로 죽었다고 주장하는 학자들도 있다.

칭기즈칸이 어떻게 죽었든 간에 그가 죽는 순간 자신의 아들들에게 왕국을 나누어주면서 "세상을 정복하기에 내 삶은 너무 짧았다. 이제 그 일은 너희들의 몫이다"라는 말을 남긴 것은 분명하다.

1227년 위대한 황제의 죽음으로 몽골은 온통 절망에 잠겼다. 이제 그들에게 남겨진 일은 가장 화려한 장례식을 치르고 그들의 칸을 명예롭게 묻는 것이었다. 몽골인들은 칭기즈칸을 묻기에 앞서 포로로 잡힌 탕구트 병사 수천 명을 학살했다. 이후에 칭기즈칸의 시신은 수레에 실려 그의 고향 울란바토르로 옮겨졌다고 말하는 학자들도 있다.

전해지는 얘기로는, 후계자가 정해질 때까지 칭기즈칸의 죽음을 아무도 알지 못하게 하기 위해 장례 행렬을 본 사람들을 모두 처형했다고 한다. 또 다른 이야기에 따르면, 칭기즈칸의 시신을 운반하던 수레가 중국 오르도스 지역의 늪지에 빠져 움직이지 않았는데 사람들이 칭기즈칸의 영혼을 향해 그를 숭배하는 사람들을 버리지 말아달라는 기도를 하자 다시 움직였다고 한다.

나중에 몽골 사람들이 오르도스에 무덤을 세우면서 그의 묘지는 오늘날까지 오르도스의 초원 지대 한가운데 위치하게 되었다. 정확한 위치는 아무도 모르지만 사람들은 매일 이 지역으로 순례 여행을 오고 칭기즈칸을 추모하는 의식이 일년에 네 번 이곳에서 치러진다.

칭기즈칸이 죽은 뒤, 그의 막내아들 톨루이(1193-1232)가 몽골 본토를 지배했다. 특히 메르프 원정에서 뛰어난 활약을 보여주어 언제나 칭기즈칸의 총애를 받았던 그는 '불의 군주'로 불리기도 했다.

톨루이는 아버지의 명성을 지키기 위해 노력했다. 하지만 그 누구도 칭기즈칸이 이룬 업적에 필적할 수는 없었다. 몇몇 후손들이 그와 같이 몽골 제국의 영광을 재건하거나 재연하려고 시도했지만 톨루이와 마찬가지로 모두 실패했다.

그중에는 칭기즈칸의 뒤를 이어 중세의 가장 영향력 있는 지도자였던 티무르(1336-1405)가 있었다. 그 티무르 왕조의 후손들은 16세기 인도에 무굴 제국을 세웠고, 중국에 청 왕조를 세운 만주족도 칭기즈칸의 후손이다. 하지만 그 누구도 칭기즈칸에 버금가는 영향력을 발휘하지는 못했다. 칭기즈칸은 폴란드에서 시베리아까지, 모스크바에서 아라비아 반도까지, 그리고 시베리아에서 베트남까지 영토를 확장한 사람이었다. 그 누구도 칭기즈칸에 비견될 수는 없었다. 칭기즈칸의 손자이며, 영국의 시인 사무엘 테일러 콜리지가 그 이름을 딴 유명한 시로 영원한 생명을 부여한 쿠빌라이 칸(톨루이의 아들)조차 칭기즈칸을 능가하지는 못했다.

오늘날 우리는 독재자의 기질을 보이는 사람을 두고 '칭기즈칸과 비슷하다'라고 표현한다. 그가 12세기에 살았던 사람임을 생각한다면, 그의 업적은 그야말로 위대함 그 자체이다.

3

샤카 줄루
SHAKA ZULU

샤카 줄루
SHAKA ZULU

아프리카의 왕 |

아무것도 쓰지 않은 머리에
화려한 붉은색 깃털 다발을 꽂은 수달 가죽 고리 장식을 두르고,
길이가 60센티미터 정도 되는 근사한 푸른 두루미 깃털을 앞머리 쪽에 꽂고 있었다.
그리고 양 어깨와 가슴 부위에는 반점이 있는 사향 고양이와
잿빛 원숭이의 '꼬리'로 만든 8센티미터 길이의 술이 늘어뜨려져 있었다.
엉덩이에서부터 무릎까지 몸을 완전히 에워싸면서
늘어뜨린 것은 이런 동물의 '꼬리'를 수도 없이 모아 만든 킬트였다.

헨리 핀(존 버드 편집)의 『나탈 연대기: 1495-1845』 (1966) 중에서

역사적으로 볼 때 남아프리카에서 넬슨 만델라 다음으로 가장 유명한 사람은 샤카 줄루이다. 열아홉 살에 표범을 죽였고 5백 명도 안 되는 정예 병사들로 무적의 군대를 만든 샤카 줄루는 12년간 자신의 왕국을 통치하면서 백만 명이 넘는 사람들을 죽인 난폭한 전사이며 엄청난 권력을 휘두른 무자비한 지도자였다.

샤카 줄루는 1785년에서 1787년경에 랑게니족 족장의 딸인 난디라는 여인과 줄루족의 젊은 족장이었던 센장가코나의 서자로 태어났

다. 태생부터 불행했던 샤카 줄루는 여섯 살에 어머니를 따라 랑게니 족의 마을로 왔고, 천덕꾸러기 취급을 받으며 소년기를 보냈다. 부족의 관습대로라면 부모가 같은 종족이어야 하는데, 사람들은 다른 부족과 결혼한 샤카의 어머니를 사람들은 경멸했고, 샤카도 서자라는 신분 때문에 괴롭힘과 조롱을 당했다.

  샤카는 어린 나이부터 랑게니 동쪽 지역에서 양치기 일을 해야 했는데, 샤카가 양떼를 돌보는 동안에도 다른 아이들은 그 어린 소년을 괴롭히며 몹시 재미있어했다. 어린 시절 내내 샤카는 무척이나 외롭

위대한 전사로 존경받았던 샤카 줄루는 병사들을 혹독하게 훈련시켜 강한 군대를 만들었다.

게 지내야 했다. 하지만 열아홉 살에 샤카는 이미 표범을 죽일 정도로 무시무시한 투사가 되어 있었다. 그는 표범을 나무로 몰아가서 창을 던졌다. 그러니까 표범은 나무가 있는 곳으로 쫓겨가 죽음을 눈앞에 두고 있었던 것이다. 하지만 창은 표범의 심장에 박히지 않았고 오히려 샤카를 향해 돌진했다. 샤카는 물러나지 않고 표범이 코앞까지 오기를 기다렸다가 때려 죽였다.

그러한 힘을 과시했기 때문인지 아니면 사람들에게 사랑받고 존중받는 청년으로 자랐기 때문인지는 모르지만, 샤카는 스물세 살이 되어 음테트와족의 전사로 차출되었다.

> 에마 은그웨니라는 부락이 딸려 있는 샤카의 부대는 부자라는 대장이 이끌고 있었다. 샤카에게는 세로 170센티미터 가로 90센티미터 크기의 타원형 방패와 가는 투창 세 개가 지급되었다. 샤카는 제복을 입고, 양 발목과 손목에는 쇠꼬리를 감았으며, 모피 조각으로 만든 킬트를 걸쳤다. 또한 검은색 인조 깃털을 꽂은 가죽 모자를 쓰고, 익시 하투바라는 쇠가죽 샌들을 신었다.[1]

샤카의 모습은 분명 당당했을 것이고, 이후 6년 동안 자신이 속한 부대에서 눈부신 활약을 했다. 그리고 더 손쉽고 효과적으로 적을 죽일 수 있는 전술과 무기를 계발해 내기 시작했다. 그러는 과정에서 창의 날을 새로운 형태로 바꾸어 이전의 가벼운 투창보다 더 강한 창

---

1. E. A. 리터의 『샤카 줄루Shaka Zulu』(그라나다 출판사, 1958).

을 만들기도 했다. 그는 창끝의 모양을 자신이 원하는 대로 만들기 위해 금방 녹인 것이거나 불순물이 없는 쇠를 사용했다. 샤카가 일을 맡겼던 대장장이는 그의 요구대로 창을 만들기 위해 풀무와 용광로를 새로 만들어 거기에서 나온 깨끗한 쇠막대를 화강암 덩어리로 두드렸다고 한다. 그렇게 해서 샤카가 생각했던 아름답고 성능이 뛰어난 창이 만들어졌다. 샤카가 '익샤'라는 이름을 붙인 그 새로운 무기는 아주 치명적이었다. 익샤라는 단어의 의미가 무엇인지는 알려지지 않고 있다. 그러나 어떤 사람들은 창날이 살에서 뽑혀 나올 때 피를 빨아들이는 소리를 묘사한 의성어라고 추측하기도 했다.

　샤카 줄루는 또한 기존의 방패보다 무게가 더 많이 나가는 쇠가죽 방패를 고안해 내어 자신의 병사들에게 그 새로운 무기의 사용법을 알려주었다. 예를 들어 새 방패의 왼쪽 면을 이용해서 적의 방패 오른쪽을 치는 것인데, 그렇게 하면 적의 갈비뼈가 드러나 훨씬 수월하게 창을 꽂을 수 있었다. 마지막으로, 그는 병사들을 단련시키기 위해 맨발로 훈련하고 싸우도록 했다. 그렇게 하면 더 강해질 뿐 아니라 동작이 더 빨라진다는 것이었다.

　샤카의 병사들은 뜨거운 사막과 바위, 가시덤불을 맨발로 몇 시간씩 뛰어다녔고, 그렇게 해서 그들의 발바닥은 어떠한 고통이나 불편함도 견딜 수 있을 만큼 단단해졌다. 샤카가 새로 고안해 낸 무기와 전술도 실제 전투에서 그대로 적중했다. 적대 관계에 있는 부족과 몇 차례 전쟁을 치르면서 그의 명성은 최고가 되었다.

　1810년에 부텔레지 부족과 전쟁을 치르면서 샤카는 새롭게 만든 날이 넓은 창으로 혼자서 적 몇 명을 한꺼번에 죽였는데, 그걸 본 다른 부텔레지족 사람들이 겁에 질려 도망쳤다고 한다. 샤카 줄루에 관해 여러 가지 이야기가 전해지는데, 그중 가장 흥미로운 것은 '미친 거인'에 관한 이야기다.

키가 어마어마하게 컸던 그 거인은 샤카의 동료 전사가 살던 지역의 언덕 한켠에 집을 짓고 살았다고 한다. 거인은 무엇이든 닥치는 대로 부수고 마을 여자들과 아이들을 위협했으며, 누구라도 그에게 대항할라치면 도끼를 겨누면서 불길한 주문을 중얼거렸다. 모든 사람들이 그 미친 거인을 두려워하던 터에 샤카 줄루가 나서서 일격에 거인을 쓰러뜨렸다.

사실 여부에 관계없이 이 일화로 인해 샤카는 그후 몇 년간 군대 내에서 확실한 명성을 쌓을 수 있었다. 게다가 샤카의 아버지를 이어 누가 줄루족의 족장이 될 것인가 하는 문제를 논의할 때마다 가장 강력한 후보로 거론되었다.

샤카는 줄루족 군대 전체를 지휘하는 자리에 오르면서 지도자로서의 자질과 전술을 연마할 수 있었다. 샤카는 병사들을 혹독하게 훈련시키는 것으로 유명했다. 그들이 조금만 불복종해도 처벌했고, 자신을 최고 지휘관으로 받들고 오직 자신의 명령만을 듣도록 가르쳤다. 그렇게 해서 샤카는 이내 엄청난 영향력으로 군대를 장악하게 되었다.

1815년에 샤카 줄루의 아버지가 병으로 자리에 눕더니 이듬해 초에 눈을 감았다. 줄루족은 부족의 풍습대로 죽은 족장의 장례를 치렀다. 우선 그의 몸을 검은 황소 가죽으로 감싼 다음 오두막에 눕히고 다섯 명의 전사가 지키도록 했다. 그리고 오두막 밖에는 계속 불을 밝혀두었다. 며칠 후 샤카 줄루의 아버지는 므펨베니 계곡(족장의 자리)에 묻혔다. 그를 매장할 때는 족장이 가는 길을 지켜주기 위해 종복 두 명이 처형되었다.

샤카는 아버지의 뒤를 이어 족장의 자리에 오르기로 되어 있었다. 하지만 그렇게 할 수 없다는 것을 아버지의 장례 절차가 끝난 후에 알게 되었다. 샤카 대신 그의 의붓형제인 시구나자가 족장 자리를 물려받았다. 샤카와 그 병사들이 난폭하긴 했지만, 시구자나의 왕위 찬

탈을 마무리 지은 것은 샤카의 또 다른 의붓형제인 느그와디(난디가 젠데아나와 결혼해 낳은 아들)였다. 그렇게 해서 샤카 줄루는 줄루족의 지도자가 되었고 죽은 아버지의 부락으로 순조롭게 들어갈 수 있었다.

샤카 줄루는 줄루족 전체를 재편성한 다음 남자들은 모두 '군대'에 편입시켰다. 서른 살에서 마흔 살 사이의 남자들은 아마-움베라는 연대로 편성하고, 이보다 젊은 남자들은 주빙그왕가 연대로 편성했으며, 마지막으로 샤카 자신이 속한 우-파심바라는 연대는 스무 살 정도의 젊은이들로 구성했다. 샤카는 각각의 부대를 하나의 부락으로 만들어서 오늘날의 요새나 막사와 비슷한 역할을 하게 했다. 줄루족들은 이러한 조직 편성이 낯설었지만 새로운 지도자의 뜻을 거스를 수는 없었다.

족장에 오른 뒤 샤카 줄루가 처음으로 공격다운 공격을 한 것은 이-랑게니 부족과의 전투였다. 이것은 샤카 줄루가 어릴 적에 그를 몇 년 동안이나 괴롭혔던 아이들이 속해 있던 바로 그 부족이었다. 샤카는 자기가 당한 고통을 절대 잊어버리거나 용서하지 않았다. 이제 당당하게 족장의 자리에 오른 샤카는 보복을 결심했다. 샤카의 병사들이 모두 5백 명밖에 되지 않았고 다른 부족들 대부분이 샤카의 부족보다 강했다는 사실을 생각하면 이는 위험한 일이었다. 하지만 샤카는 익샤라는 창과 세심한 것까지 놓치지 않는 신중함을 비롯하여 전투에 유리한 점을 몇 가지 가지고 있었다.

샤카는 병사들을 혹독하게 훈련시키면서 작전을 익히게 하고 매복했다가 적을 습격하는 법과 창을 능숙하게 다루는 방법을 가르쳤다. 마침내 병사들에게 모든 전술과 기술을 가르친 샤카는 어느 날 밤 므토냐네니 산을 넘어 먹이를 향해 40킬로미터나 되는 거리를 갔다. 새벽이 되어 샤카와 그의 병사들은 이-랑게니 땅에 있는 에시웨니 부락뿐 아니라 그 부족의 족장까지도 포위했다. 해가 떠오를 무렵 샤카는 이-랑게니족에게 항복할 것을 명령했다. 이-랑게니족은 대항할 생각도 하지 않고 샤카의 명령이 떨어지기가 무섭게 항복했다.

샤카는 원한을 품고 있던 사람들을 모두 잡아 재판대에 세웠다. 그러고는 어린 시절 자신에게 저질렀던 죄를 낱낱이 열거한 후 용서할 수 있는 집단과 도저히 용서할 수 없는 집단으로 나누었다. 그리고 용서할 수 없는 집단에 속한 사람들은 긴 막대기에 꿰어 불에 태워 죽였다. 처형이 모두 끝나자 이-랑게니족의 족장은 샤카의 모든 요구를 받아들였다. 그중 하나는 그 부족에 남아 있는 남자들을 모두 샤카의 군대에 편입시키는 것이었다. 그 요구 조건은 샤카의 말이 떨어지기 무섭게 실행되어 샤카의 병력은 순식간에 두 배로 늘어났다.

샤카 줄루가 고향으로 돌아왔을 때 그의 명성은 한층 더 높아져 있었다. 쿤게베니, 시비야, 가니니와 같은 이웃 부족들도 샤카의 군대로 자기네 젊은이들을 보내기 시작했다. 샤카의 병사가 된 젊은이들은 하나같이 혹독한 훈련을 견뎌야 했다.

얼마 지나지 않아 샤카는 또 다시 대규모 침략을 감행했는데, 이번에는 샤카의 땅 서쪽에 살던 부텔레지 부족과 그 족장 편가쉬를 치는 것이었다. 그처럼 일사불란하고 철저하게 훈련받은 병사들을 한 번도 상대해 본 적이 없었던 편가쉬의 병사들은 순간적으로 날카로운 충격을 받는 듯한 공격을 받았다. 겁에 질린 편가쉬의 병사들은 여자들에게로 도망가 숨으려고 했지만, 샤카의 병사들은 적의 병사들과 백성들을 포위한 다음 한 사람도 남기지 않고 모두 죽였다. 샤카는 달아난 여자들과 아이들 몇 명도 끝까지 쫓아가 부텔레지 부족의 가축들과 함께 잡아들이라고 명령했다. 족장 편가쉬만이 가까스로 도망쳐 은드완드웨 부족으로 피신했다.

샤카는 부텔레지족 여인들을 밧줄에 묶어 고향으로 끌고 왔다. 백 명에서 백오십 명 정도 되는 결혼하지 않은 여인들은 샤카의 소유가 되었는데, 그는 이들을 세 무리로 나누어 군사 부락 하나에 한 무리씩 배당했다. 샤카의 군대는 부텔레지 부족과의 싸움에서 압도적인 승리를 거두었다. 샤카의 지휘 아래 줄루족은 영토를 네 배 가까이 확장했고 병력은 2천 명이 될 정도로 강해졌다.

  E. A. 리터가 그의 책에서 설명한 내용을 보면, 생활이 비교적 평온해지고 나서 몇 달이 지났을 무렵 샤카 줄루는 자신과 병사들에게 위험스러운 존재인 주술사들을 병사들이 숨겨주고 있다는 의심을 품게 되었다고 한다. 막연하게 그런 기미를 알아챈 샤카 줄루는 주술사 검사원 다섯 명을 불러 병사들의 막사를 조사해 그들을 '찾아내도록' 했다.

> 노벨라는 그 검사원들의 우두머리였다. 그녀는 하얀 흙으로 줄을 그은 악마의 탈을 쓰고 있었고, 팔과 다리에도 하얀 흙으로 줄을 그었다. 그리고 물기 없이 부풀어 오른 온갖 모양의 공기 주머니와 뱀가죽으로 머리와 팔을 장식했다. 표범과 하이에나의 발톱과 이빨, 그리고 염소의 뿔을 목에 매달았고, 오그라든 양쪽 가슴에서는 비비의 머리 두 개가 웃고 있었다.[2]

사람들은 너나 할 것 없이 겁에 질렸다. 주술사를 잡아내는 사람들의 모습 때문이기도 했지만 잡혀가면 어떻게 되는지 알고 있었기 때문이었다. 누군가가 고발되면 그와 같은 부락에 살고 있는 사람들까

---

2. E. A. 리터의 『샤카 줄루』.

지 모두 처형되었다.

　노벨라는 열한 명을 잡아내 처형했으며 그들과 같은 부락에 사는 사람들도 법에 따라 모두 죽여 불에 태워졌다. 하지만 노벨라는 거기에서 그치지 않고, 주술사들을 숨겨준 죄로 샤카의 절친한 친구 두 명을 고발했다. 노벨라의 전례 없는 행동에 당황한 샤카는 고발의 정당성과 더불어 노벨라를 비롯한 다른 검사원들이 시기나 악의로 한 행동이 아니라는 것을 증명해 보라고 요구했다.

　결국 노벨라는 자신과 다른 검사원 하나가 권력을 남용했음을 고백했다. 샤카는 두 사람을 용서했지만, 그 일이 있은 후부터는 '예언자들이 권력을 무분별하게 사용'하는 것을 용납하지 않았고 모든 죄에 대해서 자신이 직접 최종 판결을 내렸다. 또한 군대에 복무하는 모든 사람은 또 다시 그런 일로 '발각되는 일'이 없어야 한다고 명령했다.

　이 판결이 있은 후, 현명한 통치자로서 샤카의 명성은 더 멀리까지 퍼져 그의 부족뿐 아니라 다른 부족에게까지 전달되었다. 샤카의 통치 영역 밖에 있는 사람들조차 그 지혜로운 전사의 보호를 자청하며 그를 찾아오기 시작했다. 그러한 부족의 남자들이 샤카 군대의 병사가 되면서 군대의 규모는 점점 더 커졌다. 그리고 얼마 지나지 않아 줄루족과 은드완드웨족 사이에 전쟁이 벌어졌다. 은드완드웨족은 즈와이드라고 하는 강력한 족장이 지배하고 있었다.

　은드완드웨족은 흑黑 움폴로지 강 북동쪽 지역에 살고 있었다. 야심이 굉장히 강한 전사였던 즈와이드는 에마-네완제니족을 비롯해서 자신의 부족보다 규모가 작은 부족들을 차례로 진압하면서 병력을 늘려나갔다.

　철저한 훈련을 받고 중무장한 3천 6백 명 가량의 줄루 병사들은 움폴로지 강을 건너 즈와이드 부족의 수도를 향해 전진했다. 그곳으로 가는 동안 샤카는 순전히 식량으로 쓰기 위해 데려온 소들을 잡아 병사들이 충분한 영양 섭취를 하도록 했다. 진군한 지 이틀이 지나자 샤카의 군대는 움폴로지 강의 지류인 움-모나 강 상류에 도달했다.

 샤카의 군대가 사냥감 근처에 도착한 다음날 이른 아침, 정찰병 하나가 즈와이드의 주요 부락 근처에 병사들이 있다고 보고했다. 즈와이드가 병사들에게 논고마 근처에 있는 가파른 산등성이로 올라가라고 명령한 것이다. 그곳은 전략적으로 유리한 지점이었다. 샤카는 적의 병사들을 분열시켜야 한다는 것을 직감했다. 즈와이드의 병사 일부를 그 산등성이에서 내려오게 유인한 다음 공격하는 것이 최선의 방법이라고 생각했다. 그렇게 되면 즈와이드가 병사들을 구하러 올 것이고 그때 적을 습격할 기회가 생길 것이라고 판단했다.

 그 전략은 그대로 들어맞았다. 샤카는 적을 완전히 제압하고 나서 무시무시한 살육전을 펼쳤다. 은드완드웨 군대도 강하긴 했지만 샤카의 군대처럼 엄격한 규율이 있는 것도 아니었고 혹독한 훈련을 받지도 못했기 때문에 10분도 채 안 되어서 1천 명 이상이 샤카의 병사들 손에 죽었다. 하지만 이러한 패배를 겪고도 은드완드웨족은 포기하지 않았다. 그들은 다시 한 번 줄루족을 향해 전진했다. 하지만 이번에도 많은 사상자를 내고 패했다.

 결국 은드완드웨족은 후퇴하기로 했지만, 승리가 자기 것임을 깨달은 샤카는 도망가는 적을 끝까지 쫓아가 죽이라고 명령했다. 이는 줄루족이 첫번째로 치른 대규모 전쟁('큐오클리 전쟁'이라고 알려져 있다)이었으며, 샤카는 어떤 일이 있더라도, 그 어떤 것도 포기하지 않으려 했다. 그 전쟁에서 샤카는 약 1천 5백 명의 병사를 잃었지만, 은드완드웨족은 그보다 훨씬 더 많은 약 7천 5백 명의 병사가 목숨을 잃었다. 샤카의 병사들은 부상을 입고 전쟁터에 쓰러져 있던 병사들까지 주저없이 죽인 다음 그들의 배를 갈랐다.

 이 대규모 전쟁이 끝나고 얼마 되지 않아서, 훗날 '은데벨레'라는 국가를 건설하게 되는 음질리카지 쿠말로라는 젊은이가 샤카의 병사가 되었다. 이즈음 병사들의 훈련은 이전보다 더 혹독해졌고 '물소' 대형을 비롯해 새로운 전술 몇 가지가 추가되었다. '물소' 대형이란 네 개의 병력이 물소의 뿔 두 개와 가슴과 허리로 나뉘어 싸우는 것을 말한다. 전쟁을 할 때 물소의 '가슴'은 적의 전선을 공격하고 '두 개의 뿔'은 적의 측면을 공격하면서 적을 포위했으며, '허리' 부분은 숨어 있다가 전력 보강이 필요할 때 공격에 가담했다. 샤카 자신은 병사들의 움직임을 전체적으로 볼 수 있도록 높은 곳에 서서 물소 대형을 조종하고 있다가 연락병의 보고에 따라 전투를 지휘했다. 샤카의 병사들은 정해진 속도에 따라 매일 한 번에 70~80킬로미터 정도의 거리를 행군해야 했으며 전술도 익혀야 했다. 샤카는 병사들을 세심하게 돌보긴 했지만, 행군하는 도중에 누구 하나라도 대열에서 이탈하면 후위병들이 즉석에서 무자비하게 처치하도록 했다.

샤카의 적들 역시 강도 높은 훈련을 받았는데, 특히 큐오클리 전투에서 도망쳤던 즈와이드의 병사들이 그랬다. 실제로 동쪽과 북쪽 지역에서 사람들이 즈와이드 병사가 되기 위해 몰려들었고, 소산가네와 즈완간다바를 비롯한 몇몇 뛰어난 병사들도 그의 군대에 들어오면서 즈와이드의 운명은 상승세를 탔다.

하지만 매사에 철두철미한 샤카는 적의 진영에 졸루주('달콤한 남자'라는 의미)라는 남자를 첩자로 보냈다. 그리고 얼마 안 있어 졸루주는 적이 줄루 땅을 침략할 것이라고 보고했다. 한편 샤카는 그동안 또 다른 전쟁을 치러야 했다. 이번에는 그의 기분을 거슬린 파카트와요가 통치하는 콰베족을 치기 위해 남쪽으로 향했다.

1818년 한겨울에 벌어진 이 전쟁은 시작된 지 한 시간도 채 안 되어 줄루족이 파카트와요를 체포하면서 순식간에 끝났다. 파카트와요는 얼마 뒤에 알 수 없는 이유로 발작을 일으키더니 죽고 말았다.

샤카의 영토는 이제 1만 8,200평방킬로미터에 이르렀고, 북쪽으로는 백 움폴로지 강에서부터 남쪽으로는 투겔라 강에까지 이르렀다. 또한 서른 개가 넘는 각기 다른 부족들을 규합해 하나의 거대한 군대를 만들었다. 이것은 누가 보더라도 엄청난 위업이었다. 샤카는 또한 농업 생산에서도 대변혁을 일으켜 식량이 떨어지는 일이 없도록 했으며, 군대에 수습제를 도입해 사춘기는 지났지만 전사가 되기에는 아직 어린 남자아이들이 군사 훈련을 받으면서 동시에 지역 사회에 봉사하게끔 했다.

샤카는 이제 관심을 다시 즈와이드에게로 돌렸다. 즈와이드와 샤카 사이를 가로막고 있는 것은 들라미니와 중구스라는 두 개의 소규모 부족밖에 없었으므로 전면 전쟁이 벌어지는 것은 시간 문제였다.

1819년 5월에 샤카는 나라 전체에 흩어져 있는 동굴과 숲에 곡식을 저장해 두라고 명령했다. 그리고 다음달에는 첩자인 졸루주에게 명령해 즈와이드와 그 병사들이 헛된 곳에 미리 힘을 다 빼도록 유도해서 샤카가 공격할 때는 완전히 지쳐 싸우지 못하도록 만들게 했다. 그 속임수에 넘어간 즈와이드는 1만 8천 명의 병사를 보내 샤카를 쫓았다. 병사들은 백 움폴로지 강을 건너 줄루 왕국의 땅으로 들어갔다. 그런데 그들은 줄루의 곡식 저장고를 습격하면 전쟁 중에도 식량이 떨어지지 않을 거라고 생각하고는 3일분의 식량만 가지고 돌아왔다.

하지만 샤카가 식량을 모두 숨겨놓았기 때문에 은드완드웨 병사들이 먹을 것은 하나도 남아 있지 않았다. 그들의 계산은 완전히 빗나가고 말았다.

줄루 사람들도 대부분 산이나 숲속으로 피신했으므로 부락들은 모두 텅 비어 있었다. 게다가 부락에 남아 있던 사람들은 은드완드웨 병사들이 가져온 소를 훔치는 척하면서 그들을 투겔라 강을 따라 유인했다. 은드완드웨의 족장은 자신과 병사들이 유인되고 있다는 것을 눈치 채고는 후퇴하기로 결정했다. 그러나 이미 샤카의 작전에 휘말린 뒤였다. 갑자기 양쪽 병사들 사이에 교전이 벌어졌고, 샤카가 이전에 치른 전투가 늘 그랬듯이 줄루의 병사들이 은드완드웨 병사들을 몇 시간 만에 완전히 제압했다.

하지만 싸움은 거기서 끝나지 않았다. 샤카는 즈와이드의 부락에 남아 있던 남자와 여자, 어린아이들뿐 아니라 전쟁터에서 도망친 병사들까지 모조리 잡아서 죽이려 했다. 두 개의 최정예 부대가 적을 추적하여 은드완드웨족과 관련된 사람들은 모두 무차별적으로 살해했다. 그들은 또한 그 부족의 가축들까지 잡아들이고 부락 전체를 완전히 불태워버렸다.

그러나 즈와이드는 이번에도 잡히지 않고 몸을 피해 샤카를 절망스럽게 했다. 그 대신 그의 어머니 은톰바지가 줄루족 병사들의 손에 잡혀 며칠 뒤에 아들을 대신해서 재판을 받게 되었다. 샤카는 은톰바지 앞에 앉아 온갖 모욕적인 질문들을 해댔지만 그녀는 샤카의 면전에서 그 모든 질문에 대한 대답을 거부했다. 결국 샤카는 창문 하나 없이 칠흑처럼 어두운 오두막으로 그녀를 돌려보냈다. 그녀는 어둠에 익숙해졌을 때야 그곳에 자신 외에 성질이 사납기로 이름 난 하이에나가 있다는 사실을 알게 되었다.

E. A. 리터는 다음과 같이 쓰고 있다.

> 마침내 은톰바지는 자신의 몸을 반은 산 채로 그리고 반은 죽은 상태에서 하나도 남김없이 먹어치울 자연의 청부인을 똑똑히 볼 수 있었다.

은톰바지가 죽고 나서 샤카와 그의 병사들은 은드완드웨족과 싸워 거둔 위대한 승리를 기념하며 축연을 베풀고 술을 마셨다. 샤카 줄루는 이제 줄루 제국의 명실상부한 지도자가 되었다. 그는 누구도 부정할 수 없는 자리에 올랐다. 그러나 싸움은 여전히 끝나지 않았다.

1820년 겨울에는 팀버스족을 정복하기 위해 또 한 번 살벌한 전쟁이 치렀다. 처음에는 전세가 샤카의 뜻대로 되지 않는 듯했다. 팀버스족은 줄루족과 대등한 전열을 갖추고 있었으며 병사들의 숫자도 줄루족에게 뒤지지 않았다. 사실 전쟁 초반에는 팀버스족의 족장인 은구니의 일방적인 승리였다. 샤카에게 그 불운한 소식을 전한 연락병은 애쓴 보람도 없이 그 자리에서 처형당했다. 샤카는 병사들에게 이전보다 두 배 더 치열하게 싸우라고 명령했다.

그날이 끝나갈 즈음 두 부족의 운명은 바뀌어 줄루족이 승리를 거두었다. 하지만 샤카는 병사들이 온 힘을 다해 싸웠다는 데에 만족하지 못했다. 그는 부하들에게 전쟁터에서 뒤로 물러나지 않았다는 것을 증명할 수 있도록 죽인 적의 창을 가져오라고 했다. 치열한 전투를 치른 후 얼마 남지 않은 병사들이 보는 앞에서 전리품을 가져오지 못한 병사 50여 명이 처형되었다.

이 마지막 승리를 거둔 뒤, 샤카 줄루는 줄루 왕국에 새로운 수도를 건설했다. 그는 움흘라투제 계곡 아래 남쪽 지역의 아름다운 곳을 선택해 수도를 짓고 불라와요('학살의 땅'이라는 의미)라고 이름 지었다. 샤카는 부족민과 그들의 농업 생산량을 재편성하는 데도 중점을 두었다. 그뿐만 아니라 줄루 법정도 세웠는데, 처음에는 샤카의 대회의장 앞뜰에 서 있는 커다란 무화과나무 그늘 아래로 정했다. 그 법정은 샤카의 신임을 받은 몇몇 의원들과 함께 샤카가 직접 관할했다. 하지만 판결을 내릴 때 의원들은 발언권을 갖지 못했다. 재판은 오직 샤카의 영역이었다.

1824년에 헨리 핀과 함께 무역 원정대 일원이었던 페어웰 대위가 샤카 줄루와 교역에 대해 의논하고 있다.

그는 아주 가벼운 범죄를 저지른 사람도 사형에 처하곤 했다. 처형은 빈번하게 집행되었고, 교살하거나 칼로 찌르거나 창에 박거나 불태우거나 때려 죽이는 등 그 형태도 다양했다. 이런 식으로 많은 사

샤카 줄루 73

람들이 목숨을 잃었다. 샤카는 그가 지배하는 사람들에게 절대적인 제왕이었고 그의 말은 곧 법이었다. 줄루족 사람들은 모두 샤카에게 충성을 맹세했다. 그들은 샤카가 단일 언어(줄루어)를 가진 강력한 줄루 제국을 건설하는 것을 지켜보았기 때문에, 공포와 학살의 위험 속에서도 그 위대한 지도자를 지지했다. 하지만 그후로 줄루족의 삶은 완전히 변하기 시작했다.

1824년 영국인 모험가 헨리 프랜시스 핀과 그 일행이 줄루 왕을 만나 무역 협정을 맺기 위해 줄리아호에 올랐다. 케이프에 이미 소규모 식민지를 건설했던 영국인들은 나탈 항(지금은 더반으로 더 잘 알려져 있다)[3] 근처에 작은 정착촌을 만들었다. 그들은 상아와 동물 가죽을 비롯한 여러 이국적인 물건들을 얻으려 했지만 처음에 샤카는 그 침입자들을 만나주지 않았다. 그러다 핀이 물건을 구하러 나탈 항 주변을 다니자 그때서야 샤카는 첩자를 보내 상황을 알아보도록 했다. 첩자는 샤카에게 백인들이 우호적으로 보일 뿐 아니라 여러 가지 물건도 많이 가져왔다고 보고했다. 호기심이 생긴 샤카는 백인들을 초대했고, 그렇게 해서 핀은 불라와요로 오게 되었다. 핀은 줄루 부락에 대해 이렇게 적었다.

> 우리는 그 마을의 질서와 규율에 깜짝 놀랐다. 질서정연한 촌락들, 특히 상층 계급인 족장들의 집을 보면 청결이 하나의 풍습임을 알 수 있었다. 집 내부뿐 아니라 외부도 청결하긴 마찬가지였다. 집 밖의 공간은 꽤 넓었는데도 쓰레기나 타다 남은 재를 찾아볼 수 없었다.[4]

---

3. 남아프리카공화국 나탈 주 남부의 항만도시.

얼마 뒤 샤카의 거처를 방문한 영국인들은 따뜻한 환대를 받았다. 핀이 보기에 샤카 줄루는 위엄 있는 지도자인 듯했다. 샤카는 손님들 앞에서 자신이 소유하고 있는 땅과 가축들, 그리고 너무도 자랑스러운 군사력에 대해 이야기했다. 핀은 샤카 줄루가 조지 4세에 대해 알고 싶어했다는 이야기도 적었다.

샤카는 조지 4세의 정부 형태에 대해, 그가 얼마나 많은 가축과 아내를 가지고 있었는지, 또 그의 왕국이 얼마나 넓은지, 그리고 수도는 얼마나 큰지를 알고 싶어했다. 핀은 다음과 같이 기록했다.

> 그러다가 샤카 줄루는 화제를 바꿔 그들이 가진 무기의 우수성에 대해 이야기했다. 그들의 무기가 우리의 구식 소총보다 여러 가지 면에서 낫다는 것이었다. 공격하기 전에 창을 물에 담궈두었다 사용하면 멀리에서 날아오는 실탄도 너끈히 막아낼 수 있으며, 우리가 실탄을 장전하는 동안 이미 우리 진영 가까이 접근할 수 있다고 했다.

핀과 그의 일행들은 샤카를 여러 차례 만나 성대한 대접을 받고 물건과 정보를 교환하면서 친교를 맺은 뒤 나탈 항으로 돌아가기로 했다. 샤카가 유럽인을 만난 것은 이때가 처음이었지만 분명 마지막은 아니었다.

E. A. 리터는 1827년 10월 샤카의 어머니 난디가 숨을 거두었을 때, 그녀의 병석을 지켰던 핀도 그 자리에 있었다고 기록하고 있다. 핀은

---

4. E. A. 리터의 『샤카 줄루』.

오늘날 줄루족 사람들은 샤카 왕을 기념하는 축제일이 되면 빛나는 업적을 이룬 선조들을 상징하는 무기와 창을 들고 다닌다.

샤카가 깊은 슬픔에 빠져 부족민들을 처형하라는 명령을 내렸다고 적고 있다.

오후가 되어 어림잡아 7천 명에 달하는 사람들이 무시무시한 무차별적인 대량 학살에 의해 희생되었다.

그날 죽은 사람들의 시체로 촌락을 흐르던 시내가 막혀버렸고, 여기저기에 사람들의 피가 번져 나갔다. 그날 늦게 난디는 1만 2천 명의 병사들이 호위하는 가운데 땅에 묻혔다. 그러고 나서 샤카는 병사들에게 마을로 가서 어머니의 죽음을 진심으로 애도하지 않는 사람을 발견하면 그 즉시 처형하라고 명령했다.

이즈음 샤카의 난폭한 행동은 그 정도가 점점 심해졌고, 그 기세 아래에서 무사한 사람이 없을 정도였다. 후궁들은 모조리 맞아 죽었으며, 남자아이들 몇몇도 왕의 비위를 거슬렀다는 죄로 후궁들과 똑같은 최후를 맞았다고 한다. 샤카의 잔학한 행동은 그뒤로도 계속 이어졌다. 아직 젖이 필요한 송아지 어미의 젖을 먹은 죄로 소년들 한 무리가 잡혀와 유죄 판결을 받았다. 그리고 그 소년들에게는 창으로 죽이라는 판결이 내려졌다. 보다 못한 편이 그처럼 잔인한 판결을 거두라고 설득했지만 소용이 없었다.

존경받는 왕이었던 샤카 줄루는 40대가 되면서는 자신의 어두운 감정을 통제하지 못하고 사악한 폭군으로 전락했다. 흥청거리는 연회가 끊임없이 이어지는 가운데 샤카가 지배하는 줄루 제국은 쇠퇴하기 시작했다. 그렇게 암울한 시기가 1년 가까이 지속되자 1828년 9월에 샤카의 이복형제인 음랑가나와 딩가네가 샤카를 제거할 음모를 꾸미기 시작했다. 그들은 샤카가 벌이는 끊임없는 전쟁으로 인해 나라가 쇠약해졌다고 생각했다.

9월 22일 두 형제는 계획을 실행에 옮기기로 했다. 샤카가 의회 의원들과 이야기하는 동안 두 암살자는 갈대 울타리 뒤에 숨어 기회를 엿보고 있었다. 의원들이 방을 나가자, 음랑가나는 샤카의 몸으로 창을 밀어넣었고 이어 딩가네도 그와 똑같이 했다. 그 끔찍한 사건을 일으킨 두 사람은 일을 끝낸 뒤, 샤카에게 선물을 가지고 온 사절단들이 자기들의 형제를 죽였다는 소문을 퍼뜨렸다. 얼마 뒤 샤카의 몸은 검은 황소 가죽에 싸인 채로 구덩이에 묻혔다.

어릴 적에는 그저 꿈만 꿀 수 있었던 권력을 얻기 위해 샤카는 평생을 투쟁했다. 그렇게 해서 한때 작은 공국에 지나지 않던 나라를 12년이라는 짧은 시간 안에 거대한 제국으로 만드는 데 성공했다. 처음에 샤카는 면적이 260평방킬로미터밖에 되지 않는 나라의 왕이었지만, 통치 말기에는 52만 평방킬로미터가 넘는 땅을 지배했다. 처음에는 500명에 지나지 않던 그의 군대도 고도의 훈련을 받은 5만여 명의 정예부대를 가진 막강한 군대로 성장했다. 그러나 이 어마어마한 업적은 수천 명의 남자와 여자, 어린아이들의 죽음 위에 세워진 것이었다.

  샤카를 암살한 딩가네는 공범자인 음랑가나를 죽이는 것이 최선이라고 생각했다. 계획한 대로 일을 처리하고 나서 딩가네는 줄루 제국의 왕위에 올랐다. 하지만 줄루족의 전투력은 더 이상 샤카가 통치할 때와 같지 않았다. 아프리카 역사상 가장 잔인한 전사이자 왕으로 알려진 샤카 줄루의 명성은 오늘날에도 사라지지 않고 있다.

4

요시프 스탈린
JOSEF STALIN

요시프 스탈린
JOSEF STALIN

러시아의 엉클 조 |

포스터는 바로 맞은편 집의 벽에도 붙어 있었다.
포스터 속의 검은 눈이 윈스턴 처칠의 눈을 빤히 바라보고 있었고,
그 밑에는 '빅 브라더가 너를 지켜보고 있다'라는 글이 새겨져 있었다….
멀리서 헬리콥터가 지붕을 스치듯 날아가다가 청파리처럼 잠시 맴돌더니
원을 그리며 다시 어디론가 날아가버렸다.
그것은 창문 너머로 사람들을 감시하는 순찰기였다.
하지만 순찰기는 별것 아니었다.
정말 무서운 것은 '사상경찰Thought Police'이었다.

조지 오웰의 『1984』 중에서

이미 죽었거나 지금도 살아 있는 모든 독재자들 중 조지 오웰의 『1984』에 나오는 '빅 브라더'[1]의 이미지를 가장 자연스럽게 떠올리게 하는 인물은 아마도 요시프 스탈린일 것이다. '빅 브라더Big Brother'란, 사람들은 그를 포스터나 신문에서만 볼 수 있지만 그 자신은 모든 것

---

1. 조지 오웰의 소설 『1984』에 처음 등장한 용어다. 정보 독점을 통한 새로운 사회지배 권력, 혹은 그러한 사회 체제나 최고 통치 체제를 의미한다.

을 보며, 공포와 배신, 죽음과 파괴가 일상적으로 일어나는 전체주의 국가를 지배하는 무자비한 폭군을 말한다.

요시프 스탈린은 제1차 세계대전 이후에 권력을 잡은 독재자들 중 가장 성공한 인물이라고 할 수 있다. 그는 세계에서 두 번째로 강한 국가에서 절대 권력을 누리면서, 히틀러보다 더 많은 사람들을 죽음으로 내몰았다. 게다가 70세가 넘어서까지 평탄한 삶을 살다가 1953년에 눈을 감았다. 그리고 남녀노소를 가리지 않고 수백만 명의 소비에트 시민들이 장례식에 몰려와 그의 죽음을 애도하기까지 했다.

스탈린은 아돌프 히틀러와 나치스 독일에 맞서 소비에트 연합의 승리를 이끌었고, 농업국이었던 소련을 산업국가로 끌어올린 인물이었다. 하지만 그 위풍당당한 모습과 후대 사람들이 내리는 대단한 평가 뒤에는 어두운 그림자가 숨어 있었다. 그가 통치하는 동안 수백만 명의 사람들이 강제노동수용소와 감옥에서 고문과 굶주림으로 죽어갔다. 잔인한 독재자 스탈린은 자신의 체제를 위협하는 사람은 누구든 아무렇지 않게 제거했고, 사람들이 감히 자신에게 반대한 흔적을 모두 지우기 위해 역사를 다시 쓰거나 사진을 고치기도 했다.

본명이 이오시프 비사리오노비치 주가슈빌리인 스탈린은 1879년 12월 21일 러시아 남부 지역에 있는 그루지야 공화국 고리 시(지금의 그루지야)의 백인 마을에서 태어났다. 가난한 구두 수선공이었던 그의 아버지 이오시프 비사리오노비치 주가슈빌리는 일하는 데는 별 관심이 없었고 그저 술에 의지해 살았다. 그는 거의 매일 밤 술에 취한 채로 집에 돌아와 무능한 남편이 생활비를 제대로 가져오지 않아 세탁일과 삯바느질로 모자라는 생활비를 벌어야 했던 아내를 툭하면 때리곤 했다. 그나마 하루 벌어 하루 먹고 살아야 하는 생활은 어린 스탈린의 병 때문에 더욱 힘들었다.

스탈린의 어머니 예카테리나는 천연두를 심하게 앓는 어린 아들을 돌봐야 했다. 스탈린은 얼굴에 천연두를 앓은 자국이 남아 있었고, 패혈증으로 인해 왼쪽 팔이 오른쪽 팔보다 약했다. 예카테리나는 종교에 의지하며 힘든 시절을 견뎌냈다. 신앙심이 매우 깊었던 그녀는 자라는 아들을 보며 성직자로 만들어야겠다는 결심을 굳히곤 했다.

1888년, 아홉 살의 스탈린은 고리에 있는 지역 정교회 학교에 입학했고, 그후 1894년에는 티플리스의 그리스도 정교회 신학교에 진학하여 장학금을 받기도 했다. 이 학교에 다니면서 처음으로 정치에 관심을 갖게 된 그는 4학년 때 사회주의를 지지하며 그루지야의 독립을 주장하는 급진적 비밀결사 단체인 '메사메 다시'에 가담했다. 당연한 일이겠지만 메사메 다시에서 활동하면서 스탈린은 설익은 정치적 이론으로 곤경에 빠지게 되었고, 1899년에는 신학교에서 쫓겨나 어머니를 크게 실망시켰다.

스탈린은 처음에 가정교사 자리를 찾다가 뜻대로 되지 않자 사무직을 알아보기도 했지만 어떤 것도 그가 새롭게 갖게 된 정치적 야망을 충족시키진 못했다. 그러다 1901년에 티플리스에서 그루지야 사회민주당에 들어가 파업과 시위를 선동했다. 이 시절에 스탈린은 그루지야의 영웅의 이름을 따 '코바(굴하지 않는 자)'라는 별명으로 불리길 좋아했지만, 1913년부터는 '강철의 사나이'라는 의미의 '스탈린'이라는 이름을 더 마음에 들어했다.

1902년 4월 18일, 당국의 눈에 띈 스탈린은 처음으로 체포되어 시베리아의 강제노동수용소로 보내졌다. 권력에 절대 굴복하지 않았던 그는 수용소에서 도망쳐 2년 뒤 다시 티플리스에 모습을 나타냈다.

스탈린이 정치학의 새로운 분야인 볼셰비즘에 관심을 갖게 된 것은 바로 이 무렵이었다. 스탈린은 고도로 중앙집중화되고 훈련이 잘된 직업 정당을 주장하는 이 사상을 주저하지 않고 채택했다. 레닌이 이끄는 볼셰비키파의 운동에 심취한 스탈린은 레닌의 사상을 퍼뜨리기 위해 팸플릿과 신문에 그와 관련된 글을 써서 티플리스와 주변 지역에 은밀하게 배포했다.

이처럼 열정적으로 정치 활동을 하던 시기였던 1904년 6월에 스탈린은 예카테리나 스바니드제라는 젊은 시골 처녀와 결혼했다. 하지만 애석하게도 결혼한 지 3년 만에 예카테리나가 아들 야코프를 남기고 세상을 떠나면서 두 사람의 짧은 결혼 생활도 끝나고 말았다. 하지만 젊은 혁명가에게 아버지 노릇이란 어울리지 않는 일이었다. 스탈린은 아들을 돌보기보다는 정치 활동에 몰두했다. 그는 볼셰비키 당원들의 활동 자금을 마련하기 위해 은행을 털 계획을 세우기도 했다.

이후 몇 년 동안 스탈린은 정치 활동과 그로 인한 감옥 생활을 되풀이했다. 그러나 1912년 그의 노력은 마침내 성과를 거두었다. 레닌이 주요 비밀 선전 활동의 주동자 중 한 사람으로 스탈린을 직접 지명한 것이다.

1904년 6월에, 요시프 스탈린은 예카테리나 스바니드제와 결혼했지만, 불행히도 3년 만에 그녀가 아들 야코프를 남기고 죽으면서 두 사람의 짧은 결혼 생활도 끝이 났다.

이즈음 상트페테르부르크로 간 스탈린은 볼셰비키 당 기관지인 「프라우다」의 편집을 맡아서 1912년 5월 5일에 창간호를 발행했다.

그런가 하면 레닌의 권유로 그가 여러 동료들과 동행하는 빈 여행에 함께 가기도 했다. 1913년 초반에 그곳에서 지내던 몇 달 동안 그는 처음으로 마르크시즘에 대한 글을 썼다. 이런 활동을 통해 스탈린은 서서히 볼셰비키 당의 핵심 인물이 되어갔다. 그러나 많은 학자들이 지적했듯이 스탈린이 레닌의 총애를 받게 된 것은 그의 지적 능력보다는 조직 능력과 열성 때문이었다.

1917년 5월 15일 러시아의 마지막 황제 니콜라이 2세가 왕위에서 물러나고, 그후로 제1차 세계대전이 3년 동안 나라를 휩쓸면서 러시아 국민은 지치고 혼란에 빠졌다. 시베리아에서 또다시 수감 생활을 하고 있던 스탈린은 니콜라이 2세의 퇴위로 인해 간수들이 죄수들을 풀어주자 자신에게 찾아온 행운을 믿을 수가 없었다. 스탈린은 곧장 상트페테르부르크로 돌아갔다.

그즈음 스탈린이라는 이름이 볼셰비키 당 내에 꽤 알려지긴 했지만 위대한 정치가이며 다재다능한 웅변가였던 레닌[2]이나 트로츠키[3]만큼 유명하거나 존경받지는 못했다. 그러나 스탈린은 아홉 명으로 구성되는 당 중앙위원회 위원에 선출되었다. 그는 알렉산드르 케렌스키가 수반으로 있던 러시아 임시정부를 전복하는 것이 당과 국가 모두를 위한 최선의 행동방침이라는 데는 동의했지만, 임시정부를 전복하는 과정에서 핵심적인 역할을 하지는 않았다.

10월혁명의 지도자는 레온 트로츠키였는데, 나중에 스탈린은 역사

---

2. 러시아의 급진적 마르크스주의자. 러시아 공산당을 창설하여 혁명을 지도했고, 소련 최초의 국가 원수가 되었다. 제3인터내셔널(코민테른)을 창설했으며, 마르크스 이후 가장 위대한 혁명사상가인 동시에 역사상 가장 뛰어난 혁명지도자로 인정받고 있다.
3. 러시아의 공산주의 이론가이자 혁명가. 1917년 러시아에서 일어난 10월혁명의 지도자였으며 소련 외무 및 군사 인민위원을 지냈다(1917-1924). 그러나 레닌이 죽은 뒤 일어난 권력투쟁 과정에서 요시프 스탈린에게 권력을 빼앗기고 추방당했다(1929).

책을 고치면서 자신이 10월혁명의 핵심 선동자였다고 묘사했다. 소위 말하는 이 '역사의 수정'은 스탈린이 즐겨하던 소일거리를 넘어서서 그의 특징으로 굳어졌다. 스탈린은 단지 스스로를 좀더 멋있는 사람으로 남기기 위해 수백 가지의 공문서를 수정했다. 그뿐 아니라 산이나 그 밖의 다른 물질을 이용해 자신이 죽인 사람들을 사진에서 지우는 일은 허다했다. 게다가 자신과 레닌이 아주 절친한 친구로 보이게끔 만든 가짜 사진을 쿤체보에 있는 별장에 걸어놓기도 했다.

볼셰비키 당은 1917년 11월 7일 마침내 권력을 잡게 되었지만, 자연스럽게 이양된 것은 아니었다. 러시아가 1918년에 제1차 세계대전에서 철수하면서 볼셰비키 당은 전제정치 지지자들인 백군(체제 전환 반대군)과 치열한 내전(러시아 내전)을 치러야 했다.

이즈음 스탈린은 당 내에서 적군赤軍[4]의 감사관이나 연방 각료와 같이 비교적 사소한 일을 맡고 있었다. 이것은 결코 대단한 영향력을 발휘하거나 주목받는 자리가 아니었다. 하지만 스탈린은 그러한 일들을 체계적으로 처리했고, 언제나 그랬듯이 조직적으로 일하는 것 자체를 즐겼다. 훗날의 역사가들은 스탈린이 결국 볼셰비키 당을 차지하게 된 것은 초기에 평범한 직책을 맡았기 때문이라고 한다. 경쟁자들 중 누구도 그에게 관심을 두지 않았으므로 조용히 일하면서 때를 기다릴 수 있었다는 것이다.

스탈린이 그처럼 성공했던 또 하나의 이유는 초창기에 그가 레닌의 정책에서 절대 벗어나지 않았기 때문이다. 그는 오히려 레닌의 어떤 말이나 행동도 지지하는 것을 자신의 의무로 여겼다. 그리고 이 전략

---

4. 1917년 볼셰비키 혁명 이후 공산당 정부가 만든 소련군. 1918년 1월 28일 법령에 의해 인민위원회는 노동자와 농민 지원자를 바탕으로 적군을 만들었다.

은 효과를 발휘해서 1919년 3월에 스탈린은 레닌, 레온 카메네프(중앙집행위원회 초대 위원장)[5], 트로츠키, 지노비예프[6] 등과 함께 당 정치국 정위원이 되었다.

스탈린은 자신을 내세우기보다는 뒤에 물러나 있는 것을 좋아했다. 그래서 당 관리들을 임명하는 조직국의 최고책임자가 되었을 때 아주 만족스러워했다. 그 직책을 맡으면서 동료와 정치적 동지들을 대거 발탁했는데, 대개는 보잘것없는 배경을 가졌거나 제대로 된 교육을 받지 못한 사람들을 단지 다루기가 쉽다는 이유로 지목하곤 했다. 그런가 하면 동료들 간의 경쟁심을 이용해 그들이 서로를 당에서 내쫓도록 부추기면서 최고 조종자로서의 능력도 연마했다.

스탈린이 자신보다 스물세 살이나 어린 나제즈다 알리류에바를 두 번째 아내로 맞아들인 때도 1919년이었다. 나제즈다는 스탈린이 그루지야에서 활동하던 시절 그의 오랜 정치적 동료의 딸이었다.

나이 차이가 많이 나긴 했지만 두 사람은 행복한 결혼 생활을 누렸고, 1919년이 끝나갈 무렵 나제즈다는 아들 바실리를 낳았다. 그녀는 스탈린에게 더 원대한 목표를 추구하도록 용기를 주었다. 하지만 그것이 어떤 결과를 낳을지는 전혀 예측하지 못했다.

얼마 지나지 않아 스탈린은 마음에 들지 않는 당 간부들을 은밀히 조사해서 자신의 앞길에 방해가 되는 사람들을 협박할 수 있는 증거를 충분히 확보했다. 그는 가능한 모든 수단을 동원해서 당의 정치적 사다리를 천천히 오르기 시작했다. 1922년, 레닌은 스탈린이 무시할

---

5. 러시아의 볼셰비키파 공산당원. 1917년 러시아의 10월혁명 이후 10여 년 동안 소련 공산당과 정부에서 주요한 영향력을 행사했다. 스탈린의 정적이었던 그는 대숙청 기간 중에 처형되었다.
6. 러시아의 혁명가. 1917년 러시아 혁명 이전 볼셰비키 당에서 레닌과 함께 활동했으며, 1920년대 소련 공산당 지도부의 중심인물이었다. 스탈린의 정책에 의해 희생되었다.

수 없는 영향력을 갖게 되었다는 사실을 깨달았다. 적은 가까이 두는 것이 좋다고 판단한 레닌은 그런 스탈린을 당 총서기로 임명했다. 그런데 이것이 바로 레닌의 결정적인 실수였다. 그는 미처 상황을 수습하기도 전에 일련의 타격을 입고 말았다.

이를 계기로 늘 갈망해 오던 기회를 얻은 스탈린은 레닌이 무력해진 틈을 타 재빨리 당을 장악했다. 그리고 냉혹하리만치 효율적으로 일을 진행해 중앙위원회로부터 당 내외부의 소식을 철저히 차단하여 레닌을 격리시키라는 지시를 받기에 이르렀다. 스탈린이 좋은 지도자가 될 거라고 믿은 것이 얼마나 큰 실수였는지를 깨달은 레닌은 가까스로 비서에게 편지 한 통을 보내며 그것이 다음 당 대회 때 공개되기를 바랐다. 그러나 레닌은 1924년 1월 21일에 심한 뇌출혈로 쓰러지고 말았다. 이때 스탈린은 재빠르게 당 대회를 연기해서 문제의 그 편지가 공개되지 못하도록 했다.

이후 5년 동안 당 지도자 자리를 두고 지루한 싸움이 시작되었다. 처음에 스탈린은 당의 우익 세력을 지지했으나 이내 좌익 쪽으로 방향을 바꾸었다. 그리고 트로츠키(소련에서 추방된 뒤 멕시코에서 암살되었다), 지노비예프와 카메네프(두 사람 모두 당에서 쫓겨난 뒤 처형되었다), 그리고 반역죄로 재판을 받은 부하린[7]을 비롯해 방해가 되는 인물들을 모두 제거했다. 1929년에 스탈린은 최고 권력을 장악했다. 이제 소련은 그의 것이었고 이후 24년 동안 그는 단 한 번도 통치권을 잃은 적이 없었다.

스탈린이 집권 초기부터 염두에 두었던 일은 19세기의 농업사회에 가까운 러시아를 근대적인 20세기형 산업사회로 완전히 전환하는 것

---

7. 러시아의 공산주의자. 마르크스주의 경제이론에 정통했으며 제3인터내셔널(코민테른)의 중심인물이었다.

이었다. 그는 소비에트 사회주의 연방 공화국보다 10배는 더 발달한 서구를 따라잡으려고 했다.

이를 위해 5개년 경제계획을 실시했는데, 그중 하나로 모든 농민들에게 국가 소유의 농민조합에 가입하게 했다. 그렇게 해서 기계와 가축, 곡물을 모두 공동의 재산으로 만들고, 정부에서 농민들에게 임금을 주거나 아니면 정부가 먼저 일정한 몫을 가져가고 남은 것을 농민들에게 나눠주는 것이었다. 하지만 그러한 정책의 결과는 끔찍했다. 대부분의 농민들이 법적으로 자신들이 소유한 재산을 내주느니 차라리 땅을 불태우고 가축을 죽이는 쪽을 택했다. 이로 인해 전국적으로 기아가 번졌고, 특히 남부 지방의 피해는 더욱 컸다. 우크라이나에서만 약 3백만 명이 굶주림의 고통을 겪은 것으로 추산되며, 죽은 자신의 아이를 먹는 부모도 있었다고 한다.

그러나 스탈린은 거기에서 멈추지 않았다. 국가가 경영하는 농장에서 농부들을 강제로 일하게 하는 한편, 다른 농부들보다 좀더 부유한 농부들(쿨라크, 부농)과 집단 농장에 반대하는 농부들 몇십만 명을 추방했다가 죽인 다음 그들의 땅을 국가 소유로 만들었다. 죽음을 모면했다고 해서 나을 건 없었다. 그들은 국가가 통제하는 공장이나 강제노동수용소로 보내져 죽을 때까지 일을 해야 했다. 공장에서 일하는 것도 강제노동수용소보다 나을 것이 없었다. 컨베이어 벨트와 같은 그곳에서 노동자들은 톱니바퀴의 이와 다름없는 존재였다.

국가가 운영하는 공장들은 5년 동안 매년 달성해야 하는 목표량이 정해져 있었다. 그 목표량은 국가계획위원회(고스플란) 내의 모스크바 노동자팀이 계획하고 결정했다. 5십만 명이 넘는 노동자들이 소련 전역에 있는 모든 공장의 목표량을 설정하고 목표량이 달성되었는지 점검하는 일에 매달렸다. 이것이 공장에서 일하는 남녀 노동자들에게 엄청난 부담을 준 것은 당연했다. 목표량을 채우지 못한 공장의

1932년 11월에, 스탈린이 볼셰비키 혁명 15주년을 기념하는 저녁 파티에서 두 번째 아내 나제즈다 알리류에바에게 심한 모욕을 주었다. 잠시 후 위층으로 올라간 나제즈다는 욕실에서 자신의 머리에 총을 쏘아 자살했다.

관리자들이 처형당하는 일이 빈번했으며, 그럴수록 제 시간에 목표량을 채우기 위해 작업 시간을 점점 더 늘려야 했다. 이유가 무엇이든 간에 병가를 내거나 하루를 쉬는 것은 범죄로 간주되어 법적인 처벌을 받았다.

스탈린은 점점 더 실현하기 힘든 목표량을 요구했기 때문에 관리자들은 부족량을 감추기 위해 숫자를 조작하기 시작했다. '생지옥'이라는 말은 이들 공장을 두고 하는 말이었다. 굴라크(Gulag, 교화 노동수용소 관리국)에 대해 말하자면, 이 세상 어떤 말로도 그곳에서 겪는 고통을 표현할 수 없을 정도였다. 시베리아와 같이 러시아에서 가장 혹독한 지역에 위치한 수용소들은 기온이 빙점 이하로 떨어지는 일이 허다했다. 수용자들은 난방도 되지 않는 막사에서 생활하며 도로와 운하, 공장 등을 건설해야 했다. 그들은 최소한의 식사로 연명해야 했고, 사소한 실수라도 하면 간수가 그 자리에서 총을 쏘거나 때려 죽였다.

수용자들 중 범죄자라고 할 수 있는 사람은 극히 일부였고 대부분 정치범들이었다. 의사, 교사, 과학자, 예술가 등이 체제에 '반대'했다는 이유로 수천 명씩 수용소로 보내졌다. 가족 중 한 사람이 체포되면 그 친척들까지 감금되거나 죄인 취급을 당했다. 반反유대주의자였던 스탈린은 권력을 잡게 되자 유대인들을 박해하기 시작했다. 조직 내 고위직에 있던 유대인들을 모두 몰아내고 비밀경찰들로 하여금 유대인들을 감시하도록 했다.

1926년 3월 4일에 트로츠키는 부하린에게 보낸 글에서 "우리 당에서, 모스크바에서, 노동자들의 집단에서 반유대 운동을 하면서도 아무런 처벌을 받지 않는다는 것이 사실이며 또한 가능한 일인가?"[8]라

---

8. 아이작 도이처의 『무장하지 않은 예언자:트로츠키 1921-1929 The Prophet Unarmed:Trotsky 1921-1929』(1965).

고 썼다. 하지만 스탈린은 조금도 개의치 않았다. 더 많은 사람들이 죽고 더 많은 것들이 파괴되는 것을 즐기는 듯했다. 언젠가 스탈린은 자신의 희생자 중 한 사람에게 이렇게 말했다.

> 가장 큰 기쁨은 적을 정하고, 만반의 준비를 한 다음, 철저하게 복수를 하고, 잠자리에 드는 것이다.

스탈린에게 목적은 수단을 정당화하는 것이었고, 그의 궁극적인 목표는 모든 사람을 오로지 자신의 뜻에 복종시키는 것이었다.

스탈린 가까이에 있던 사람들은 그와 함께 있는 시간들이 혼란스럽고 심지어는 두렵기까지 했을 것이다. 이것을 분명하게 증명해 보인 사람은 바로 스탈린의 두 번째 아내였다. 1932년 11월 8일 저녁, 나제즈다 알리류에바는 볼셰비키 혁명 15주년을 기념하는 파티에 참석한 뒤 위층 자신의 방으로 올라갔는데 나중에 욕실 바닥에 쓰러진 채 발견되었다. 공식적인 사인은 맹장염이었지만, 사실 그녀는 파티에서 스탈린에게 모욕을 당하고는 자신의 머리에 총을 쏘았다.

스탈린은 젊은 아내의 자살에 망연자실했다고 한다. 작가 사이먼 시벅 몬티피오리는 나제즈다 알리류에바의 죽음이 스탈린을 대규모 공포정치로 몰고 가는 기폭제가 되었다고 말하기도 했다. 아내가 죽자 스탈린은 몇 시간 동안이나 혼자 앉아서 벽을 향해 욕설을 퍼붓더니 그 일에 책임이 있는 사람들은 모조리 찾아내 원수를 갚겠노라고 맹세했다고 한다. 늘 그랬듯이 스탈린은 잘못이 자신에게 있다는 생각은 절대 하지 않았다. 몬티피오리의 주장이 맞든 틀리든, 1933년에서 1939년 사이에 스탈린이 과거 몇 년간 그에게 반대했던 사람들을 모두 제거한 것은 분명한 사실이다. 그중에는 진짜 적도 있었지만, 스탈린이 그저 적으로 생각했던 사람들도 있었다.

스탈린이 내무인민위원회라고 하는 엘리트 비밀경찰(NKVD, 이반 뇌제의 친위대와 흡사하다)을 조직한 것도 바로 이 시기였다. 스탈린에게 봉사하는 대가로 이들에게는 집과 별장, 시골의 저택, 자동차와 운전기사가 제공되었다. 그러나 스탈린은 어느 누구도 자신의 신임을 배신하거나 조직에서 이탈하지 못하도록 하기 위해 해마다 그들 중 몇 명을 죽였다.

1934년에 열린 17차 당 대회에서, 300명이 넘는 대의원들은 스탈린에 대한 불만이 쌓인 나머지 그보다 더 인기 있던 세르게이 키로프(레닌그라드 공산당 지도자)를 당 서기로 선출했다. 스탈린은 그처럼 많은 사람들이 자신을 공개적으로 배신하는 것을 보고는 큰 충격을 받았다. 하지만 그로부터 1년도 채 못 되어서 키로프는 누군가에게 암살되었다. 스탈린이 그의 죽음에 관여한 직접적인 증거는 찾지 못했지만 그가 명령을 내린 것으로 짐작된다. 스탈린은 이 사건에 대한 조사를 맡았고, 당 대회에서 의원들이 반대표를 던진 것은 국가에 대한 음모라고 규정 지었다. 그는 반대자를 더 많이 제거하는 데 필요한 구실을 얻게 되었고, 뒤이어 행해진 공포정치는 1936년에서 1938년에 이루어진 대규모 공개재판에서 그 절정에 달했다.

이 재판으로 1934년 당 대회에 참석했던 의원 1,200명 중 1천 명 이상이 처형되거나 교화 노동수용소인 굴라크로 보내졌고, 중앙위원회 위원 130명 중 98명이 총살되었다. 부하린과 카메네프도 이때 말도 안 되는 죄목으로 고문을 당하다가 재판을 받은 뒤 총살되었다. 그뿐 아니라 1934년에서 1938년 사이에 적색군 소속 해군은 말할 것도 없고, 적색군 소속 육군의 고급 장교들을 비롯해(스탈린은 육군 원수 5명 중 3명을, 사령관 16명 중 15명을, 장교 67명 중 60명을, 그리고 인민위원 17명 전원을 죽였

다) 적어도 7백만 명이 '실종되었다'고 한다. '고기' 또는 '채소'라고 표시된 트럭에 사람들을 가득 싣고 근처 숲에 도착하면, 미리 파놓은 긴 구덩이 앞에 사람들을 한 줄로 세워놓고 총을 쏘았다. 그들은 뒤로 쓰러지면서 그대로 '무덤' 속으로 들어간 것이다.

시간이 가면서 점점 명백해진 사실은, 스탈린이 자신을 반대하는 자들이 죽어가는 모습에 흥미를 가졌다는 것이다. 스탈린의 신임을 받던 부관들은 그들이 어떻게 생명을 구걸하다가 죽어갔는지를 그대로 흉내내 보여주기도 했다. 모스크바에 있는 루비안카 감옥에서는 수감자들이 너무 심하게 맞아서 '두 눈이 글자 그대로 튀어 나오는'[9] 경우도 있었다. 시간이 지날수록 스탈린은 점점 더 잔인해졌다. 게다가 과대망상 증세를 보인 나머지, 친밀하게 지내지는 않아도 정치적으로 가까운 몇몇 동료들까지 죽이고 말았다. 스탈린은 가족들조차 믿지 못했다. 첫번째 아내 스바니드제와 두 번째 아내 알리류에바의 가족 중 상당수를 스탈린이나 국가를 '배반한' 죄로 처형했다. 스탈린과 정치적으로 가까운 동지들의 가족도 안전하진 못했다. 외무장관의 아내인 폴리나 몰로토프는 10년 동안 감옥에 갇혀 있었다.

그런 중에도 날이 갈수록 스탈린과 점점 더 가까워지고 그를 독재자가 아닌 인자한 아버지로 보았던 단 한 사람이 있었다. 바로 스탈린이 알리류에바와의 사이에서 낳은 어린 딸 스베틀라나였다. 알리류에바가 죽은 뒤, 스탈린은 스베틀라나를 '어린 여주인'으로 생각했고, 사실상 그녀는 스탈린의 마음을 지배했다. 하지만 다른 자식들은 그리 순탄한 삶을 살지 못했다. 아버지에게 온갖 괴롭힘을 당하고 무

---

9. 사이먼 시벅 몬티피오리의 『스탈린 : 붉은 왕의 궁전Stalin:The Court of the Red Tsar』(2003).

1943년 11월에 스탈린은 미국의 루스벨트 대통령과 영국의 윈스턴 처칠 총리, 그 밖의 대표자들과 테헤란에서 회담을 열어 제2차 세계대전의 진행과 영향에 대해 논의했다.

시당했던 맏아들 야코프는 스스로 목숨을 끊으려 하기도 했으나 그마저도 실패하는 바람에 더욱더 심한 모욕을 당했다. 야코프는 나치스의 강제수용소에서 죽었는데, 사람들은 스탈린이 아들의 목숨을 구하기 위해 독일 정부와 협상하지 않았기 때문이라고 했다.[10] 둘째 아들 바실리의 삶도 야코프와 크게 다르지 않았다. 아버지의 그림자 속에서 성장하면서, 바실리는 스탈린의 잔인한 기질만 쏙 빼닮은 나약한 스탈린으로 변해갔다고 한다. 바실리는 알코올 중독 증세를 보이다 끝내는 병으로 죽었다.

1939년쯤 스탈린의 정치적 숙청이 거의 끝나기는 했지만, 러시아에서 죽음과 파괴가 사라진 것은 아니었다. 사실상 소련과 독일이 불가침조약[11]을 맺음으로써 독일은 폴란드 침공을 승인받게 되었다. 그러나 1941년 6월 22일 히틀러가 바바로사 작전을 감행해 선전포고 없이 러시아를 침략하면서 이 조약은 무효가 되었다. 스탈린으로서는 완전히 기습 공격을 당한 셈이었다. 스탈린의 군대는 1930년대에 있었던 적색군 소속 육군과 해군의 숙청 작업으로 인해 독일의 공격을 물리치는 데 필요한 지도력을 상실한 상태였다. 결국 적색군은 고도의 훈련을 받고 최신 장비와 뛰어난 지도력까지 갖춘 나치스 군대에 의해 전멸했다. 여섯 달도 채 되지 않아 4백만 명에 가까운 러시아 병사들이 포로로 잡혔는데, 이때 독일군 병사는 단 3백만 명이었다.

하지만 어이없게도 히틀러는 소련에서 거둔 이 엄청난 승리를 제대로 이용하지 못했다. 8십만 명의 러시아 지원군들을 전쟁에 이용하자는 제안도 받아들이지 않았다. 그 대신 독일군 병사들이 러시아 전역에서 난폭하고 잔혹한 만행을 저지르는 것을 묵인하여 러시아인들의 반감을 사고 말았다. 그로 인해 독일인들이 레닌그라드로 진격해 그곳을 포위했을 때 러시아인들은 절대 항복하려 하지 않았다. 스탈린은 이 기회를 놓치지 않았다. 그는 나치스를 러시아에서 영원히 몰아

---

10. 제1차 세계대전 중 야코프가 독일군에게 포로로 잡혔을 때 스탈린은 아들을 교환 조건으로 내거는 독일의 제의를 거절했다.
11. 제2차 세계대전이 시작되기 며칠 전 독일과 소련 사이에서 체결된 상호불가침 조약(1930. 8. 23). 독일의 지도자 히틀러의 입장에서는 소련과 불가침조약을 체결함으로써 독일군이 소련이라는 강대국의 실질적인 저항 없이 폴란드를 침공할 수 있었다.

내자고 국민들에게 호소했고, 신기하게도 국민들은 그의 말에 힘을 얻어 공격에 나섰다. 게다가 독일인들은 혹한의 겨울을 미처 준비하지 않아 전세가 바뀌기 시작했다.

스탈린은 이러한 고통과 어려움에 처한 국민들을 여전히 무자비하게 괴롭혔다. 비밀경찰들이 전쟁터에서 도망치려는 러시아 병사들을 무조건 그 자리에서 총살했다. 그리고 적에게 항복하는 병사와 그의 가족들에게는 수당을 지급하지 않거나 체포하여 처형할 거라고 공표했다.

1945년 기세가 높아질 대로 높아진 적색군이 히틀러의 군대를 격퇴해 5월에는 러시아 병사들이 베를린까지 진입하기에 이르렀다. 그러나 위대한 그 순간은 스탈린에 의해 오점이 되어버렸다. 스탈린은 러시아 병사들이 서구사상에 오염되었을지도 모른다는 생각을 하게 되었다. 그래서 독일에서 돌아오는 병사들은 모두 교화 노동수용소로 보내 재교육을 받게 했다. 외국에서 감옥과 노동수용소에 잡혀 있다가 돌아오는 국민들을 반역자로 내몰아 그들이 배나 기차에서 내리자마자 넓은 마당으로 데려가 처형하거나 교화 노동수용소로 보냈다. 그들의 가족들이 줄을 이어 처형당한 것은 물론이고 죽음은 한 세대에서 다음 세대로까지 이어졌다.

서방 국가들도 고통에서 벗어난 것은 아니었다. 제2차 세계대전이 끝난 직후 동유럽에 내려진 '철의 장막'과 함께 40년 동안 지속되는 냉전 시대가 시작되었다. 러시아가 점령한 모든 나라들은 어떤 결정이든 스탈린에게 직접 보고해야 하는 꼭두각시 정부가 다스리는 '위성 국가'로 전락했다. 처음부터 스탈린은 러시아를 비롯한 동구권 국가들을 서구의 혼탁함으로부터 격리하려 했다. 이제 그의 꿈은 이루어졌고, 러시아의 운명은 결정되었다.

1946년, 스탈린은 제4차 5개년 계획을 시작하면서 이전과 다름없이 러시아 국민들에게 생산량의 증대를 요구했다. 누구도 그가 정한 목표량을 달성할 수 없었다. 하지만 그처럼 절망적이고 위험한 상황에서도 러시아 국민들은 그들의 지도자에게 대항하지 않았다. 오히려 스탈린을 마치 신과도 같이 숭배했다. 그가 국민들을 잔인하게 대할수록, 국민들은 스탈린을 더욱더 숭배하는 듯했다.

학생들은 학교에서 스탈린의 업적을 칭송하는 시를 암송해야 했다. '행복한 어린 시절을 선사해 준 스탈린에게 감사한다'와 같은 표어가 실린 포스터가 곳곳에 나붙었다. 가장 흔히 볼 수 있는 것은 '어린이들의 친구'라는 글자 밑에 젤라 마리코바라는 여섯 살짜리 여자아이를 안고 있는 스탈린의 모습이 담긴 사진이었다. 아이러니하게도 젤라의 아버지는 나중에 일본 간첩으로 활동했다는 죄목으로 고발되어 처형되었고, 이후에 젤라의 어머니도 살해되었다.

스탈린이 자신의 둘레에 세운 개인숭배라는 벽은 견고해 보였다. 누구도 그의 권위를 의심하지 않았다. 러시아 국민들은 스탈린이 그들에게 은혜를 내려주고 음식과 아이들에게는 교육을 제공하는 것에 대해 감사하며 일상을 보냈다. 예술가들은 사회주의 리얼리즘 형식, 그러니까 산업화의 혜택과 보다 거대한 사회주의 국가에서 개인의 힘이 중요한 부분을 차지한다고 하는 스탈린의 사상을 홍보하기 위한 작품을 만들어야 했다. 스탈린의 70번째 생일에는 그의 얼굴이 크렘린 궁전 위쪽 하늘에 투사되기도 했다. 그는 마치 신과도 같았고 스탈린주의는 새롭게 나타난 종교와도 같았다.

스탈린이 보기에 모든 상황이 자신이 의도한 대로 되어가는 듯했다. 독일을 이기고 자신을 반대하는 사람들을 모두 제거했으니 말이다. 그러나 스탈린은 점점 더 불행해졌고 과대망상은 점점 더 심각해졌다. 자신을 위협하는 적이 여전히 있다고 여겼던 스탈린은 독살당할 것을 두려워한 나머지 음식을 먼저 먹어보는 사람을 한 번에 열

다섯 명이나 두기도 했다. 대중들 앞에 나설 때면 유리창의 두께가 7센티미터가 넘는 방탄 차량을 이용했다. 그러나 그나마도 대중 앞에 나타나는 횟수는 점점 줄어들었다. 비상 사태가 발생하면 재빨리 탈출할 수 있도록 자신의 집무실과 정부 건물 사이에 터널을 파두었다. 시골 저택의 정원에는 심장병이 생기거나 자객이 침입할 경우에 대비해서 2~3미터 간격으로 전화를 설치했다.

이런 과대망상증은 시간이 지나면서 사라지기는커녕 더욱 심해졌다. 그리고 급기야 스탈린은 신변 안전에 집착하기에 이르렀다. 동료 당원들을 끊임없이 박해하고, 1949년에 숙청 물결이 또 한 번 소련 전역을 휩쓸었다. 어떤 사소한 혐의에서도 살아남지 못했다. 스탈린의 반反유대 성향이 그의 개인 생활과 국가 정치 양쪽에서 드러난 것도 바로 이 시기였다. 사랑하던 딸 스베틀라나가 유대인과 사랑에 빠지자, 이를 용납할 수 없었던 스탈린은 그 남자에게 영국 첩자라는 혐의를 씌워 강제노동수용소로 보냈다. 1953년 2월에는 카자흐스탄과 북극 지방과 시베리아에 대규모 포로수용소 네 곳을 지었다. 히틀러의 최종적 해결Final Solution[12]을 섬뜩하게 흉내낸 이 수용소들이 새로운 공포정치의 전조가 되었고, 이때 지어진 수용소들은 순전히 유대인들을 겨냥한 것이라는 사실에 대부분의 연구자들이 동의했다.

1948년부터 스탈린의 반反유대 운동은 가속화되었다. 유대인들의 극장과 유대교 회당, 유대인 신문과 출판사들이 문을 닫아야 했다. 또한 유대인 의사들에게는 비非유대인 환자들을 독살하려 했다거나 수술대 위에서 죽이려 했다는 혐의를 씌웠다. 스탈린의 과대망상증은 검진 결과가 마음에 안 든다는 이유로 주치의인 비노그라도프 박

---

12. 유대인에 대한 나치스 독일의 계획적 말살 정책.

사를 '국제 시오니즘의 대리인'이라는 죄목으로 체포했을 때 절정에 달했다. 그런데 이 일이 결국 스탈린의 죽음을 불러왔다. 시골의 별장에 머물던 그가 뇌출혈로 쓰러졌을 때 불러온 의사들이 그의 병력을 잘 알지 못해 제대로 손을 쓰지 못했던 것이다.

1953년 3월 5일, 요시프 스탈린은 숨을 거뒀다. 그의 죽음을 두고 사인이 뇌일혈이라고 말하는 사람들도 있고, 독살된 것이라고 조심스럽게 추측하는 사람들도 있었다.

그 원인이 무엇이든 간에 스탈린의 사망 소식은 3월 6일이 되어서야 '우리의 전우이자 레닌이 추구했던 이상의 계승자이며, 공산당과 소비에트 연맹의 지도자이자 스승이었던 스탈린의 심장이 멈췄다'라는 발표와 함께 사람들에게 알려졌다. 라디오를 들을 수 없는 사람들을 위해 마을과 도시의 거리마다 사망 소식을 실은 전단지가 뿌려졌다.

그러는 동안 부검이 준비되고 있었다. 간호사들이 소독한 스탈린의 시신은 흰색 차에 실려 시체 안치소로 옮겨졌다. 그곳에서 의사들이 부검을 마친 다음에 3일 동안 부패되지 않도록 방부제를 뿌렸다. 스탈린의 시신은 칼럼스 홀에 전시되었다. 영하의 날씨에도 시신을 보기 위해 순식간에 사람들이 모여들었다. 모두들 스탈린에게 마지막 경의를 표하고 싶어했다. 하지만 조문객들이 너무 많이 몰려들면서 발에 밟히거나 바리케이드에 부딪혀 수백 명이 목숨을 잃었다.

3월 9일, 드디어 칼럼스 홀에 있던 관이 포차에 실려 붉은 광장에 있는 레닌의 묘로 옮겨졌다. 게오르기 말렌코프, 라프렌티 베리아, 뷔아체슬라브 몰로토프가 차례로 연설을 마치고 나서 스탈린의 관은 무덤 속에 안치되었다. 어떤 사람들은 슬픔을 가누지 못해 마치 자애로운 조상이라도 죽은 듯 소리내어 흐느끼고 탄식하며 그들의 '엉클 조'를 추모했다.

그러나 또 다른 사람들에게는 스탈린의 죽음이 기적과도 같은 것이었다. 스탈린이 통치하는 동안 약 2천만여 명이 목숨을 잃었고 그중 1,450만 명이 굶주림의 고통 속에서 죽어갔기 때문이다. 그뿐이 아니었다. 백만 명이 정치범으로 처형되었고 적어도 9백만 명이 추방되거나 교화 노동수용소인 굴라크에 감금되었다.

5

아돌프 히틀러
ADOLF HITLER

아돌프 히틀러

ADOLF HITLER

20세기의 전쟁 군주 |

독일의 미래를 규정하는 세 가지 핵심 개념이 있다.
그중 세 번째는 반反유대주의이다.
이것은 본질적으로 독일을 적대시하는 인종을 배척한다는
방침을 분명히 밝히는 것이다.
민족주의는 세균 감염을 막기 위한 예방접종이며,
반유대주의는 전 세계를 휩쓸고 있는 페스트[1]에 걸리고 싶지 않은 사람에게
반드시 필요한 방어책이자 항체이다.

히틀러의 연설 (1923년 1월 29일, 뮌헨)[2] 중에서

1889년 4월 20일, 독일과의 국경 부근에 있는 오스트리아(당시 오스트리아-헝가리 제국)의 작은 마을 브라우나우에서 인류 역사상 가장 불운한 시기를 초래할 운명의 아이가 태어났다. 20년이 넘는 기간 동안 독일을 지배한 그의 명령 하나로 유럽에서는 6백만 명의 유대인들,

---

1. 당시 히틀러는 성병인 매독이 유대인에 의해 전염된다고 강변했다.
2. 기타 시레니의 『알베르트 슈페어 : 진실과의 전쟁 Albert Speer:His Battle with Truth』(1995).

수천 명의 공산주의자, 집시, 동성애자, 그 외에 정신적 신체적으로 결함이 있는 사람들이 살해되었다. 그뿐만 아니라 그는 전 세계를 전쟁으로 몰아넣었다. 그가 일으킨 전쟁에서 남자와 여자, 어린아이들을 포함하여 4천만 명 이상이 목숨을 잃었으며 그중 절반 이상이 민간인이었다. 아돌프 히틀러, 그는 바로 인간의 모습으로 나타난 악몽 그 자체였다.

히틀러는 어린 시절을 순탄하게 보내지 못했다. 세관원이었던 아버지 알로이스 히틀러는 톱니바퀴의 이처럼 사람들의 눈에 별로 띄지 않았을 뿐 아니라 그 자신은 엄청난 열등감에 시달린 인물이었다. 그는 결혼에 두 번 실패하고 나서(두 번의 결혼에서 자녀 셋을 낳았다) 아돌프 히틀러의 어머니인 클라라 푈츨을 만났다. 클라라는 알로이스 히틀러보다 스물세 살이나 어렸다. 나이 차이가 많이 났기 때문에 알로이스는 클라라를 함부로 대했으며, 어릴 적에 아돌프는 야비하고 난폭하게 행동하는 아버지를 보며 자랐다. 어머니를 보호해 주고 싶은 마음이 간절했지만 어떻게 해볼 도리가 없었던 히틀러는 스스로를 점점 나약하고 무능한 사람으로 여기기 시작했다.

히틀러는 학교에서도 그다지 두드러지지 않은 학생이었고 성적도 좋지 않았다. 그래서 졸업장을 받지 못한 채 열여섯 살에 학교를 그만두고 고향을 떠나 빈으로 갔다.

그곳에 도착하고 얼마 되지 않아 빈 미술학교와 빈 건축학교에 지원했지만 두 번 다 낙방했다. 히틀러는 이 일을 평생 동안 가슴에 담아두었다. 의기소침해진 아돌프는 강 근처에 있는 지저분한 여관으로 숙소를 옮긴 다음 작은 회사에서 의뢰하는 광고와 포스터를 그리면서 근근이 살아갔다. 누가 보더라도 궁핍한 생활이었지만, 히틀러는 원래 혼자 있기를 좋아한 데다 자신이 경멸하는 자본주의 사회와 동떨어져 사는 것이 한편으로는 마음편안했다.

그는 점점 더 자신만의 세계로 움츠러들었고 다른 사람과 얘기를 나누는 일도 드물었다. 하지만 정치 문제에 대해서는 곧잘 고래고래 소리를 지르며 비난을 퍼붓기도 했다. 이 시절 히틀러의 친구였던 라인홀트 하니쉬는 당시를 이렇게 기억하고 있다.

> 어느 날 히틀러는 베른하르트 켈러만Bernhard Kellermann[3]이 쓴 『터널』을 영화화한 것을 보러 영화관에 갔다. 그는 영화에서 등장인물이 연설로 노동자들을 선동하는 장면을 보고는 열광하다시피 했다. 너무도 강렬한 인상을 받은 히틀러는 그날 이후로 며칠 동안 줄곧 연설이 갖는 힘에 대해 얘기했다.[4]

히틀러는 그후로도 글을 쓰기보다는 주로 연설을 했다. 그 영화가 젊은 히틀러에게 남긴 감동은 며칠이 아니라 몇십 년 동안 지속되었던 것이다.

1913년 봄 스물네 살의 히틀러는 오스트리아 군대에 입대하지 않기 위해 빈을 떠나 뮌헨으로 갔다. 그는 뮌헨에서도 어느 정도는 고립된 생활을 하며 자신만의 세계에 흠뻑 빠져들었다. 히틀러가 평생 동안 간직해 오던 유대인에 대한 생각을 표현하기 시작한 것도 이때부터였다.

히틀러 자신이 쓴 정치선언문인 『나의 투쟁Mein Kampf』(1939)에서 그는 성인이 되어서야 '유대인 문제'를 인식하기 시작했노라고 적고 있다. 하지만 그의 아버지 알로이스가 열성적인 반反유대주의자였고 이것이

---

3. 뮌헨 공과대학을 나와 한때 화가를 지망했으나, 처녀작 『에스터와 리』(1904)를 발표한 뒤 많은 호평을 받았다. 작품으로 『터널』(1913), 『11월 9일』(1920), 『죽음의 무도舞蹈』(1948) 등이 있다.
4. 앨런 불록의 『히틀러: 전제정치에 관한 연구Hitler: A Study in Tyranny』(1990).

히틀러에게 영향을 미쳤을 거라고 암시하는 증거는 많이 있다.

히틀러가 뮌헨에 살던 시기에는 러시아를 비롯한 동유럽 전역, 특히 헝가리와 폴란드에서 학살을 피해 도망 온 유대인들이 무리를 지어 다녔기 때문에 쉽게 눈에 띄었다.

당시 유럽에서 유대인을 싫어하는 것은 이상한 일이 아니었지만, 히틀러의 반反유대주의는 그 정도를 훨씬 넘어섰다. 그는 온갖 사이비 과학 이론들을 근거로 유대인들이 열등한 민족이라는 자신의 믿음을 더욱 확고히 다졌다. 그리고 여기에서 그치지 않고 이 지구상의 모든 악이 유대인들에게서 비롯되었다고 여기기 시작했다.

『나의 투쟁』에는 히틀러의 이러한 사고가 그대로 드러난다.

> 머리카락이 검은 유대인 청년이 몇 시간째 숨어서는 소녀를 계속 노려보며 감시하고 있다. 청년은 아무것도 눈치채지 못한 그 소녀를 유혹해 피를 더럽힌 다음 가족의 품에서 떼어놓을 작정이었다…. 자신들이 증오하는 백인들을 타락시키고 그 문화적·정치적 수준을 떨어뜨려서, 결국에는 자신의 지배하에 두겠다는 궁극적인 목적을 품고 있는 흑인들을 라인란트[5]로 데려온 것은 바로 유대인들이었다.

그러나 1914년 6월 28일에 오스트리아의 황태자 프란츠 페르디난

---

5. 역사상 논란의 대상이 되고 있는 서유럽 지역. 라인 강을 끼고 독일과 프랑스, 룩셈부르크, 벨기에, 네덜란드 사이에 있는 독일 지역이다.

트[6]가 암살되었을 때는 히틀러도 이런저런 모호한 이론들에 마음을 빼앗기던 생활을 잠시 보류해야 했다. 그는 오스트리아인이었지만 바이에른 보병 연대에 자원 입대했다. 이때 같은 연대에 입대한 또 한 사람이 루돌프 헤스[7]였다. 히틀러는 군대에서 연대 사령부와 전초 부대를 오가며 소식을 전하는 전령병의 임무를 맡았다. 그는 군대에서 생애 처음으로 무언가에 몰두해 보았고 자신이 어떤 압력을 받았을 때 능력을 더 많이 발휘한다는 사실도 알게 되었다. 실제로 그는 전쟁터에서 뛰어난 용맹성을 보여 철십자 훈장을 두 개나 받았다. 하지만 애석하게도 히틀러가 전쟁에서 얻은 것 중 좋은 것이라곤 훈장 두 개가 전부였다. 그렇지 않아도 위험했던 히틀러의 사상과 편견이 이 전쟁으로 인해 더욱 단단하게 확립되었다.

제대를 하고 뮌헨으로 돌아온 히틀러는 또 다시 그림 그리는 일을 하며 불안한 생활을 하기보다는 정치에 뛰어들기로 했다. 무엇보다도 그 나라에서 유대인의 영향력을 없애고, 더 나아가 민중운동을 조직해서 사회 민주주의를 무너뜨리고 싶었다.

당시에 평화협정을 맺고 상당한 액수의 전쟁 배상금을 지불하게 되면서 온 나라가 굴욕감과 혼란에 휩싸여 있었던 독일의 상황은 히틀러에게 더없이 좋은 기회였다. 새로운 정부, 그러니까 바이마르 공화

---

6. 오스트리아의 황태자. 황제 프란츠 요제프 1세의 조카로 사촌 형인 루돌프의 자살과 아버지의 죽음으로 황위 계승자가 되었다. 1914년 6월 오스트리아가 병합한 보스니아의 수도 사라예보를 여행할 때 황태자비 조피와 함께 세르비아인 민족주의자에 의해 암살되었다. 이 사라예보 사건이 제1차 세계대전 발발의 직접적인 계기가 되었다.
7. 독일의 정치가. 독일 국가사회주의 노동당의 당원이었고, 히틀러에 이어 두 번째로 서열이 높은 당 지도자였다.
8. 1918년 11월 혁명 이후 성립해 1933년 나치스 정권이 수립되기까지 독일공화국의 통칭. 1919년 2월 6일부터 8월 11일까지 열린 국민의회가 헌법을 바이마르에서 채택했기 때문에 바이마르 공화국이라고 부른다.

국[8]은 툭하면 모략에 휘말렸고, 국민은 변화를 두려워했다. 그야말로 히틀러의 진가를 발휘하기에 좋은 시기였다. 히틀러는 이때야말로 누군가 나서서 불만에 가득 찬 대중을 기존의 정당들로부터 이끌어낼 때임을 알았다. 그러기 위해 필요한 것은 오직 새로운 정치적 매개물인 정당뿐이었다. 그리고 그 역할을 맡은 것이 독일 노동당 The German Workers' Party이었다.

히틀러는 1919년에 규모도 작고 인원도 얼마 안 되며 구체적인 청사진도 없는 그 정당에 가입했다. 그는 입당한 지 얼마 되지 않아 '선전 담당'이라는, 그에게 가장 중요했던 직책을 맡았다. 히틀러는 맥주 저장실, 집회장, 회관 등을 부지런히 다니며 새로운 소식을 전했다. 앨런 불록은 히틀러의 전기에서 이렇게 적고 있다.

> 히틀러는 자신의 몸으로 직접 부딪히면서 독일이라는 나라와 그 국민들에 대해 알게 되었다. 그러나 독일 지도자들 중 누구도 그와 같이 하지 못했다. 1933년에 히틀러가 권력을 잡았을 때, 독일에서 큰 도시든 작은 도시든 히틀러가 연설하지 않은 곳이 없을 정도였다.[9]

독일 노동당은 곧 독일 국가사회주의 노동당 The Nationalist Socialist German Workers' Party으로 당명을 바꾸었다. 그리고 바이에른 곳곳의 벽에 스와스티커(Swastika, 오른쪽 또는 왼쪽으로 꺾인 십자가)가 선명하게 그려진 포스터들이 나붙었다. 하지만 히틀러의 온갖 노력에도 당의 활동은 지방으

---

9. 앨런 불록의 『히틀러: 전제정치에 관한 연구』.

로 한정되었고, 당과 나라 모두 그 발전 속도가 더디기만 했다.

제1차 세계대전이 끝나고 4년이 지났지만 독일은 아직도 병들고 분열된 나라 그대로였다. 배상금 문제는 해결되지 않았고 독일의 마르크는 사실상 가치가 없는 것이나 다름없었다. 하지만 히틀러는 자신의 포괄적인 견해를 여전히 힘있게 밀고 나갔다. 즉 공화국의 심장부에서 활동하고 있는 듯 보이는 유대인들에 대한 증오심을 최대한 끌어 모았다. 그러는 한편 국가에 반대하는 대규모 시위와 폭동을 조직하기 시작했다. 1923년 11월 8일 뮌헨의 한 맥주홀에서 폭동을 일으킨 히틀러는 대역죄 혐의로 투옥되었다. 이때 히틀러에게 내려진 형량은 5년이었지만, 그는 9개월도 채 안 되는 기간만 복역하고 석방되었다.

감옥에서 나온 후 히틀러는 다시 정치에 투신했다. 하지만 그가 감옥에 있던 짧은 기간에 독일은 눈에 띄는 경제적 변화를 겪었다. 그 결과 한때 불만에 가득 차 변화를 열망하던 국민들 대다수는 이제 경제적으로 나아졌다고 느꼈고, 공화국에 대한 불만도 자연히 줄어들었다. 이제 모든 상황이 히틀러에게 불리한 듯했다. 그가 아무리 연설을 하고 정부에 대한 적대감을 조장하려고 시도해도 아무런 소용이 없었다.

그러나 미국과 유럽에 갑작스런 세계 대공황이 닥치면서 상황은 변하기 시작했다. 공장들이 순식간에 문을 닫고, 사람들이 일자리를 잃었으며, 회사는 도산했다. 1932년까지 6백만 명이 넘는 사람들이 일자리를 잃었다. 사람들이 죽음을 생각하는 때가 있다면 바로 이때였다. 공화국의 힘은 급속도로 약해졌다. 히틀러는 이것을 최대한 이용해서 연합을 형성하자는 우익의 제안을 받아들였다.

1933년 1월 20일 아침, 정치 황무지에서 몇 년을 보내고 몇 달 동안의 대격전을 치른 끝에 아돌프 히틀러는 독일 총리가 되었다.

1938년에 뮌헨에서 열린 전략회의에서 히틀러와 그의 부관들이 이탈리아의 파시스트 동맹자들을 만났다. 사진의 앞줄 왼쪽에서부터 헤르만 괴링, 베니토 무솔리니, 아돌프 히틀러, 그리고 이탈리아의 외무부 장관인 코운트 치아노이다.

처음부터 히틀러의 독재 정권은 바이마르 공화국이 공식적으로 없어진 것이 아니라는 사실을 이용했다. 이러한 법적 공백 상태를 틈타 히틀러는 자신이 원하는 대로 만든 법을 통과시킬 수 있었다. 그리고 정권을 잡은 지 채 몇 달이 지나지 않아 공산주의자들과 사회민주당을 금지하면서 자신과 당에 반대하는 세력들을 모두 제거했다. 이때부터 이미 독일에는 심상치 않은 변화가 시작되었다. 그리고 히틀러가 정권을 잡은 지 1년 남짓 되는 시기부터 그 모든 상황이 점점 더 심각해졌다.

1934년에 히틀러는 당파를 막론하고 자신의 명령을 따르지 않는 독일 군대를 숙청하기 시작했다. 그에게 가장 중요한 목표물은 나치스 돌격대의 수장인 에른스트 룀이었다. 히틀러의 숙청 대상 목록에는 수많은 이름이 올라 있었다. 숙청에 관련된 문서는 대부분 소실되었기 때문에 사망자 수가 얼마나 되는지는 모르지만, 대략 3백 명에서 5백 명 정도일 것으로 추정되었다.

히틀러가 자신의 권력을 확실하게 굳히기 위해 사용했던 초창기의 방식들을 보면 그가 얼마나 무자비했는지, 인간의 생명을 얼마나 하찮게 여겼는지, 그리고 법과 질서를 얼마나 무시했는지를 알 수 있다. 1934년 8월 2일에 대통령 파울 폰 힌덴부르크가 죽으면서 히틀러의 삶은 훨씬 더 행복해졌다. 힌덴부르크가 사망한 지 1시간도 채 되지 않아 대통령직과 총리직이 통합되었고, 히틀러가 국가 원수인 동시에 군의 최고사령관이 되었다는 성명이 발표되었다.

1934년 8월 19일에 독일 국민들은 히틀러의 정권 장악을 찬성한다는 의사를 표시하기 위해 투표장으로 갔다. 이것은 선거라기보다는 새로운 총리와 그 역할에 대한 승인에 지나지 않았다. 4,550만 명이 투표에 참가했는데 그중 3천 8백만 명이 '찬성'표를 던졌고 415만 명은 현명하고 대담하게도 투표 용지에 '반대' 표시를 했다.

사람들은 히틀러가 정권을 장악하고 나서 정치 문제에 몰두했을 거라고 생각한다. 그러나 몇몇 학자가 지적했듯이 히틀러는 국정을 운영하는 일에는 관심이 없었다. 오히려 눈에 띄게 자유방임적 태도를 보였으며, 어찌 보면 나태했다고까지 할 수 있을 정도였다. 대신 그는 두 가지 중요한 일에 골몰했는데, 그중 하나가 외교 정책이었다. 1918년에 독일이 패전하고 배상금을 지불하는 수모를 겪은 이후부터 히틀러는 국내와 세계무대에서 독일의 신용을 되살리고 싶어했다. 이 시기에 독일의 민족주의는 점점 더 강해졌고, 히틀러가 바라는 것은 다른 나라와 동등한 조건에서 경쟁할 수 있도록 독일을 재무장하는 것이었다.

히틀러가 몰두했던 두 번째 일은 유대인들에 관한 것이었다. 유대인의 피가 섞인 사람이라면 누구든 독일 시민으로서의 권리를 박탈하고, 유대인과 독일인 간의 결혼을 금지했다. 그리고 유대인은 직장을 갖거나 투표할 권리도 갖지 못하게 하는 법(이는 나중에 뉘른베르크 법[10]으로 알려졌다)이 통과되었다. 이것은 국가 차원에서 일으킨 대규모 반反유대주의 운동이었고, 한 나라를 두 개의 서로 다른 계급으로 나누는 것이었다. 두 개의 계급 중 낮은 계급의 사람들은 아무런 권리도 갖지 못했으며 하류 인간으로 전락했다.

> 나는 뮌헨의 마리엔플라츠와 같은 곳에 교수대를 가능한 한 많이 세워 유대인들을 차례차례 그 교수대에 매달 것이다. 그들은 몸이 썩어 악취를 풍길 때까지 거기에 매달려 있게 될 것이다…. 유대인 하나가 교수대에서 풀려나면 다음 사람이 그 자리에 매달리게 될 것이며, 이는 뮌헨에서 유대인이 단 한 명도 남지 않게 될 때까지 계속될 것이다. 이와 같은 일이 독일의 다른 도시에서도 그대로 행해질 것이다. 유대인이 단 한 명도 남지 않고 모두 사라지는 그날까지…. [11]

하지만 이런 잔인한 행동들이 유대인들에 대한 히틀러의 개인적인

---

10. 1935년에 아돌프 히틀러가 고안하고 뉘른베르크에서 열린 나치스 당 집회에서 승인한 법안이다. 유대인의 피가 섞인 국민을 독일인과 구분하는 것을 주요 내용으로 하고 있다.
11. 『히틀러의 묵시록Hitler's Apocalypse』에서 '시간의 역사를 위한 연구소, 뮌헨'의 한 부분을 인용한 것이다.

증오심 때문만은 아니었다. 거기에는 독일 국민들 대다수에게 상당히 효과적일 것이라는 냉철한 정치적 계산이 깔려 있었다. 히틀러의 생각은 그대로 들어맞았다.

그가 권력을 잡고 나서 어느 정도 지났을 무렵, 개개인들이 유대인들을 폭행하는 현상이 나라 전체에 확대된 나머지 마치 국가 차원에서 유대인들을 위협하고 복종시키려는 것으로 보였다. 이러한 상황은 1938년 11월에 나치스 돌격대들이 떼를 지어 다니며 유대인 회당을 불태우고 그들의 상점과 회사를 부수고 약탈하며 유대인이라고 생각되는 사람은 누구든 가리지 않고 공격했던 '제국 수정의 밤'[12]으로 그 막바지에 이르렀다. 이 사건 직후 유대인 2만 명이 '그들을 보호'한다는 명목으로 강제수용소로 보내졌다.

그러는 동안 히틀러의 위상은 급속도로 높아졌다. 그가 청중들에게 미치는 힘은 마법사가 사람들에게 마법을 걸거나 마술사가 최면을 거는 것과도 같았다. 히틀러는 사람들을 병적 흥분 상태로까지 이끌 수 있는 천재적인 대중 선동가였다. 그는 자신과 자신의 정책을 선전하기 위해 당시에 사용할 수 있는 모든 수단을 동원했다. 히틀러 정권의 병기국 장관이었던 알베르트 슈페어는 훗날 비인도적인 범죄로 법정에 서게 되었을 때 이런 말을 했다.

> 히틀러의 독재가 역사상 다른 독재자들과 근본적으로 다른 점이 한 가지 있다. 히틀러의 독재는 현대의 기술 발전을 이용한 최초의 독재, 나라를 지배하기 위해 모든 기술적 수단

---

12. 1938년 11월 9일부터 10일 밤, 독일 전역의 유대인이 습격당한 사건을 말한다. 거리마다 깨진 유리창이 달빛을 받아 수정처럼 빛났다고 해서 '수정의 밤'이라고 불린다.

을 철저하게 이용한 독재였다는 것이다.
8백만 명을 한 사람의 뜻에 복종하게 할 수 있었던 것은 라디오와 확성기 등의 기술 장치를 이용해 그들의 독립적인 사고를 박탈했기 때문이었다.[13]

몇 차례의 대중 집회, 특히 뉘른베르크에서 해마다 열렸던 대중 집회를 보노라면 마치 한 편의 연극을 보는 것 같다고 말하는 사람도 있었다. 수많은 군인들이 똑같은 제복을 입고 똑같은 동작으로 행진하는 모습을 보면서 사람들은 그때까지 경험해 보지 못한 흥분을 느꼈다. 히틀러는 카리스마가 있는 지도자였다.

1916년에서 1921년에 영국 총리를 지낸 로이드 조지가 말했듯이 그는 '타고난 지도자였으며, 단 하나의 목적과 확고한 의지, 용감한 심장과 사람을 끄는 힘을 지닌 역동적인 인물'이었다. 또한 그는 비천한 신분에 있던 자신을 선동자로 바꾸었고, 여러 역사학자들이 얘기했듯이 수많은 여성들이 흠모한 사람이었다.

그가 성불능이었다거나 매독에 걸렸다는 등 그의 성생활에 관한 이야기가 많이 알려지긴 했지만, 그가 조카인 겔리 라우발과 사랑하는 사이였고 나중에는 에바 브라운과 가까웠다는 사실은 별로 알려지지 않았다.

겔리 라우발은 히틀러의 의붓여동생인 안겔라 라우발의 딸이었다. 겔리 라우발은 겨우 열일곱 살이었던 1925년에 히틀러와 함께 있기 위해 뮌헨으로 왔다. 당시 서른일곱 살이었던 히틀러는 겔리 라우발

---

13. 알베르트 슈페어가 뉘른베르크 재판에서 한 최후 진술의 일부분.

1938년 10월에 히틀러의 병사들이 수데텐란트를 합병한 뒤, 히틀러가 그 지역의 빌데나우에 들어서면서 길가에 늘어선 충성스러운 나치스 당원들의 환호에 흡족해하고 있다.

을 보자마자 사랑에 빠졌다.

겔리와 히틀러는 꽤 많은 시간을 함께 보냈다. 히틀러는 겔리의 싱싱한 아름다움에 매료되었고 친구들에게 그녀를 자랑스럽게 소개하곤 했다. 하지만 겔리를 지나치게 소유하려 했고 마치 물건을 다루듯 그녀의 삶을 지배하기 시작했다.

히틀러의 이런 행동 때문인지는 알 수 없지만, 1931년 9월 17일에 겔리 라우발은 당시 그녀가 머물고 있던 히틀러의 집에서 권총으로 자살을 했다.

겔리가 다른 남자와 사랑에 빠졌지만 히틀러의 무자비한 손아귀에서 벗어나지 못했다는 이야기도 있다. 원인이 무엇이었든, 히틀러는 겔리의 죽음에 깊이 절망했다. 훗날 히틀러의 지인들 몇몇은 히틀러가 유일하게 사랑했던 여인이 겔리라고 말했다고 한다.

히틀러의 인생에서 두 번째 여인은 에바 브라운이었다. 금발에 파란 눈을 가진 아리아인이었던 그녀는 히틀러가 이상형으로 여기던 모습의 여자였다. 에바 브라운은 원래 히틀러의 전속사진관의 점원이었다.

히틀러가 그녀에게 얼마간 관심을 보이긴 했지만, 그것은 조카에게서 느꼈던 것과 같은 사랑은 분명 아니었다. 하지만 에바는 수완이 좋은 여자였다. 그녀는 겔리가 자살한 지 1년도 채 되지 않아 히틀러가 자신을 배우자로 생각하게끔 만들었다. 그때까지도 히틀러는 여전히 겔리의 죽음으로 고통스러워하고 있었지만, 에바는 자신이 계획한 대로 히틀러의 영원한 동반자가 되었다. 하지만 여자의 사랑도 히틀러의 마음을 누그러뜨리지 못했고, 인간다운 삶을 자신이 과거에 저지른 어떤 일보다 소중히 여기도록 만들지도 못했다. 얼마 지나지 않아 히틀러는 증오의 대상을 넓혀 정신적, 신체적으로 장애가 있는 사람들을 박해하기 시작했다.

힘 있고 건강하고 단일 혈통으로 이루어진 나라를 만들고자 하는 히틀러의 계획에 '정신박약자'나 '환자' 그리고 '정신이상자'나 '가난한 사람'들은 포함되어 있지 않았다.

그는 독일 인구 중 상당 부분을 차지하는 집시들도 따뜻한 시선으로 보지 않았다. 장애가 있는 사람들은 단종 정책(이로 인해 40만 명 이상이 목숨을 잃었다)을 비롯해 악랄한 의학 프로그램의 희생자가 되어야 했다. 뿐만 아니라 안락사 프로그램도 다음과 같은 내용의 문서를 기초로 실행되었다.

전국 지도관인 부흘러와 브란트 박사는 환자의 상태를 정밀하게 평가한 후에 가장 효과적인 판단을 내려 안락사 허용에 대한 의사들의 권한을 확대할 책임을 가지고 있다.

서명 : 아돌프 히틀러[14]

이것은 제2차 세계대전이 시작되었을 무렵에 이미 독일 경찰들이 유대인 대학살의 전조라고 할 수 있는 작전을 시작했을 뿐 아니라, 그것을 수행하기 위한 기반이 마련되고 있었음을 의미했다.

국내에서 이처럼 잔인했던 히틀러는 국제무대에서는 자신의 본 모습을 철저하게 숨겼다. 동맹국의 지도자들(특히 영국 수상이었던 네빌 체임벌린)에게 평화에 대한 자신의 의지를 피력하면서 다른 한편으로는 세 나라를 무자비하게 침공했다.

1938년 3월 11일에 독일 군대는 오스트리아를 침공했고, 3월 13일에 오스트리아를 독일의 인접국으로 '합병한다'고 발표했다. 그러고 나서 히틀러는 수데텐란트[15]로 관심을 돌려 1938년 10월 1일에 그곳을 '합병'했다. 이어 독일 군대는 체코로 진군해 1939년 3월 15일에 그 나라도 위와 동일한 합병 과정의 희생물로 만들었다.

그 다음 히틀러가 관심을 돌린 것은 어디일까? 이것은 모든 사람들의 입에 오르내리는 질문이었으며, 또한 유럽 전역의 정치가들이 관심을 가졌던 문제였다. 네덜란드일까 아니면 스위스일까? 어쩌면 헝가리나 폴란드가 아닐까? 정답은 폴란드로 밝혀졌다.

---

14. 기타 시레니의 『알베르트 슈페어 : 진실과의 전쟁』.
15. 히틀러는 1938년 뮌헨 협정에서 전쟁물자 생산을 위해 체코슬로바키아 영토인 이 지역을 요구했다.

1939년 9월 1일, 히틀러의 군대는 폴란드를 침략했고 9월 3일에는 영국과 프랑스가 독일에 대해 전쟁을 선포했다. 이 전쟁이 처음 시작되었을 때만 해도 독일은 승승장구했다. 히틀러는 폴란드에 이어 네덜란드, 노르웨이, 벨기에, 덴마크, 룩셈부르크, 프랑스로 군대를 보냈고, 1941년에는 미국과의 전쟁을 선포했다. 독일이 여러 전선에서 벌이고 있는 전쟁에 온 세계의 이목이 집중된 가운데 히틀러는 최종적 해결 Final Solution이라고 알려진 일에 관심을 두기 시작했다.

히틀러가 독일의 총리가 되면서 유대인들은 점점 더 많은 권리를 빼앗겼고 활동의 제약을 받았다. 그들은 노란 바탕에 검은색으로 그려진 별 모양 안에 '유다Juda'라는 글씨가 새겨진 '다윗의 별'을 달고 다녀야 했다. 대중교통을 이용할 수 없었고, 공중전화도 사용할 수 없었다(전화 부스에는 '유대인 사용 금지'라는 문구가 붙어 있었다). 유대인들이 엄청난 굴욕감에 짓눌릴 무렵, 독일의 폴란드 침공으로 그들에게는 또 다른 공포가 시작되었다. 어느 날 갑자기 유대인들은 강제노동수용소로 보내져서 그야말로 죽도록 일을 해야 했다. 그들이 수용소에서 살아남는 기간은 평균 6주에서 석 달 정도였다. 이마저도 자살하거나 사고로 죽는 사람들은 포함되지 않은 수치였다. 하지만 히틀러는 노동을 하다가 죽게 하는 것은 유대인이라는 '기생충'들을 신속하게 없애버리는 방법이 되지 못한다고 생각했다. 그래서 나치스 친위대(히틀러가 특별히 뽑은 엘리트 부대)로 하여금 일산화탄소에서부터 청산칼리의 일종인 지클론-B에 이르기까지 다양한 독가스를 시험하게 했다.

1939년 브란덴부르크에 처음으로 가스실이 세워졌다. 여러 가지 가스가 얼마나 효과가 있는지 알아보기 위한 실험실로 사용하기 위해 만들어진 이곳에서 정신병을 가진 남자 네 명이 최초의 희생자가 되었다.

그후로 가스실은 계속 생겨났고 히틀러의 안락사 프로그램도 가속화되어 주로 노인과 병자, 가난한 사람들이 희생되었다. 그리고 폴란드를 침공한 뒤부터 이것은 '최종적 해결'과 함께 실행되었다. 직원들이 이 수용소에서 저 수용소로 다니며 일하는 방식은 물론이고 유대인들을 죽이는 방의 크기와 죽이는 방법, 그리고 사용하는 장비까지도 비슷했다.

폴란드의 아우슈비츠라는 도시에 거대한 가스실이 네 곳 세워졌는데, 가스실 한 곳에 2천 명이 한꺼번에 들어갈 수 있었다. 희생자들이 옷을 다 벗은 채로 가스실로 들어가면 문이 잠기면서 가스(아우슈비츠에서는 대개 지클론-B가 사용되었다)가 뿜어져 나왔다.

희생자들이 모두 죽기까지 15분 정도 걸렸는데, 그것은 사람들이 어느 쪽에 서 있느냐에 따라 차이가 났다. 이것은 전쟁 전에 이미 계획된 대량 학살이었다. 전쟁 중에 여러 가지 형태로 수십만 명의 사람들이 목숨을 잃긴 했지만 그 잔인함과 무자비함에서는 히틀러의 방식과 비교가 되지 않았다.

이러한 살상 계획은 사건의 진실을 은폐하기 위해 '특별 조치', '대규모 정화 조치', '해방', '적절한 조치' 등과 같은 완곡한 표현으로 불렸다.

> 직·간접적으로 나치스의 지배를 받은 유럽 국가에는 유대인이 약 886만 1,800명 있었다. 나치스는 이들 중 593만 3,900명, 그러니까 67퍼센트를 죽인 것으로 추정된다. 유대인 2백만 명 이상이 아우슈비츠에서 죽었고, 138만 명이 마이다네크에서, 80만 명이 트레블링카에서, 60만 명이 베우

제츠에서, 34만 명이 헤움노에서, 그리고 25만 명이 소비부르에서 죽었다.[16]

히틀러는 유대인들을 대상으로 의학 실험을 자행하기도 했다. 실험에 참여한 '의사들'에게는 마취제를 사용하지 못하게 했다. 나중에 뉘른베르크 재판에서 나온 증언에 의하면, 그들은 희생자들의 고통에 아랑곳하지 않았고 심지어는 고통스러워하는 모습을 즐기기까지 했다고 한다. 환자를 얼려 죽이기 위해 빙점의 온도에 놓아두기도 했고, 어떤 사람들에게는 아주 강한 공기 압력을 가해 폐가 터지게 했으며, 다양한 질병균을 주사해서 약물 치료를 받지 않고 죽을 때까지 얼마나 시간이 걸리는지 알아보기도 했다. 남자들은 거세를했다는 기록도 있다.

나치스는 유대인들과 집시, 공산주의자들에게 혹독한 고통을 가한 다음 죽음으로 내모는 데 그치지 않고 그들의 시체에서 금니를 빼내거나 금반지를 비롯한 보석들을 모두 모아 금 막대기를 만들기도 했다. 그러나 나치스는 아우슈비츠와 같은 가스실에서 하루에 수천 명의 유대인들이 죽어나가는 데 만족하지 못했다. 그들은 급기야 대량 총살을 결정했다. 훗날 뉘른베르크 재판에서는 이 사건을 목격한 증인들의 격앙된 증언이 있었다.

그 법정에서 나중에 상원의원이 된 영국의 수석 검사 하틀리 쇼크로스가 최종 진술을 했다. 하틀리는 그 자리에 있던 알베르트 슈페어의 지휘 아래 히틀러의 특수부대가 저지른 유대인 대량 학살 과정을

---

16. 폴 존슨의 『유대인의 역사 A History of the Jews』(1993).

설명하면서 덧붙여 자신을 한평생 따라다니며 괴롭혔던 장면을 이야기했다.

> 그들은 소리를 지르거나 울지 않고 그저 옷을 벗고 가족들끼리 모여 서서 서로에게 키스를 하며 작별 인사를 했다. 그러고는 채찍을 들고 구덩이 옆에 서 있는 친위대원에게서 신호가 떨어지기를 기다렸다. 그곳에 서 있는 15분 동안, 나는… 살려달라고 애원하는 소리를 한 번도 듣지 못했다. 50대로 보이는 부부와 스무 살에서 스물네 살 사이로 보이는 두 딸, 한 살, 여덟 살, 열 살쯤 되어 보이는 남자 아이 셋, 이렇게 일곱 명의 가족을 보았다. 부부의 두 눈에는 눈물이 맺혀 있었다. 아버지는 열 살쯤 되어 보이는 아들의 손을 잡고서 그 아이에게 낮은 목소리로 무슨 말인가를 했다. 아이는 눈물을 애써 참고 있었다…. 그리고 여러 발의 총소리가 들렸다. 나는 구덩이 안을 들여다보았다. 그들의 몸은 그들보다 먼저 죽은 사람들의 몸 위로 떨어졌다…. 한번 움찔거리는가 싶더니… 이내 꼼짝도 하지 않았다. 그들의 목에서 피가 흘러 내렸다…."[17]

전쟁이 끝난 뒤, 수용소 가까이에 살던 사람들을 비롯한 독일인들은 자신들의 집 근처에서 일어난 일에 대해 외면하려 했다. 그런 독

---

17. 기타 시레니의 『알베르트 슈페어:진실과의 전쟁』.

일인들의 행동을 두고 정직하지 못하다고 비난하는 것만으로는 부족하다. 왜냐하면 9십만 명이 넘는 독일 사람들이 친위대에 속해 있었고, 기차에 실려 수용소로 끌려가던 어마어마한 숫자의 유대인들을 독일인 대부분이 목격했기 때문이다. 하지만 책임을 지려고 하는 사람은 아무도 없었다.

그뿐 아니라 다카우나 아우슈비츠를 비롯한 수많은 살상 지대에 대해 아는 사람 역시 아무도 없는 듯했다. 그런 상황에서, 오랫동안 골머리를 앓게 한 반反유대주의를 가장 멋지게 마무리 지을 수 있는 것이 바로 강제노동수용소라고 생각한 사람이 하나 있었으니 바로 아돌프 히틀러였다.

훗날 몇몇 우익 정치가들이 히틀러가 강제노동수용소에 직접 관여했다는 것을 입증할 만한 자료가 부족하다는 점을 들어 그가 유대인 학살과 아무런 연관이 없다는 것을 증명하려 했다. 그러나 아우슈비츠는 분명 히틀러의 모든 꿈을 그대로 나타내는 것이었다.

나치스의 살상 무기를 이용해 아무런 문제 없이 유대인을 근절함으로써 목표를 이루긴 했지만, 1944년 중반에 접어들면서 전쟁은 독일인들에게 그리 유리하게 전개되지 않았다. 연합국은 강하고 빠르게 진격했다.

1월에 레닌그라드를 해방시킨 소련은 5월에 세바스토폴을 되찾았다. 6월이 되면서 연합국은 로마로 들어갔고, 노르망디 상륙 작전이 전개되었다. 그런 와중에 히틀러는 그의 목숨을 노린 파비안 폰 슐라브랜도르프의 암살 기도를 간신히 피하기도 했다. 하지만 독일인들이 보기에 점점 더 무자비해져가는 그 전쟁에서 히틀러가 차지한 행운이란 그렇게 가까스로 목숨을 건진 것이 전부였다.

1944년 8월 25일 연합국은 파리를 해방시켰고 1945년 1월에 소련은 바르샤바[18]를 점령했다. 히틀러는 자신의 삶이 얼마 남지 않았다는 것을 깨닫고는 막다른 길에 몰린 짐승처럼 행동하기 시작했다.

히틀러의 측근에 따르면, 그의 말투는 점점 거칠어졌고, 미친 듯이 고래고래 소리를 지르고 폭언을 일삼는 행동은 참을 수 없을 정도였다고 한다. 증오와 원한으로 가득 찬 냉혹하고 뒤틀린 인간이 바로 히틀러의 본 모습이었다.

전쟁에서 패한 것이나 다름없다는 것을 깨달은 히틀러가 독일 내에서 '초토화' 정책을 실행하려 한 것은 이 무렵이었다. 그는 '국토를 재로 만들라'는 명령을 내렸다. 그러나 알베르트 슈페어를 비롯한 그의 측근들이 이를 만류했다. 결국 고통받는 사람은 독일 국민들뿐일 것이고, 진정한 지도자란 설령 전쟁에서 패했다 하더라도 국민들 앞에서 나라를 위해 최선의 것을 생각하는 것이라고 말했다. 하지만 히틀러는 이 말을 이해하지 못했다.

그는 다리와 공장, 댐, 철로 등 모든 것을 파괴하고 싶었다. 그리고 자기의 뜻에 따르지 않는 사람은 누구든 총살당해야 했다.

알베르트 슈페어는 히틀러의 계획을 막기 위해 최선을 다했다. 그는 총통의 명령을 교묘하게 바꾸는 데 성공했다. 그러는 동안 점점 더 고립되어갔던 히틀러는 더 깊은 절망감에 빠져들었다.

4월이 되면서부터는 더 이상 장군들과 접촉하지 못하는 상태가 되었다. 독일 군대는 주로 동부 전선에서 계속 전쟁을 치렀지만, 그들의 전투는 조직력을 전혀 갖추지 못했다.

이제는 아무리 애를 써도 소용없다는 사실을 병사들 모두 알고 있었기 때문이었다. 슈페어는 이 무렵에 히틀러와 저녁 시간을 보낸 일을 이렇게 회상했다.

---

18. 폴란드의 수도이자 바르샤바 주의 주도主都. 1939년 9월에 독일군의 포위를 받아 시가지가 파괴되었으나 1945년에 독일과 폴란드는 파괴된 도시를 독일로부터 넘겨받았다.

나는 총통의 그러한 모습을 그전에도, 그 이후에도 본 적이 없다. 총통은 자살에 대해 이야기했다. 그리고 마지막 기회는 지나갔으며, 독일 공군과 방위군이 그를 배신했다고 말했다…. 그러다가 잠시 후에는 180도 달라졌다. 섬뜩한 모습으로 총통은 이런 말을 했다. '우리는 절대 항복하지 않을 것이다. 우리는 침몰할지도 모른다. 하지만 이 세계도 우리와 같이 침몰할 것이다.'[19]

연합국이 진격하자 독일은 바이에른의 알프스 지대[20]에 있는 은신처로 정부를 옮길 준비를 했다. 하지만 마지막 순간에 히틀러는 베를린에 남겠다고 결심했다. 에바 브라운도 끝까지 히틀러와 함께 있고 싶다고 말했다. 상황은 막바지로 치닫고 있었다.

1945년 4월 22일, 히틀러는 괴벨스 부부와 그들의 아이들을 포함해 자신에게 충실했던 몇몇 사람들을 불러 지하 15미터 깊이에 콘크리트로 만들어진 '총통 방공호'에서 함께 지냈다.

이 방공호는 방이 열여덟 개 있었는데, 그중 여섯 개를 별도의 공간으로 만들어 히틀러와 에바가 사용했다. 비교적 안전하긴 했지만, 분명 히틀러는 그곳이 죽음의 함정, 패배한 인간의 마지막 도피처로 여겨졌을 것이다.

러시아 군대가 베를린을 점령했고 밤이면 밤마다 도시에 폭탄이 떨어졌다. 더 이상 아무런 희망이 없었다. 회의가 소집되었고 거기에서

---

19. 기타 시레니의 『알베르트 슈페어:진실과의 전쟁』.
20. 독일과 오스트리아의 국경에 있는 알프스 산맥의 북동쪽.

집단 자살이 결정되었다. 히틀러는 마지막을 대비해 한 가지 깜짝 놀랄 만한 일을 준비하고 있었다.

4월 29일 아침, 그는 자신의 곁에 남아 있던 사람들 중 한 명에게 특별한 선물을 하기로 했다. 늘 히틀러와 결혼하기를 원했던 에바 브라운은 이제 그 소망을 이루게 되었다.

새벽 1시에서 3시 사이에 간단하고 소박한 결혼식이 방공호의 지도실에서 열렸다. 그 결혼식은 순전히 히틀러와 에바를 결혼시킬 목적으로 괴벨스가 방공호로 데려온 발터 바그너라는 민병대 병사에 의해 진행되었다.

에바 브라운과 아돌프 히틀러는 자신들이 순수한 아리아인(비유대계 백인)의 피를 물려받았다는 맹세를 한 뒤 샴페인을 마셨다. 그날 밤 늦게 히틀러와 '동맹 관계'에 있던 이탈리아의 독재자 무솔리니가 그의 정부인 클라레타 페타치와 함께 반反파쇼 의용군의 손에 처형당했다는 소식이 전해졌다. 이 소식을 듣고 히틀러는 스스로 목숨을 끊을 결심을 더욱 굳혔을 것이다.

1945년 4월 30일, 히틀러와 에바는 점심식사를 하고 둘만의 방으로 들어간 뒤 문을 잠갔다. 그 안에서 히틀러는 자신의 입 속에 권총을 넣고 방아쇠를 당겼고 에바는 청산칼리를 마셨다.

히틀러는 자신의 시신을 어떻게 처리해야 하는지에 대해 상세하게 적어두었다. 그의 유언에 따라 총통 관저의 뜰에 옮겨진 히틀러와 에바의 시신 위로 석유가 뿌려지더니 불이 붙었다. 잿더미가 된 시신이 어떻게 처리되었는지는 아마도 영원히 알 수 없을 것이다. 하지만 히틀러가 죽은 직후 제3제국(히틀러가 권력을 쥐었던 1934-1945년까지의 독일제국을 말한다)이 그의 시신과 비슷한 상태가 되었다는 것은 역사적으로 기록될 만한 사건이었다.

5월 7일, 알프레드 요들 장군과 폰 프리데부르크 장군은 미국, 영국, 프랑스 그리고 러시아에 대해 독일군이 무조건 항복한다는 내용의 문서에 서명했다.

6

마오쩌둥
MAO TSE-TUNG

마오쩌둥
MAO TSE-TUNG

중국의 혁명적 지도자 |

부르주아 계급이 이미 무너졌는데도
그들은 아직도 다른 계급을 착취하던 옛날의 습관과 관습,
문화와 사상을 이용해 대중을 타락시키고, 그들의 마음을 지배하며,
그러면서도 다시 일어설 계획을 꾸민다.
프롤레타리아 계급은 그와는 정반대 입장을 취해야 한다.
그들은 이데올로기의 장에서 부르주아의 모든 도전에
정면으로 맞서야 하며, 새로운 습관과 관습과 문화와 사상으로
사회 전체의 정신적 모습을 바꾸어야 한다.

중국 공산당 중앙위원회의 *16개항 결의문*(1966년 8월) 중에서

한 독재자의 영향력이 어느 정도였는지를 가늠하는 데 있어서 그가 통치한 사람들의 숫자를 기준으로 삼는다면, 분명 마오쩌둥毛澤東이 최고 순위를 차지할 것이다. 25년 동안 그는 10억이 넘는 사람들을 지배했으며, 그가 통치한 지역은 9백만 평방킬로미터에 이르렀다. 누가 보더라도 어마어마한 수치이다. 그러나 더욱 놀라운 것은 마오쩌둥이 중국을 자신의 손아귀에 넣기 위해 4백만 명이 넘는 군사들을 물리쳤으며, 또 권력을 잡기 위해 그보다 훨씬 더 많은 사람들을 죽

1934년에 마오쩌둥은 공산당 군대를 이끌고 1년여에 걸쳐 1만 3천 킬로미터에 이르는 힘겨운 '장정'을 시작했는데, 이때 중국의 여러 지역을 지나면서 국민들에게 공산주의 이념을 전하여 커다란 선전 효과를 거두었다.

였다는 사실이다.

마오쩌둥은 1893년 12월 26일 후난성湖南省 샹탄湘潭에 있는 사오산韶山이라는 마을의 작은 농가에서 아버지 마오순성毛順生과 어머니 원치메이文七妹 사이에서 네 아이 중 하나로 태어났다. 가난한 농부였던 마오쩌둥의 아버지는 매사에 엄격한 사람이었다. 그는 가족들을 노동자 계급에서 끌어내 좀더 나은 수준으로 끌어올리기 위해 열심히 일했다. 어린 마오쩌둥은 그런 아버지보다는 어머니에게 더 애틋함을 느꼈다. 나중에 마오쩌둥은 이렇게 회상했다.

> 우리 가족은 두 '편'으로 나뉘어져 있었다. 한편에는 권력자인 아버지가 있었고, 그 반대편에는 나, 어머니, 남동생이 있었는데 이따금씩 인부도 가세했다. 어머니는… 지배자에게 감정을 그대로 드러내거나 공공연히 반항하는 것을 나무라셨다. 어머니는 그것이 중국인다운 행동이 아니라고 말씀하셨다.[1]

마오쩌둥은 다섯 살이 조금 넘었을 무렵부터 아버지를 도와 가벼운 농사일을 시작했고, 여덟 살에는 서당에서 공부했다. 이 시절을 생각할 때 가장 선명하게 떠오르는 기억은 농민 반란에 관한 내용이 적당하게 들어간(나중에 밝혀진 바에 따르면) 중국 애정소설을 몰래 읽던 일이었다. 그러다 열세 살 되던 해에 서당을 그만두고 들에 나가 일을 하며 아버지의 가축을 돌보기도 했다. 하지만 자라면서 아버지에 대한

---

1. 로저 하워드의 『마오쩌둥과 중국인Mao Tse-tung And The Chinese People』(1977).

반감은 점점 더 심해져서 결국에는 집을 나와 젊은 법학도와 함께 살았다.

하지만 이런 생활도 오래가지 못했다. 마오쩌둥이 집으로 돌아오기가 무섭게 가족들은 그를 정착시킬 생각으로 마오쩌둥보다 여섯 살쯤 더 많은 여인과 혼인시켰다. 부모님의 집으로 다시 돌아간 후 6년 동안 여전히 아버지를 도와 일을 하던 마오쩌둥은 샹샹湘鄕에 급진적인 학교가 새로 생겼다는 소식을 듣고는 그곳에 입학했다.

마오쩌둥의 학업 능력은 아주 뛰어났다. 학교에 들어간 지 1년이 지난 1911년 여름 마오쩌둥은 창사長沙로 가서 생애 첫 시험을 보았다. 이때는 1840년의 '아편전쟁'[2] 이후 중국이 유럽과 일본의 상인들에게 어쩔 수 없이 문호를 개방하게 되면서 서구의 반半 식민지나 다름없었기 때문에 나라 전체가 반反제국주의 혁명의 문턱에 서 있던 시기였다. 결국 쑨원孫文[3]이 청조를 전복하고 임시 총통이 되었는데, 마오쩌둥은 이 과정을 지켜보면서 흥분을 억누르지 못하고 군대에 들어갔다.

> 당시 혁명을 다룬 신문들 중에 샹장 일보湘江日報가 있었다. 그 신문에서 나는 사회주의란 용어를 처음 접했다. 나는 다른 학도병들과 사회주의, 그러니까 엄밀히 말해 사회개혁주의에 대해 토론하기도 했다.[4]

---

2. 19세기 중엽 서구 열강이 중국에서 상품 시장을 확보하기 위해 벌인 두 차례의 전쟁.
3. 중국 국민당 지도자. 중국혁명의 선도자로 1911-1912년 중화민국 초대 임시총통을 지냈고, 1923년부터 1925년까지 중국의 실질적인 통치자였다.
4. 에드거 스노의 『중국의 붉은 별Red Star over China』(1972).

얼마 후 혁명이 끝났다고 생각한 마오쩌둥은 제대하고 다시 학교로 돌아갔다. 하지만 교육기관에 으레 있게 마련인 엄격한 규칙을 견디지 못해 대부분 혼자서 공부했다. 마오쩌둥은 폭넓게 독서를 했다. 다윈과 존 스튜어트 밀을 비롯해 여러 학자들의 글을 즐겨 읽었을 뿐 아니라 시와 로맨스 소설도 보았다.

1913년 봄, 마오쩌둥은 충분히 공부했다고 판단하고는 사범학교에 입학했다. 하지만 학교를 졸업한 뒤 교사 자리를 얻지 않고 베이징北京 대학의 도서관장이던 리다자오李大釗의 조수로 일했다. 급진적 마르크스주의자였던 리다자오는 나중에 천두슈陳獨秀와 함께 중국 공산당의 공동 설립자가 되었다. 말할 것도 없이 리다자오는 마오쩌둥에게 막대한 영향을 미쳤지만, 마오쩌둥은 늘 그랬듯이 베이징에서도 오래 머물진 않았다.

1919년 3월, 마오쩌둥은 창사로 돌아와 초등학교에서 교사 자리를 얻었다. 하지만 정치에 대한 관심은 여전해서 누구든 들어주는 사람만 있으면 마르크스 이론을 강의했다. 또한 후난성에서 학생연합회를 공동으로 조직하여 1919년 5월 베이징에서 학생 시위가 일어나자 이를 전적으로 지원하기도 했다.

파리 평화회의에 따라 이권을 일본에게 양보해야 하는 상황에서 정부의 항일운동을 촉구하기 위해 시작된 이 시위는 시간이 지나면서 새로운 정부에 대한 거센 분노로 바뀌어갔다. 군주제가 사라졌다고는 하나 군 지도자들이 통치자의 자리를 차지한 것 외에는 달라진 것이 없었기 때문이다.

마오쩌둥은 이러한 상황을 바꾸기 위해 전력을 다했다. 그는 새롭게 등장한 중국의 압제자들을 무력화하고 무너뜨릴 강력한 공산주의 세력을 만들기로 했다. 마오쩌둥은 '신민학회'의 동료들에게 보내는 편지에서 이런 글을 썼다.

중국의 옛 분위기는 너무도 무겁고 숨이 막힌다. 우리에게는 그것을 바꿀 만한 새롭고 강력한 분위기가 필요하다. 이처럼 새로운 분위기를 만들기 위해 우리에게는 의지가 강하며 고난을 두려워하지 않는 사람들이 필요하다⋯.[5]

 1920년 마오쩌둥은 같이 살아본 적도 없는 첫번째 아내와 헤어지고 두 번째 아내를 맞이했다. 마오쩌둥은 몇 년 전부터 양카이후楊開慧라는 젊은 여인과 사랑에 빠졌다. 두 사람은 창사 외곽에 있는 작은 집을 빌려 살림을 차렸다. 남편 못지않게 정치에 관심이 많았던 양카이후는 청년 지도자이자 적극적인 공산주의자로 활동했다. 그녀는 1930년에 후난성의 반反공산주의 정치가인 호치엔에 의해 처형당하는 순간에도 자신의 신념을 버리지 않았다.
 그 젊은 부부는 확고부동하게 공산당 설립을 추진했다. 1921년 여름, 마오쩌둥은 열한 명의 대표자들과 함께 중국 공산당 '제1차 전국대표대회'에 참가하기 위해 베이징으로 갔다. 그때까지 새로운 중국은 중앙정부 없이 여러 명의 군 지도자들이 통치하고 있었다. 나라는 혼란에 빠져 있었고, 무엇보다 강력한 지도력이 필요했다. 그래서 마오쩌둥은 쑨원의 중국 국민당과 제휴하려는 중국 공산당의 결정을 열렬히 환영했다. 이제 마오쩌둥은 이 새로운 연합당의 후난 지부 서기가 되어 노동자들을 위한 조합을 조직하는 데 몰두했다. 마오쩌둥이 프롤레타리아 혁명에 성공하기 위해서는 산업화된 도시보다는 지방에 기반을 두어야 한다고 판단한 것도 이즈음이었다.

---

5. 제롬 첸의 『마오쩌둥Mao』(1969).

마오쩌둥(오른쪽)과 함께 중국 공산당 운동의 핵심 세력이었던 창쿠오타오의 1938년 모습. 이후에 갑자기 변절해 국민당에 가입했던 창쿠오타오는 공산당이 정권을 잡자 홍콩으로 망명했다.

혁명은 디너파티나 수필 쓰기, 혹은 그림 그리기나 수놓기가 아니다. 혁명은 그렇게 품위 있지도, 여유롭지도, 우아하지도 않으며, 온화하거나, 고분고분하거나, 예의 바르거나,

절도가 있거나, 너그러울 수도 없다. 혁명은 한 집단이 다른
집단을 무너뜨리는 폭동이며 폭력 행위다.[6]

문제가 있다면 자신들을 방해하는 몇 사람이 있다는 것이었다. 쑨원이 죽은 후 뒤를 이어 정권을 물려받은 국민당의 새로운 지도자 장제스 蔣介石[7]가 바로 그런 인물이었다. 그는 공산주의자들이 자신의 정권에 위협이 된다고 생각하고 그들을 경계했으며, 공산주의 사상이 자신의 생각과 대립된다고 판단했다. 1927년 초에 장제스는 마침내 투쟁적인 도시 노동자들과 공산주의자 수백 명을 학살하라고 명령했다.

8월이 되면서 이처럼 혹독한 공격에 둘러싸여 있음을 느낀 마오쩌둥은 자신의 사상을 당 내뿐 아니라 나라 전체에 하루라도 빨리 전하고 싶었다. 그래서 소규모의 농민 '군대'를 조직하여 창사를 공격했는데, 이를 '추수 봉기'라고 부른다.

마오쩌둥 사상의 이면에는 한 가지 중심 주제가 있었는데, 바로 부르주아들이 가지고 있는 토지를 모두 몰수해서 재분배한다는 것이었다. 하지만 추수 봉기는 얼마 못 가 진압되었고 마오쩌둥은 충성스러운 동지와 농민 수백 명을 이끌고 징강 산 井崗山으로 후퇴했다. 그는 일단 그곳을 근거지로 삼아 '뛰어난 전투를 치를 수 있도록' 주변 지역에 있는 농민들을 훈련하기 시작했다.

1928년 5월에 마오쩌둥은 지역당 서기와 1만 명이 넘는 병사들로

---

6. 로저 하워드의 『마오쩌둥과 중국인』.
7. 군인이자 정치가. 1928-1949년 중국 국민당 정부의 주석을 지냈고, 1949년 이후에는 타이완 국민정부의 주석을 지냈다.

구성된 제4홍군[8]의 지휘관에 선출되었다. 그는 자신의 군대가 국민들에게 봉사해야 하며, 그렇지 않으면 군대는 자신이 경멸하는 봉건시대의 지주들에게 봉사하게 될 뿐이라고 생각했다.

이후로 몇 년 동안, 마오쩌둥은 단체를 조직하고 철저히 부서지고 또다시 조직하고, 학생 시위를 주도하고 보복을 당하고 또다시 더 많은 시위를 주도하는 등 성공과 실패를 되풀이했다. 비록 더디게 진전되긴 했지만 그것은 마오쩌둥에게 있어 엄청난 변화의 시기였다. 그는 자신의 이론을 탄탄하게 정리하면서(그의 이론에는 당시 중국의 상황에 맞게 변형한 레닌주의와 스탈린주의가 혼합되어 있었다) 강하고 조직화된 군대를 만들 수 있었다.

1930년 겨울 장제스가 공산당을 섬멸하기 위한 제1차 초공전剿共戰을 시작으로 공산주의자들을 향해 몇 차례의 대규모 공격을 감행하면서 마오쩌둥의 군대는 이제까지보다 더 큰 위기에 직면했다. 1930년에서 1934년까지 다섯 차례에 걸친 '포위 공격'에서 네 번은 실패했지만 장시江西에서 벌어진 마지막 공격에서 장제스의 국민당 군은 압도적인 승리를 거두었다.

1934년 10월, 달리 선택의 여지가 없었던 마오쩌둥은 공산당 간부 1만 5천 명과 병사 8만 6천 명을 이끌고 북쪽을 향해 약 1만 5천 킬로미터에 이르는 대장정을 시작했다. 그들은 열두 개의 지방을 지나고 열여덟 개의 산맥과 스물네 개의 강을 건넜다. 마오쩌둥은 두 장 남짓한 담요와 홑이불 하나, 외투 한 벌, 그리고 책 몇 권과 유포油布 하나를 들고 단출하게 길을 떠났다. 이들 행렬은 370일이 지나서야 목적지에 도착했다. 그동안 매일 사소하게 벌어지는 싸움과 몇 차례의

---

8. 1928년부터 노동자와 농민으로 이루어진 공산당의 군대를 홍군이라고 불렀다.

대격전을 치렀고, 말라리아, 장티푸스, 독감, 이질 등의 병으로 고생했다. 그들이 산시성陝西省에 도착했을 때 병사들의 숫자는 현저히 줄어 있었다. 행진을 시작하고 셋째 주가 지나면서 2만 5천 명의 병사들이 목숨을 잃었다. 남자들은 대부분 몸무게가 엄청나게 줄어들면서 활기를 잃어갔고, 신경쇠약으로 고생하는 사람들도 있었다. 이처럼 혹독한 시련을 겪던 시기에 마오쩌둥이 교사인 허쯔전賀子貞을 세 번째 아내로 맞았다는 얘기가 전해지는데, 공식적으로 확인된 것은 아니다.

훗날 '장정長征'으로 불리게 되는 역사적인 대행군으로 마오쩌둥은 확고부동한 지도자로 부상하게 되었다. 산시성에 도착하고 나서 그는 공산주의자 조직 전체의 의장으로 선출된 것이다. 나중에 마오쩌둥은 이런 글을 남겼다.

> 장정이 없었다면, 홍군이 실현하고자 하는 위대한 진실을 그 많은 대중들이 무슨 수로 그처럼 빨리 알 수 있었겠는가.[9]

홍군과 장정은 그 어떤 것보다 훌륭한 선전 수단이었다. 마오쩌둥 일행은 길을 떠나는 동안 수백만 명의 중국 국민들에게 공산주의자들이 무엇을 위해 싸우는지에 대해 이야기하면서 국민들의 정치 의식을 일깨웠다. 장정으로 인해 홍군의 강인함과 용맹스러움, 무한한 인내와 관련된 이야기들이 전설처럼 생겨났다.

드디어 흐름이 변하는 듯했다. 1937년에서 1945년까지 장제스는 공

---

9. 마오쩌둥의 『일본 제국주의에 대한 전술On Tactics against Japanese Imperialism』.

산주의자들로부터 정부를 지키면서 동시에 일본 침략자들과 맞서 싸워야 했다. 그동안 마오쩌둥은 여생을 함께 보내게 될 네 번째 아내로 연극배우이자 영화배우인 장칭江靑을 맞아들였다. 두 사람은 서로 같은 이상을 가지고 있었는데, 특히 예술이 곧 혁명이라는 대의와 국민들에게 해야 할 역할에 관한 생각이 특히 일치했다.

제2차 세계대전이 끝나고 일본이 패배하자, 장제스와 마오쩌둥은 타협점을 찾으려고 노력했다. 하지만 안타깝게도 그런 노력은 실패로 돌아갔다. 1946년 중국에서의 지배권을 둘러싸고 국민당과 공산당 간에 전면적인 내전(국공내전)이 벌어졌다. 처음에는 장제스가 승리하는 듯했지만 그는 마오쩌둥의 결단력이나 홍군의 용맹스러움을 미처 생각하지 못했다.

1949년에 베이징이 무너지고, 그해 10월 1일 장제스는 국민당 잔여부대를 이끌고 타이완臺灣으로 건너가 그곳에서 정부를 수립했다. 그리고 마오쩌둥은 베이징에 있는 자금성紫禁城 입구의 톈안먼天安門 앞에 서서 중화인민공화국의 건설을 선언했다. 그의 뒤로 다섯 개의 황금별이 그려진 붉은 깃발이 펄럭였고, 앞에는 3십만 명이 넘는 남녀노소가 서 있었다. 56세의 나이에 마오쩌둥은 세계에서 가장 강력한 정치 지도자 중 한 사람이 되었다.

마오쩌둥의 목표는 최초로 공산당이 노동자 계급과 함께, 그리고 가능하다면 소련의 지지와 도움을 받아 단일 중국을 만드는 것이었다. 이 목적을 이루기 위해 마오쩌둥은 노동조합과 교육계, 문화 단체 등의 성장을 촉진했다. 그런데 일견 진보적인 듯 보이는 개혁을 추진하면서도, 한편으로는 정권을 잡은 첫해에 3백만 명이 넘는 사람들을 공산주의 통치에 반하는 의견을 피력했다는 죄목으로 처형했다. 저우언라이周恩來, 린뱌오林彪, 류사오치劉少奇를 비롯한 몇몇 사람들에게 요직을 나눠주긴 했지만 말이다.

1950년 스탈린의 생일에 마오쩌둥과 스탈린이 만났을 당시 두 사람은 공산주의 세계에서 가장 영향력 있는 지도자였다.

스탈린이 그랬듯이 마오쩌둥도 권력을 유지하기 위해서는 한시라도 빨리 그리고 확실하게 자신의 권위를 사람들에게 각인시켜야 한다는 것을 알고 있었다. 그는 중국과 같은 농업사회가 산업화된 러시아를 모델로 삼을 수는 없다는 사실을 알고 있었다. 그러나 중국이 무엇을 이룰 수 있고 또 무엇을 이루어야 하는지에 관해서는 러시아를 참고해야 했기 때문에 실제로 마오쩌둥은 소련을 모델로 삼아 자신의 견해를 정립하는 경우가 상당히 많았다.

토지개혁은 마오쩌둥이 가장 중요하게 생각하던 것이었다. 무엇보다 중국의 농업 생산량은 1936년의 76퍼센트밖에 되지 않았고 기아는 당면 문제였기 때문이었다. 마오쩌둥은 재난에 빠진 나라를 구하기 위해 농업개혁법을 추진했다(1950). 당시의 경제학자이자 사회학자였던 천한성陳翰笙은 그 내용에 대해 이렇게 썼다.

우선 국가의 안전 기관이 기존의 무장 반동주의자들을 체포하고 지방의 전제 군주들을 제거하여 지역의 평화를 확고하게 유지한다. 그런 다음 소작료를 줄이고 예탁금을 이용하기 위한 준비 과정을 통해 농민들을 조직화한다. 이런 과정을 거치면서 농민연합회는 세력이 커져 촌락 행정부를 조직하는 단계에 이르게 된다. 이 단계에서 억압받던 수많은 사람들은 이전에 그들을 억압하던 사람들을 향해 자신의 뜻을 효과적으로 주장하는 경험을 처음으로 하게 된다. 마지막으로, 농촌과 도시에서 동원된 수천 명의 토지개혁 노동자들이 업무 내용을 교육받고 각 본거지에 파견되어 실무를 시작한다.[10]

이 모든 것이 지극히 체계적이고 또 간단하게 보일지 모르겠지만 그 이면에는 대규모 살인이 도사리고 있었다. 죄가 있다면 단지 자신이 고용한 사람들보다 더 부유하다는 것뿐인 지주들 수천 명이 토지를 빼앗기고 처형당했기 때문이다. 그뿐 아니라 마오쩌둥을 비롯하여 권력의 자리에 있는 '사람들'에게 반대하는 자들을 모두 조사했다. 수많은 사람들이 고발을 당하고 재판도 없이 사형에 처해졌는가 하면, 구사일생으로 목숨을 건진 사람들도 강제노동수용소에 보내져 '재교육'을 받아야 했다.

나라, 특히 농촌 지역에서 추진하는 진보에 만족하지 못한 마오쩌둥은 1955년에 농업의 집단화를 명령했다. 모든 가구는 '생산자 협동

---

10. 천한성陳翰笙의 『중국의 재건China Reconstructs』(1952. 5).

조합'에 가입하고, 도구와 가축, 노동력을 비롯한 모든 것을 공동으로 사용해야 했다. 그러나 그보다 더한 것은 마오쩌둥이 국민들의 행동뿐 아니라 그들의 정신까지 지배하려 했다는 사실이다.

　1956년에 소련의 지도자 흐루시초프가 제20차 소련 공산당 대회 연설 중 스탈린과 그의 억압적인 법을 비난하자, 이를 본 마오쩌둥은 중국의 모든 지식인들에게 보복이나 박해를 두려워하지 말고 자신의 의견을 표현하라고 독려했다. 그리고 1956년 5월 2일에 '백화제방 백가쟁명(百花齊放 百家爭鳴, 온갖 꽃이 같이 피고, 많은 사람들이 각기 주장을 편다)'이라는 구호와 함께 소위 말하는 '백화제방 운동'을 시행했다. 그러나 이 운동은 그리 오래가지 못했다. 얼마 뒤 검열 완화가 주원인이 되어 헝가리에서 폭동이 일어났기 때문이었다. 러시아가 개입하지 않았더라면, 헝가리 공산주의자들이 전복되었을지도 모르는 일이었다.

　마오쩌둥은 서둘러 자신의 의견을 수정해야 했다. 그는 공산당에 반대하는 의견이 아닌 공산당을 더욱 공고히 해줄 논의만을 허용한다고 선언하면서 재빠르게 조치를 취했다. 하지만 이미 마오쩌둥과 공산당에 대한 비난이 중국의 전 지역에서 흘러나왔다. 마오쩌둥은 시작한 지 6주도 안 되어 백화제방 운동을 철회해야 했다. 그리고 자신을 비난한, 백만 명이 넘는 사람들을 체포해 처형하거나 강제노동 수용소로 보냈다.

　1960년에 흐루시초프가 진정한 마르크스주의에서 이탈했다고 마오쩌둥을 비난하면서 중국과 소련의 관계는 급속히 붕괴되기 시작했다. 그해 7월에 소련은 중국에서 실시되고 있던 몇 가지 산업 계획에 대한 원조를 모두 철회했고, 두 나라 사이에 맺었던 수백 가지의 계약에 대해 무효를 선언했다.

　하지만 마오쩌둥은 여전히 소련의 산업화 모델을 따르겠다는 야심을 품었다. 그리고 스탈린이 자신의 꿈을 실현하는 데 40년 가까이

1957년에 마오쩌둥이 소련 서기장 니키타 흐루시초프와 만났을 당시 마오쩌둥과 소련의 관계는 조금 악화된 상태였다.

걸린 것을 자신은 10년 안에 해내려고 했다. 1957년에 '15년 내에 영국을 따라잡자'라는 구호 아래 대약진 운동大躍進 運動이 시작되었다. 1958년 말에 마오쩌둥은 중국 전체 인구의 대부분을 5천에서 1만 가구 정도로 구성된 대규모 집단인 인민공사로 몰아넣었다.

> 이러한 지역 단위 집단에서 농민, 즉 인민공사의 구성원들은 일한 양에 따라 보수를 받았다. 그러면서 개인이 소유한 땅에서 돼지나 닭을 키우거나 채소를 길러 부수입을 얻었다.[11]

---

11. 로저 하워드의 『마오쩌둥과 중국인』.

마오쩌둥 147

얼핏 보면 이상적인 생활로 비쳐질지도 모른다. 그러나 모든 가정은 군대와 같은 생활을 해야 했다. 인민공사의 생활은 하루하루가 더디기만 했다. 식사를 마치고 나서도 휴식 시간이나 오락 시간은 아예 생각조차 할 수 없었고, 생산량은 기준량에 한참 못 미쳤다. 사실 전 국민을 재편하는 데서 비롯된 혼란으로 2천만 명 이상이 죽었다.

넘치는 증거를 직접 눈으로 보면서도 마오쩌둥은 결코 패배를 인정하지 않았다. 그는 성과를 이루었다며 만족해했고, 1958년에는 시골을 여행하면서 진척 상황을 점검했다. 그가 가는 곳마다 '공산주의 만세', '약진, 또 약진', '하나를 위한 전체, 전체를 위한 하나' 등의 구호가 새겨진 포스터가 나붙었다.

마오쩌둥은 이런 모습을 보고 흡족해했을 뿐 새로운 체제에서 고통을 견뎌내야 하는 농민들의 실생활은 무시해버렸다. 실제로 그 과정이 너무 힘들고 생산량은 급격히 감소했기 때문에 시행한 지 3년 만에 '인민공사' 체제는 포기해야 했다. 1960년대에 이르러서는 농부들 대부분이 그나마 인민공사보다는 나아 보이는 집단 농장 체제로 돌아갔다.

마오쩌둥이 당 의장 직을 '사퇴'하고(그가 강등된 것이라고 말하는 사람들도 있다) 그 뒤를 이어 류사오치가 국가 주석이 된 것은 이즈음이었다. 하지만 마오쩌둥이 물러났다고 해서 그의 영향력이 사라진 것은 아니었다. 그는 국가 전체에 이익이 된다고 생각되는 것이 있으면 여전히 왕성하게 나서서 일했고, 1964년에는 린뱌오가 편찬한 『마오쩌둥 선집』 중 하나를 출판했다. 『붉은 소책자』라는 제목으로 더 잘 알려진 이 책에서 마오쩌둥은 자신이 오랜 세월 추진해 온 활동과 연설에서 인용한 수백 개의 짤막한 글을 담았고, 공산주의 철학의 거의 모든 면을 다루었다.

이 책은 커다란 성공을 거두었다. 사람들은 책에 나온 인용문들을 하루하루 보다 나은 삶의 지침을 담은 짤막한 이야기, 즉 '삶의 가르침'으로 여기며 온종일 그것을 암송했다. 교사와 부모들은 그 글을 학생과 아이들에게 들려주며 공산당 정책에 어긋나지 않게 행동하라고 가르쳤다. 아이들이 들에 나가 일을 할 때도 이 책의 내용을 되풀이해서 주입시켰다.

『붉은 소책자』는 순식간에 문화적 상징이 되었다. 그 책에 매료된 수천 명의 학생들 중 상당수가 학업을 그만두고, 모든 형태의 수정 사회주의나 관료제도, 특히 마르크스 레닌주의에 위배되는 이론을 반대하는 정치적 군사조직인 홍위병[12]의 일원이 되었다.

마오쩌둥이 당의 지도자 자리를 되찾으려고 마음먹게 된 것도 어쩌면 이 책의 성공 때문일 것이다. 이유가 무엇이었든, 책이 출간되었을 즈음 마오쩌둥은 류사오치가 중국을 자본주의로 이끌고 있다고 생각했다. 따라서 류사오치는 공산당 의장으로서 적합하지 않으므로 교체되어야 한다고 판단했다.

처음에 마오쩌둥은 오직 자신에게만 충성하는 홍위병들로 하여금 공개 비판을 통해 당 간부들과 지식인들을 시험해 보도록 했다. 특히 역점을 둔 것은 그들의 부르주아 노선이었다. 공개 재판에서 류사오치를 비롯한 당 지도자들이 비판을 받았고, 학교는 문을 닫았으며, 소규모 회사들은 쇠퇴의 길을 걸었다. 이로 인한 혼란과 공포로 중국 경제 전체가 마비되었다. 이 엄청난 변동의 시기는 '프롤레타리아 문화혁명'이라는 이름으로 미화되기도 했다.

이때의 시대 상황과 사람들의 경험을 기술한 책은 가장 유명한 장룽張戎의 『대륙의 딸들Wild Swans』을 비롯하여 많이 있다. 아래의 글은

---

12. 로저 하워드의 『마오쩌둥과 중국인』.

문화혁명이 시작되었던 시기에 50대였던 니엔청이라는 여성의 글에서 인용한 것이다. 공산당 회의에 참석한 그녀는 자리에 앉아 있다가 당 간부의 입에서 다음과 같은 말이 흘러나오는 것을 들었다.

> 그는 이렇게 말했다. '동지여! 우리의 위대한 지도자인 마오쩌둥 의장은 위대한 프롤레타리아 문화혁명을 일으키고 이제 그 혁명을 직접 이끌고 계신다. 우리를 인도하는 위대한 타수와 함께, 우리는 어떠한 방해도 받지 않고 승리를 향해 나아갈 것이다. 이제 세상은 바야흐로 우리 편이다, 프롤레타리아트여!
> 위대한 프롤레타리아 문화혁명은 우리 모두가 마오쩌둥의 사상을 더 철저하게 공부할 수 있는 기회다⋯. 사회주의의 적들은 교활하다. 그중 어떤 사람들은 붉은 기에 대항하기 위해 붉은 기를 들어올리고, 또 어떤 사람들은 그들의 더러운 계획을 감추기 위해 우리 앞에서 미소를 보인다. 그들은 밖으로는 제국주의자들과, 안으로는 자본주의자 계급과 협력하여 사회주의를 방해하고 중국 국민들을 이전의 비참함과 고통 속으로 몰아넣으려 한다⋯.'[13]

---

13. 중국 문화대혁명을 추진한 세력이었던 군사조직. 1966년 5월 장칭 등에 의해 베이징 대학과 칭화 대학을 중심으로 조직되어 전국 고등학교와 대학교, 군인으로 확대되었다. 같은 해 8월 마오쩌둥이 톈안먼 광장에서 열린 집회에서 홍위병을 공식 접견한 후 정식으로 조직이 성립되었음을 선포했다.

그런데 아이러니하게도 중국인들을 비참함과 고통 속으로 몰아넣은 것은 바로 그 문화혁명이었다. 그때까지도 살아 있던 지주들은 더 심한 박해에 시달려야 했고, 지식인들과 부농, 반혁명주의자, 국수주의자, 성분이 나쁜 사람들과 외국 첩자들 역시 마찬가지였다.

영국 첩자라는 죄목으로 체포된 니엔청은 6년 6개월 동안 독방에 감금되어 혹독한 처벌을 받았다. 그보다 더 운이 없는 수천 명의 사람들은 처형되었다. 장룽이 회고한 바에 따르면, 문화혁명 막바지에 이르러서는 도서관뿐 아니라 일반 가정에 있는 수많은 책들이 불태워졌다고 한다. 게다가 마오쩌둥이 모든 형태의 푸른 잎을 '봉건적'이고 '부르주아적'인 것으로 선언하면서 그의 명령에 따라 학급 친구들과 함께 학교 주위에 있는 풀과 꽃들을 없앴다고 한다.

문화혁명이 마오쩌둥에게 도움이 되었던 것과는 달리 홍위병은 얼마 안 가 여러 파벌로 분열되었다. 그리고 각 파벌은 서로 자신들이야말로 진정한 '마오쩌둥주의'의 대변자라고 믿었다. 그 결과 나라가 혼란에 빠지자 몇몇 당 관리들이 혁명을 중단하려고 시도했지만 마오쩌둥은 이를 무시하고 혁명을 더욱 확대해 나갔다.

1966년 8월 18일, 홍위병들이 잇달아 베이징에 집결했다. 이 자리에서 마오쩌둥은 군복을 입고 자신의 '병사들' 앞에 섰다. 톈안먼 광장에 있는 연단, 즉 1949년 10월 1일에 중화인민공화국 건설을 선언했던 바로 그 연단에 서서 마오쩌둥은 공산당 당원 대부분을 비난했다. 린뱌오는 마오쩌둥 바로 옆에 서 있었지만, 의미심장하게도 류사오치의 자리는 상당히 떨어져 있었다. 여섯 차례의 집회에 류사오치는 처음 두 번만 모습을 보였을 뿐 이후로는 보이지 않았다.

마오쩌둥은 일반 국민들에게 '자본주의' 정책을 표방한 류사오치를 비판하라고 명령했다. 그리하여 그를 비난하는 포스터들이 나라 전역에 붙기 시작했다.

중국과 좀더 친밀한 관계를 맺기 위해 1972년에 미국의 닉슨 대통령이 마오쩌둥을 방문했다.

마오쩌둥은 '류사오치가 추락할 때까지' 비판을 받아야 한다고 말했지만 그를 한 인간으로서 비방하는 것은 원치 않았다. 배척당해야 하는 것은 류사오치의 사상이었다. 마오쩌둥은 이 운동을 중국과 세계의 운명에 영향을 미치는 사건이라고 표현했다.[14]

공산당의 모든 당원들로부터 점점 거센 압력을 받게 된 류사오치가 마르크스 레닌주의를 반대했다며 자신의 죄를 고백한 것은 바로 이 시기였다. 그 결과 류사오치는 순식간에 조롱의 대상이 되었을 뿐 아

---

14. 니엔청의 『마오쩌둥의 포로:상하이에서의 삶과 죽음Prisoner of Mao:Life and Death in Shanghai』(1986).

니라, 특히 권력에 굶주린 홍위병들에게는 증오의 대상이 되었다. 이 때야말로 마오쩌둥이 다시 당 의장의 지위에 오를 수 있는 절호의 기회였고 그 기회를 마오쩌둥은 두 손으로 움켜쥐었다. 그리고 린뱌오를 자신의 후계자로 지명했다.

하지만 걸핏하면 마오쩌둥의 정책과 권위에 의문을 제기했던 린뱌오는 이내 가시 같은 존재가 되었다. 마오쩌둥이 군대가 이차적인 역할을 하기를 바랐던 것과는 달리, 그 자신이 군인이었던 린뱌오는 군대가 중요한 정치적 영향력을 발휘하기를 바랐다. 또한 린뱌오는 마오쩌둥의 정책이 대부분 중국에 피해를 가져왔다고 판단했다. 얼마 후 린뱌오에게는 '수정주의자', 위험한 인물이자 국가의 적이라는 이름표가 붙었다.

린뱌오는 1971년에 몽골에서 비행기 추락 사고로 죽었다. 하지만 그의 죽음은 1972년이 되어서야 중국 내에서 보도되었는데, 그가 죽기 직전에 정부 전복을 시도하는 쿠데타를 일으켰다가 실패했다는 내용이었다. 자이아 선-차일더스Jaia Sun-Childers가 쓴 『백발 소녀The White-Haired Girl』에는 린뱌오의 죽음이 발표되고 나서 선생님이 린뱌오는 반역자이므로 그가 쓴 책을 가지고 있는 사람들은 모두 없애버리라고 했다는 내용이 나온다. 선생님은 아이들에게 칼을 하나씩 나눠주면서 교과서에 실린 린뱌오의 사진을 모두 잘라내버리라고 했다고 한다.

말년에 마오쩌둥 의장은 나라를 완전히 장악하려고 애썼다. 그러나 그가 다른 사람들과 함께 필사적으로 쌓아올린 권력이라는 제단은 그가 죽기도 전에 이미 무너지기 시작했다. 『붉은 소책자』의 출간은 중지되었다. 한때는 수백만 장의 포스터를 장식했던 마오쩌둥의 사진이 인쇄되는 일도 점점 줄어들었으며, 간혹 그의 동상이 새롭게 세워지기는 했지만 극히 드문 일이었다.

하지만 문화혁명은 계속되었다. 마오쩌둥은 자신의 위치를 확고하게 다지기 위해 몇 가지 새로운 정책을 발표했다. 첫번째는 '의료보조원'들이 농촌에서 봉사하게 하는 것이고, 두 번째는 도시에서 교육받은 젊은 남녀 상당수를 농촌으로 이주시키는 것이며, 세 번째는 농민과 노동자들을 대학에 보내는 것이었다. 이 새로운 정책들만 보더라도 마오쩌둥이 중국 국민들의 삶에 어느 정도로 개입하려 했는지 알 수 있다.

마오쩌둥이 지배하는 세상에서는 우연히 결정되는 것은 물론 개인이 결정하는 것 또한 아무것도 없었다. 이 시기에 마오쩌둥의 모습은 그의 생각이 어떻게 변하든 모든 사람들이 그것을 따라야 하는 신과도 같았다. 하지만 그는 한 인간에 지나지 않았고 모든 인간은 죽게 마련이었다. 몇 년 동안 건강이 좋지 않았던 마오쩌둥은 1976년 9월 9일 자정을 10분 넘긴 시각에 82세의 나이로 눈을 감았다.

그의 죽음이 발표되자마자 중국 국민들은 검은 상장喪章을 두르고 자금성 입구 톈안먼에 걸린 거대한 초상화 앞으로 모여들었다. 마오쩌둥의 시신은 톈안먼 서쪽에 자리잡은 인민대회당에 위엄 있는 모습으로 안치되었다가 며칠 뒤인 9월 18일에 장례식이 치러졌다.

마오쩌둥이 죽은 뒤 새로운 중국 정부는 그가 실시하던 정책을 대부분 바꾸었다. 그중 마오쩌둥 개인을 숭배하는 정책들이 대부분이었다. 그러나 가장 중요한 변화는 중국의 산업 기반뿐 아니라 농업, 학술기관, 군대까지도 근대화하기 위해 유럽이나 미국 그리고 일본 등과 같은 외부 세계에 지원을 요청한 일일 것이다. 이러한 변화는 마오쩌둥이 살아 있었다면 결코 용인되지 않았을 것이다. 그러나 마치 마오쩌둥이 선언한 메아리라도 되듯 이 개혁은 '4대 현대화 계획'이라는 이름으로 발표되었다.

마오쩌둥이 사망한 1976년에 중국은 정치적으로 붕괴 직전에 놓여 있었다. 공산당은 정권을 계속 유지하기 위해서는 정책을 바꾸어야 한다는 것을 알고 있었다. 끼니조차 해결하기 힘들었던 중국 국민들은 정치에 환멸을 느꼈고 위로부터의 억압에 지쳐버렸다.

공산당은 마오쩌둥을 떠올리게 하며 낙원을 약속했지만, 국민들에게 돌아오는 것은 끝도 없이 받아들여야 하는 공허한 구호들뿐이었다. 공산당은 그러한 상황을 바꾸고 국민들에게 열광할 대상을 심어주기 위해 국가에 대한 자부심에 호소했다. 중국이 다시 한 번 세계무대에서 경쟁하고 위대한 나라가 될 수 있도록 열심히 노력하자며 국민들을 독려했다. 그 대가로 국민들에게는 경제적 안정을 약속하면서, 더 이상의 정치적 선동이나 싸움은 없을 것이라고 장담했다.

그러나 숱한 변화 속에서도 마오쩌둥은 사람들에게 결코 잊혀지지 않는 존재였다. 그의 초상화는 여전히 톈안먼 광장에 걸려 있고, 장룽의 표현에 따르면 마오쩌둥의 시신은 공산당 내에서 지금까지도 '숭배'되고 있다고 한다. 오늘날 중국의 지도자들은 여전히 그들의 옛 지도자를 존경하고 있다. 그 점을 증명이라도 하듯 아직도 『대륙의 딸들』의 출간은 금지되어 있고, 매스컴은 그 책의 저자인 장룽과 그의 다른 작품까지도 언급하지 못하고 있다. 절대 변하지 않는 것들도 있는 법이다.

7

아나스타시오 가르시아 소모사
ANASTASIO GARCÍA SOMOZA

아나스타시오 가르시아 소모사
ANASTASIO GARCÍA SOMOZA

우리 편인 개자식 I

나는 당신들이 이 일을 차분하게 받아들이고,
내가 한 일이 조국을 사랑하는 니카라과 사람이라면
오래전에 했어야 할 일임을 깨닫기 바란다.
이것은 희생이 아니며, 내가 수행하기를 원했던 의무이다.

리고베르토 로페스 페레스(1956년 9월)

1956년 9월 21일, 니카라과 레온에서는 제5차 공직 임명식이 있었다. 그 자리에 참석한 대통령을 보기 위해 수많은 군중이 몰려들었는데 그중에는 리고베르토 로페스 페레스라는 젊은 시인이자 저널리스트도 있었다. 페레스는 목표물을 향해 점점 가까이 다가가 마침내는 대통령 바로 앞에 설 수 있었다. 그 순간 페레스는 권총을 꺼내 목표물을 똑바로 겨눈 다음 네 발을 쏘았다. 그리고 이내 자신도 경호원들의 총에 맞아 쓰러졌다.

총에 맞은 대통령은 즉시 헬리콥터로 수도인 마나과로 이송되었고 그곳에서 다시 파나마 운하 지대에 있는 고거스 병원으로 옮겨졌다. 그로부터 8일 뒤인 9월 29일 아침, 잠에서 깨어난 니카라과 국민들은 대통령인 아나스타시오 가르시아 소모사가 사망했다는 소식을 들었다.

아나스타시오 가르시아 소모사는 20년 동안 니카라과 국민들을 두려움에 떨게 하면서 자신은 엄청난 재산을 축적한 사람이다. 하지만 그가 암살되었다는 소식을 듣고 니카라과 국민들이 포악한 독재자가 사라졌다고 생각했다면 그건 큰 착각이었다. 그의 장남인 루이스 소모사 데바일레가 뒤를 이었기 때문이다.

아나스타시오 가르시아 소모사는 1896년 니카라과 산마르코스에서 평범한 커피 농장주의 아들로 태어났다. 어린 시절 그는 1840년대 니카라과의 유명한 무법자 겸 혁명가였던 시에테 파누엘로스의 후손이라는 사실 말고는 별다른 특징이 없었다. 오렌테 국립학교를 다니다가 미국으로 쫓겨가 필라델피아에 있는 피어스 경영대학을 다녔다는 사실 외에는 소모사의 젊은 시절에 대해 알려진 것이 없다. 그곳을 졸업한 뒤 소모사는 이런저런 일들에 손을 댔다. 자동차 판매원, 화장실 관리인을 비롯해 여러 직업을 전전했는데 그가 화폐 위조를 했다는 얘기도 있다. 니카라과에서 가장 영향력 있는 귀족 가문의 살바도라 데바일레와 결혼한 것도 이 무렵이었다.

1926년, 스무 살의 나이로 니카라과에 돌아온 소모사는 이내 정치 무대에 들어섰다. 1912년 당시 니카라과 대통령이었던 아돌포 디아즈는 반역적인 자유당군에 대항하기 위해 미국에 병력을 요청한 일이 있다. 소모사는 미국에서 돌아오자마자 후안 바우티스타 사카사와 호세 마리아 몬카다가 이끌고 있던 자유당군에 들어갔다.

미국과 자유당군 사이에 몇 차례 크고 작은 전쟁이 잇따라 벌어졌고, 결국 미국은 평화협정을 맺는 것이 최선의 방법이라고 판단했다. 미국은 디아즈가 대통령 자리에 계속 남길 원했지만, 그들의 희망과 달리 자유당군은 사카사와 다른 몇 사람을 내세웠다. 그뒤로도 싸움이 몇 차례 이어졌고, 두 번째 평화 협정이 추진되었다. 미국은 총선거가 실시될 때까지 디아즈가 대통령직을 유지해야 하며 자유당군 중 일부는 디아즈 정부의 일원이 되어야 한다는 제안을 했다. 그리고 이 제안에는 양측이 무장해제를 해야 하며 미국의 지휘 아래 새롭고 초당적인 '과르디아 나시오날(니카라과의 국민방위군—옮긴이)'을 설립해야 한다는 내용도 포함되어 있었다.

자유당군은 이 제안에 동의했다. 1933년경 미국이 군대를 철수할 때 그들과 같은 자유당군이었던 아나스타시오 소모사가 국민방위군의 사령관으로 임명되자 크게 기뻐했다.

미국이 떠나자마자 호시탐탐 기회만 엿보고 있던 소모사는 사카사가 통치하던 정부를 전복할 계획에 즉시 착수했다. 동시에 미국이 2차 평화협정을 제안했을 때 이것을 격렬하게 반대하며 반정부 게릴라 투쟁을 벌였던 또 한 명의 정치적 숙적인 혁명운동가 아우구스토 산디노 세사르를 제거할 계획도 세웠다.

하지만 산디노는 철저하게 훈련되고 완전 무장한 병사 3천여 명뿐 아니라 니카라과의 상당 부분을 장악하고 있었다. 그리고 무엇보다 사카사가 그 젊은 혁명군과 평화협정을 맺었기 때문에 소모사는 조심스럽게 대처해야 했다. 전개되는 상황이 못마땅했던 소모사는 방위군의 병력을 상당한 수준까지 증강했다. 또한 사카사가 소모사를 감시하기 위해 임명한 정치인들 몇몇을 설득해 방위군으로 편입시키기도 했다.

모든 것이 자신의 생각대로 되어가자 소모사는 산디노를 다루려면 무력으로 대처하는 방법밖에 없다고 사카사를 설득했다. 그러나 산디노가 갑자기 마나과(니카라과의 수도)에서 열리는 평화회담에 참여하겠다고 선언하면서 상황이 돌변했다. 사카사는 즉시 비행기를 보내 산디노를 마나과로 데려오도록 했다. 평화협정은 산디노의 병사들이 방위군에게 무기를 넘기면 일반 사면을 한다는 내용으로 체결되었다. 그리고 산디노에게는 니카라과 북쪽 코코 강 일대의 작은 지역에 대한 통치권과 백 명의 병사로 구성된 긴급군 사용권을 허락해 주었다.

처음에 평화협정은 유효한 듯했다. 하지만 산디노는 방위군에게 무기를 넘겨주면서 애초에 약속한 것과는 달리 겨우 5십 명의 병사가 무장할 수 있는 총과 탄약만을 넘겨주었다. 소모사는 크게 분개했지만 사카사는 자신이나 국가 모두의 평화를 위해 산디노를 처벌하지 않았다.

이후 소모사는 산디노와 관련된 모든 사람들을 감시하며 은밀하게 전화를 도청하거나 우편물을 가로챘다. 뿐만 아니라 측근들과 함께 죄명을 날조해 산디니스타(평화협정으로 보호받던 백 명의 사람들)들이 박해를 받거나 투옥되도록 했으며 폭력적인 반란을 유도하기도 했다. 산디노는 사카사에게 전보를 보내 국민방위군이 꾸미고 있는 일들을 알리면서, 소모사가 정부를 전복하는 것은 단지 시간 문제일 뿐이라고 경고했다.

사카사가 대통령 자리에 오른 지 여덟 달도 채 안 되어 마나과에서 일어난 일련의 폭발 사고는 정부를 그 근간부터 흔들어놓았다. 아무도 사카사에게 책임을 묻지 않았지만, 그는 앞으로의 공격을 방지하기 위해 계엄을 선포하고 보수당 군의 장교 수백 명을 투옥했다. 소모사의 입장에서 보면 보수당 당원들은 특히 방위군 내에서 주요 반대 세력이었으므로 그보다 더 반가운 일이 없었다.

계엄 상태에서 방위군은 사실상 나라 전체를 통치했다. 소모사는 이런 상황을 십분 활용해 정부를 전복하기보다는 일을 추진하면서 한편으로는 산디노가 쿠데타를 기도하고 있다는 것을 암시했다. 이런 사실을 뒷받침하기 위해 방위군은 처음 평화협정이 체결되었을 때 산디노가 넘겨주지 않았던 무기를 모두 찾아냈다. 산디노는 이에 대한 보복으로 방위군이 미국에 의해 만들어졌으므로 위헌이라고 비난했다.

　이 문제에 대한 논쟁이 몇 주일 동안 계속되면서 서로에 대한 비판이 양 진영에서 끊임없이 흘러나왔다. 사카사는 하나의 해결책으로 니카라과 북쪽 지역에 대한 정치·군사권을 '산디노 사람'인 호레이스 포르토카레로에게 주었다. 이는 '산디니스타'들을 달래기에 충분했지만, 소모사는 강하게 반발하면서 방위군이 참지 않을 거라고 경고했다. 덧붙여 대통령의 결정에 모욕감을 느낀 병사들을 자신으로선 통제하기 힘들다는 말도 잊지 않았다. 하지만 소모사의 경고는 묵살되었다. 그리고 1934년 2월 21일 사카사가 주최한 저녁 모임에서 일행 네 명과 함께 참석한 산디노는 암살되었다.

　　　농무부 장관인 살바티에라가 대통령의 손님들을 태우고 관저를 떠나 마나과 중심에 위치한 캄포 디 마트 건너편에 있는 자신의 집으로 출발한 것은 10시경이었다. 그들이 막사에 이르러서 보니 방위군 정찰대가 길을 막고 있었다.
　　　차 안에 있던 다섯 사람은 모두 차에서 내려 총부리 앞에 서야 했다. 살바티에라와 산디노의 아버지인 돈 그레고리오 산디노는 영내로 끌려갔고, 나머지 세 명은 트럭에 실려 어둠 속으로 사라졌다.
　　　몇 분 뒤에 트럭이 멈췄다. 산디노와 우만조르, 그리고 에스트라다는 트럭에서 떠밀리다시피 내려 아무렇게나 세워진

아나스타시오 소모사는 1933년에 니카라과 방위군의 사령관이 되었지만, 니카라과 헌법에 따라 1936년에 사령관직을 사임하고 대통령에 출마했다. 대통령이 되고 나자 다시 방위군 사령관직을 차지했다.

뒤 총살당했다. 그들의 시신은 근처, 마나과 공항으로 가는 길 아래에 묻혔다.[1]

　소모사는 산디노를 살해한 것에 만족하지 못하고 이번에는 북쪽 지역 산디노의 기지 주변에 배치된 방위군 병사들에게 그 지역 사람들을 몰살하라는 명령을 내렸다. 그 대학살의 소용돌이에서 살아남은 사람은 겨우 몇 사람뿐이었다. 이렇게 해서 소모사는 가장 강력한 적을 단번에 제거했다.
　산디노의 암살에 자극을 받은 사카사는 군 장교들에게 대통령인 자신에게 충성을 맹세하도록 했고, 산디노를 암살한 자들을 처벌하겠노라고 약속했다. 소모사는 사카사에게 협력하는 의미에서 스스로를 조사하기도 했다. 그러는 한편 미국 정부가 산디노의 암살을 승인했으며 니카라과를 위해 자신이 그 일을 했다는 소문을 퍼뜨렸다.
　또한 소모사는 자유당 의원 몇 명에게 압력을 가해 사카사 행정부의 입법안을 저지하도록 했다. 이로 인해 사카사의 정치적 입지는 상당히 약화되었다. 소모사는 여기에서 멈추지 않았다. 일단 자신의 위치가 난공불락이라고 생각되자, 산디노를 암살하라고 명령한 사람은 자신이며 그 임무를 수행한 사람들은 박수를 받아야 할 뿐 아니라 전원 사면되어야 한다고 공공연히 말했다. 위험한 행동이긴 했지만 성과는 있었다. 의회가 즉각 그의 의견에 동의하고 동의안을 통과시킨 것이다.
　사카사가 그 법안을 거부했지만 의회는 또 다시 통과시켰다. 의회

---

1. 에두아르도 크롤리의 『독재자는 결코 죽지 않는다:니카라과와 소모사가의 초상Dictators Never Die:A Portrait of Nicaragua and the Somozas』.

의 지지에 힘을 얻은 소모사는 1936년에 대통령 출마를 선언했다. 사람들은 사카사에게 소모사를 방위군 사령관직에서 해임시키라고 충고했지만 그는 그렇게 하기보다는 의회 안에서 정치적 입지를 구축하는 데 집중했다.

9월 12일, 마나과는 다시 한 번 폭격의 대상이 되었다. 사카사와 소모사는 그것이 쿠데타를 기도한 자들의 소행이라고 생각했다. 하지만 그 사건은 병참 장교에 대한 개인적인 원한 때문에 캄포 드 마테를 폭파했던 후안 로페스라는 중위가 저지른 것으로 밝혀졌다. 소모사는 로페스에게 사형을 선고했지만, 사카사는 국민들에게 자신이 여전히 그들의 대통령임을 보여주기 위해 사형 선고를 종신형으로 바꿨다.

소모사는 다시 한 번 사카사에게 무시당한 기분이 들었다. 하지만 자유당 의원들의 지지를 얻기 위해 더욱 활발하게 활동하며 분노를 삭였다. 두 사람의 싸움은 점점 더 격렬해졌다. 그리고 사카사가 로페스를 사면하고 소모사가 이를 자신의 권위에 대한 직접적인 위협으로 여기면서 두 사람의 관계는 극에 달했다.

소모사는 온갖 무기로 완전 무장한 방위군 병사들이 대통령 궁 앞을 행진하도록 함으로써 자신의 힘을 과시했다. 이런 행동은 의회에 사면을 무효화하라는 경고를 하기에 충분했다. 그러나 사카사가 방위군과는 완전히 구별되며 전적으로 자신의 지휘 아래 움직이는 대통령 직속의 경찰대를 창설하겠다고 선언했다. 발끈한 소모사는 그것을 철회하지 않으면 반란을 일으키겠다고 사카사를 위협했다. 사카사는 하는 수 없이 경찰대 창설안을 철회했다. 이처럼 나약한 사카사와는 달리 그의 아내 마리아는 남편을 대신해서 소모사를 몰락시킬 계획을 꾸몄다.

마리아는 우선 미국 정부에게 도움을 요청했다. 방위군을 만들고 그 사령관 자리에 소모사를 앉힌 것은 미국인들이었기 때문이다. 하지만 미국은 소모사나 방위군에 대해 책임이 없다는 점을 명확히 밝혔다. 마리아는 실망했지만 용기를 잃지 않았다. 그녀는 온두라스와 엘살바도르에 있는 지인들로부터 군대를 지원해 주겠다는 약속을 받아냈다. 그러나 이번에도 미국이 나서서 두 나라는 어떠한 개입도 해서는 안 된다는 사실을 분명히 알려왔다. 그녀의 계획은 또 한 번 좌절되었고, 모든 상황이 소모사에게 유리한 듯했다.

그러나 상황은 순식간에 바뀌었다. 미국이 방위군 사령관 자리를 보장하는 조건으로 소모사에게 대통령 선거에 출마하지 말라고 설득한 것이다. 하지만 협약이 체결되자마자 소모사는 자신의 지지자들을 선동해서 불만을 표시하도록 했다.

그와 비슷한 시기에, 마나과에서는 석유 부족 사태로 인해 기사들의 파업과 반정부 운동이 몇 차례 일어났다. 사카사는 필요하다면 소화기를 동원해서라도 시위를 끝내라고 방위군에게 명령했다. 그러나 소모사가 대통령의 명령을 국민들에게 슬며시 흘리면서 아예 실행하지 못하게 만들었다.

소모사는 이때야말로 대중들의 지지를 확보할 수 있는 기회라고 판단했다. 그는 우선 파업에 참가한 사람들을 만나 석유 배급을 전적으로 방위군이 관리할 것이며 정해진 공급량 내에서 모든 사람들에게 공평하게 나눠주겠다고 약속했다. 이는 적절한 행동이었다. 그들은 소모사의 태도에 무척 고마워하며 파업을 즉시 철회했다.

이제 니카라과 국민들의 눈에는 소모사가 무력으로 자신들을 진압하려고 한 사카사에 대항해 기꺼이 위험을 무릅쓴 위대한 조정자로 비쳐졌다. 이 성공을 기반으로 소모사는 젊은 파시스트 당원들로 병력을 증강하여 방위군을 한층 더 강화했다. 소모사는 직접 나서서 이들을 무장시키고 '푸른 셔츠단'이라는 이름을 붙여주었다. 이는 히틀러의 무시무시한 갈색 셔츠단이나 무솔리니의 위협적인 검은 셔츠단의 니카라과 판이라 할 수 있었다.

소모사는 이 푸른 셔츠단을 동원해 몇 개 마을과 도시에서 폭동을 일으키고는 방위군을 투입하여 혼란을 진압했다. 그리고 법과 질서를 되살린다는 명목으로 지방 공무원들을 군의 통제 아래 두었다. 이런 방법으로 소모사는 차츰차츰 나라를 장악해 나갔다. 그리고 자신의 자리가 확고부동하다는 확신이 들자 대통령에 출마하지 않겠다는 약속을 번복했다.

이제 그의 앞에 놓인 장애물은 단 하나, 군사령관은 대통령에 출마할 수 없다는 헌법 조항이었다. 소모사는 영원히 들러리일 뿐 주인공이 될 수 없는 운명인 듯했다. 하지만 그는 자신이 직접 일을 해결하기로 결심했다. 그는 방위군의 힘을 빌려 사카사의 주요 요새 중 하나인 레온의 아코사코를 공격했다. 그리고 이어서 마나과에 있는 대통령 궁을 공격했다. 1936년 6월 2일, 사카사는 레온에 있는 병사들에게 항복할 것을 명령했다. 소모사는 이제 끝이 멀지 않았다고 생각했다. 그는 사카사에게 임기가 끝날 때까지만 대통령직을 수행하라고 제안했지만 사카사는 이를 거절하고 나흘 뒤에 엘살바도르로 망명했다.

사카사가 무대에서 사라지면서 소모사는 이제 홀가분하게 대통령 후보에 나설 수 있었다. 헌법에 따라 소모사는 방위군 사령관을 사임한 뒤 선거를 12월로 늦추고 결과를 기다렸다. 투표 결과를 의심하는 사람은 아무도 없었다. 공식 집계는 소모사가 7만 9천 표, 다른 후보가 169표로 나왔다.

대통령직에 오르기가 무섭게 소모사는 방위군 사령관직을 되찾았다. 그리고 자신과 자신의 군대가 나라를 완전히 장악했음을 국민들에게 확실하게 인식시켰다. 대통령이자 방위군 사령관인 소모사는 이제 한 국가 내에서 정치적인 권력뿐 아니라 군사력까지 거머쥐게 되었다. 게다가 고도의 훈련을 받은 무장한 엘리트 군대인 방위군은 니카라과에서 유일한 군대였다.

 방위군은 군사적 의무를 지는 것 외에 경찰 업무와 교도소를 운영하는 일까지 맡았다. 또한 기업 허가에 관한 일을 관장하고 단 하나밖에 없는 국영 라디오 방송국도 관리했다. 간단히 말해 소모사는 나라 전체를 독점하고 있었다.

 대통령이 되자마자 소모사는 국영 철도망과 우편 업무, 관세 관리까지 독점하면서 권력 기반을 한층 더 확대해 나갔다. 그리고 병사들의 임금을 올려주어 자신에게 절대적으로 충성하도록 만들었다. 그 결과 병사들은 상납받는 돈까지 합하면 니카라과에서 임금이 가장 높은 부류에 속했다.

 그런데 니카라과에서도 소모사의 통제 범위를 벗어난 집단이 단 하나 있었다. 어느 정도는 정부와 관계없이 살아갈 수 있는 커피 농장주들이었다. 그들은 나라에서 가장 비옥하고 생산성이 높은 땅을 소유하고 있었다. 하지만 끝없는 탐욕을 가진 소모사가 마음만 먹으면 그들까지 완전히 지배할 수 있었다.

 소모사는 권력을 장악한 지 몇 달이 지나기도 전에 농장주들에게 그들의 농장을 국가에 바쳐야 한다는 사실을 '납득'시키려 했다. 농장주들 중 일부는 시장 가격의 절반가에 땅을 팔았고, 자신의 땅을 '선물'로 상납한 사람들도 있었다. 소모사는 주인 없는 어마어마하게 넓은 땅에 길을 내고 전선과 전화선을 설치하는 등 재개발을 통해 국가 소유로 만들었다. 이 모든 일을 추진하는 데 공무원을 동원하고 사업 자금은 공공 기금으로 충당했으므로 소모사는 자신의 돈을 단 한 푼도 들이지 않고 할 수 있었다.

 그러나 소모사의 탐욕은 그칠 줄 몰랐다. 그는 모든 공무원들에게

소모사는 나라 곳곳에 밀고자를 배치해 두었다가 반란의 기미가 조금이라도 있으면 방위군 병사들에게 명령해 무자비하게 진압했다.

의무적으로 월급의 5퍼센트를 내게 하여 국민자유당의 기금을 형성한 다음 자기 혼자만 이용했다. 소모사는 마치 개인 은행 계좌라도 되는 듯 기금을 마음대로 전용했다.

이처럼 온갖 방법으로 자금을 횡령하는 가운데 소모사는 처음 몇 년간 비교적 평온하게 대통령직을 수행했다. 그러다 4년의 임기 중 1년밖에 남지 않은 1939년, 소모사는 헌법 '개정'을 제안했다. 그는 방위군의 권한 범위를 이전보다 더 확대하고, 대통령 임기를 4년에서 6년으로 연장하는 법안을 상정하도록 의회에 압력을 가했다. 그렇게 해서 1940년, 소모사는 니카라과에서 가장 막강한 자신의 위치를 더욱 확고하게 다져놓았다. 미국 백악관의 프랭클린 D. 루스벨트 대통령으로부터 불명예스러운 초대를 받은 것도 이즈음이었다.

> 전해지는 얘기에 따르면, 당시 국무장관이던 코델 헐이 루스벨트 대통령에게 초대한 각국 정상들의 명단을 보여주자, 대통령은 소모사의 이름을 가리키며 '이 사람이 개자식으로 소문난 그 사람 아닌가?'라고 물었다고 한다.
> 이 말에 코델 헐이 대답했다.
> "그렇습니다. 그런데 우리 편인 개자식입니다!" [2]

미국을 방문하고 나서 미국의 가장 좋은 친구가 되었다고 생각한 소모사는 활기에 넘쳐 니카라과로 돌아와 마나과의 중심가 한 곳을 '루스벨트 거리'라고 이름 지었다. 모든 것이 소모사의 뜻대로 되어가는 듯했다. 유럽에서 제2차 세계대전이 발발했을 때도 그는 나치스의 대량 학살이나 니카라과의 경제 후퇴에 대해 별다른 관심을 갖지 않았다. 그러다 미국으로부터 나치스 스파이의 위험스러운 활동에 대해 듣고 나서야 주의를 기울이기 시작했다.

소모사는 한시라도 빨리 결정해야 했다. 그로 말하자면 사카사 정

---

2. 에두아르도 크롤리의 『독재자는 결코 죽지 않는다: 니카라과와 소모사가의 초상』.

권을 약화시키기 위해 파시스트 당원으로 구성된 푸른 셔츠단을 조직했고, 대통령에 오르기가 무섭게 푸른 셔츠단의 우두머리를 교육부 장관으로 임명한 사람이었다. 그러나 이제 그는 과거의 정책보다는 현재 자신의 지위를 유지하는 것이 더 중요했다. 그는 나치스를 지지하는 모든 운동을 금지하는 법령을 공포했다. 일본이 진주만을 공습했을 때는 재빨리 미국 편에 서서 일본뿐 아니라 독일과 이탈리아에 대해서도 전쟁을 선포했다. 소모사가 미국 지지를 선언하자마자 미국이 소모사의 방위군을 지원했으니, 그의 선택은 현명한 것이었다.

전쟁이 막바지에 이르렀을 무렵, 니카라과의 군대는 손가락 하나 까딱하지 않고도 미국이라는 훌륭한 친구로부터 공군과 소규모 해군, 그리고 2백만 달러에 달하는 신식 군사 장비를 얻었다. 소모사는 개인적으로도 꽤 많은 수익을 올렸는데, 전해지는 얘기로는 1945년까지 5백만 달러가 넘는 재산을 모았다고 한다.

하지만 소모사에게도 적은 있었다. 적까지는 아니라 해도 저항하는 세력이 있었다. 소모사는 자신의 정권을 반대하는 집단, 특히 카를로스 파소스가 이끄는 집단이 총파업을 일으켜 사회 불안을 야기하고 정부를 혼란에 빠뜨리려 한다는 정보를 첩자들로부터 여러 차례 보고받았다. 소모사는 조용하면서도 민첩하게 움직였다. 그들을 진압하기로 한 그날 소모사는 방위군을 보내 시위 주동자들을 자택에 감금했다. 그리고 의회에 압력을 가해 재선거 금지 조항을 수정하는 법안을 통과시켰다.

하지만 방위군의 행동을 보고 일반 시민들까지 분노하며 시위에 가담했고, 이에 자극을 받아 혼자서라도 행동하기로 결심한 파소스는 자유독립당을 창설했다.

파소스는 격렬한 저항운동을 펼쳐 나갔는데, 이는 소모사가 6년의 임기 동안 직면해야 했던 가장 혹독한 시련이었다. 니카라과 전역에서 폭동이 일어났고, 시민들, 특히 기업인들과 그들이 고용한 사람들까지 나서서 투쟁에 참여했다.

소모사는 주저하지 않고 병사들을 투입해 시위를 하거나 그 밖에 파괴적인 행동에 관여하는 모든 사람들을 체포했다. 그러면서 자신은 여전히 미국의 동지이며 미국의 전폭적인 지지를 받고 있음을 과시하기 위해 미국의 독립기념일인 7월 4일에 대대적인 시가행진을 벌이도록 배후에서 조장하기도 했다. 또한 진보적인 노동법을 의회에서 통과시켜 노동자들을 정부가 운영하는 조합에 가입하게 하여 반대 세력의 허를 찔렀다.

그러나 미국과의 관계는 점점 더 불안해졌다. 미국은 더 이상 국내외에 소모사나 그의 정치적 목적을 지지하는 것으로 비쳐지는 것을 원치 않았다. 소모사는 무엇보다 미국, 특히 그들의 재정 및 군사적 원조가 필요했다. 그는 늘 자신을 오랜 친구이자 동맹자로 생각해 준 미국의 군 지휘관들에게 호소하기 시작했다. 그러는 한편 자신이 권력에서 물러나더라도 자신의 가족이 통치권을 이어받을 수 있도록 해두었다. 그는 몇 년에 걸쳐 친척들을 방위군 요직에 배치해 놓았다. 소모사의 처남인 루이스 마누엘 데바일레는 방위군의 대령이었고, 소모사의 서자 중 하나는 장교였다. 그의 친아들인 루이스는 방위군의 대위였고, 이미 중위였던 또 다른 아들 아나스타시오는 미 육군사관학교에 입학했다.

그러는 중에도 미국 외교관들의 비위를 맞추기 위해 1945년 11월 29일, 소모사는 세 번째 대통령 선거에는 출마하지 않을 것이며, 자신이 금지했던 집회의 자유를 허용하고 정치범들을 모두 석방하겠다는 내용의 서약서에 서명했다. 그리고 그 약속을 지켰다. 정치범들은 풀려났고 반反 소모사 집회도 허용되었다.

하지만 한쪽에서 이런 일을 벌이는 동안 다른 한쪽에서는 그가 어떤 일을 꾸미고 있는지 아무도 알지 못했다. 그는 대통령직에서 물러날 때 자신이 누리던 권한을 대부분 삭제하기 위해 헌법을 교묘하게 바꾸었다. 그리고 방위군의 충성스러운 장교들을 나라 곳곳의 요직에 앉혔고, 작은 아들 아나스타시오가 미 육군사관학교를 졸업하자 제1대대 대장으로 임명했다. 또한 니카라과에 대한 미국의 무기 판매 금지에 대해서도 방법을 모색하려 했다.

그렇다고 해서 소모사가 정치 인생을 완전히 포기한 것은 아니었다. 자신의 정당이 다가오는 대통령 선거의 후보자로 에녹 아구아도를 지명하려고 하자 소모사는 이를 거부하고 레오나르도 아르구엘로를 후보로 내세웠다. 사카사 정부 시절에 장관을 지냈던 아르구엘로는 그 당시 이미 노인이 되어 있었다. 소모사가 그를 대통령 후보로 선출한 것은 말할 필요도 없이 나이 든 아르구엘로를 쉽게 조종하기 위해서였다.

1947년 2월 2일에 니카라과 국민들은 투표를 하러 갔다. 투표가 시작된 지 얼마 되지 않아 투표소 밖에는 긴 행렬이 이어졌다. 하지만 소모사의 반대 세력들이 그날의 투표가 순조롭게 진행될 거라고 생각했다면 그건 착각이었다.

니카라과에서는 지지하는 후보에 따라 유권자의 줄이 나뉘지는 것이 관례였다. 그런데 야당을 지지하는 유권자의 줄이 아르구엘로를 지지하는 줄만큼 빠르게 줄어들지 않는 것이 처음부터 확연히 드러났다. 사실 그날 야당을 지지하는 사람들은 온갖 종류의 행정적 어려움을 겪어야 했다. 투표 마감시간이 되어 방위군 장교들이 투표소 문을 닫을 즈음에는 미처 투표를 하지 못한 야당 지지자들이 한눈에 봐도 수천 명은 되었다.

레오나르도 아르구엘로가 압도적인 승리를 거두고 대통령에 선출되었다는 발표가 나왔을 때 대부분의 사람들은 전혀 놀라지 않았다. 그런데 대통령이 된 아르구엘로는 소모사의 손에 놀아나는 꼭두각시가 되기는커녕 선임자에게 아부할 생각조차 전혀 없었다.

그는 우선 미국의 대사를 만나 권력을 휘두를 수 있는 어떤 자리도 소모사에게 내주지 않겠다는 새 정부의 방침을 알렸다. 그런가 하면 선거 이후 몇 주 동안은 방위군 내에서 소모사의 위상을 떨어뜨리기 위해 애를 쓰기도 했다. 그리고 숨 돌릴 틈도 없이 여세를 몰아 요직을 차지하고 있던 소모사의 사람들을 한직으로 내쫓았다. 또한 소모사에게 충실했던 당원들을 공직에서 몰아내고 이전 대통령에게 반대하는 사람들로 새로운 내각을 구성했다. 소모사는 자신의 권력 기반이 뿌리째 흔들리고 있음을 깨달았다.

이 모든 일을 단기간에 해치우는 것을 보고, 미국은 아르구엘로가 소모사에게 응당 받아야 할 죗값을 치르게 한다고 확신했다. 불만의 표시로 소모사가 할 수 있는 일이라고는 대통령 궁 앞에 찌그러진 탱크 세 대를 열병시킨 것이 고작이었다. 그런데 결코 대단하지 않은 군사적 행동을 보였을 뿐인 소모사가 이내 우위를 점하게 되었다.

소모사는 아르구엘로가 사망할 경우 그 뒤를 이을 인물들을 의회가 지명하게 되자 자신이 후보자를 고를 수 있도록 조치를 취했다. 또한 자신이 직접 내린 것이 아니면 어떤 명령도 따르지 말라는 지시를 각 지역 부대의 지휘관들에게 내렸다. 그런 다음 마지막 일격을 가하기 위해 만반의 준비를 했다.

아르구엘로는 대통령직에 취임한 지 3주도 되지 않아 소모사의 공격을 받은 셈이었다. 대통령 궁으로 연결되는 모든 전화선이 끊어지고, 아르구엘로에게 충성하던 군 장교들이 새벽에 급습을 받고 자택에 감금되었다. 아르구엘로는 가까스로 멕시코 대사관에 피신했는데 그로서는 그나마도 다행이었다. 쿠데타가 일어난 지 24시간이 채 안

1955년의 기자회견에서 소모사는 코스타리카 대통령 호세 피구에레스에게 양국의 문제를 해결하기 위해 결투를 신청하면서 이렇게 말했다. "그가 나를 그토록 증오한다면 두 나라의 무고한 국민들을 끌어들이려 하지 말고 남자답게 나와 싸우자."

되어서 소모사가 충격에 휩싸인 의회에서 그들의 전 대통령이 독재 정권을 세울 음모를 꾸미고 있었다고 발표했기 때문이다. 그 자리에 있는 사람들 누구도 그 말을 믿지 않았다. 그러나 소모사가 벤자민 루카요 사카사를 임시 대통령으로 지명했을 때 아무도 반대하지 못했다.

소모사의 쿠데타 소식을 듣자마자 미국의 트루먼 대통령은 니카라과에 있는 자국 병사들에게 전원 철수할 것을 명령했고, 기존의 군사 원조도 모두 철회했다. 하지만 소모사는 전혀 당황하지 않았다. 곧 냉전 시대가 올 것을 예견한 소모사는 니카라과에 군사 기지를 설치할 것을 미국에 제안했다. 그것은 너무도 매력적인 제안이어서 미국으로서는 거절할 수가 없었다. 그렇게 해서 1948년에 니카라과는 남아메리카 국가들과 좋은 외교 관계를 맺었을 뿐만 아니라 미국과도 가까운 동맹국이 되었다.

소모사는 그의 정치적 입지를 더욱 확고하게 굳힌 다음 행동에 착수했다. 벤자민 사카사를 임시 대통령으로 지명한 지 얼마 되지 않아 자신의 삼촌인 빅토르 로만 이레예스를 그 자리에 앉혔다. 그러고는 자신이 또 한 번 대통령 후보에 나설 수 있도록 헌법을 개정했다. 그런데 운 좋게도 소모사는 선거까지 기다리지 않고도 대통령직에 오를 수 있었다.

로만 이레예스가 갑자기 심장병으로 죽자 소모사의 비위를 건드리지 않으려고 전전긍긍하던 의회가 남은 임기 동안 대통령직을 수행할 사람으로 주저 없이 소모사를 지명했다. 그리고 얼마 뒤에 선거가 시작되었다. 소모사는 선거에서 패하는 대신 모든 정치적 결정에 대한 발언권을 준다는 조건으로 반대편 후보자를 매수했기 때문에 압도적으로 승리할 수 있었다.

하지만 모든 상황이 소모사에게 유리한 것은 아니었다. 이즈음 소모사는 전 보수당원이었던 에밀리아노 차모로가 지휘하고 코스타리카의 지도자인 '페페' 피구에레스 대령이 지지하는 암살 음모가 진행 중이라는 정보를 입수했다. 그들은 산디노가 암살되었을 때처럼 미국 대사관에서 이야기를 마치고 밤늦게 집으로 돌아가는 소모사를 납치할 계획이었다.

하지만 그것을 미리 알고 있던 소모사가 선수를 쳤다. 그는 암살 계획에 가담한 것으로 여겨지는 사람들을 남김없이 체포하고 도망가려는 사람들까지 추적했다. 그렇게 해서 구속된 사람들은 재판을 받지도 못하고 처형되었다. 암살 음모를 처음부터 계획했던 차모로와 피구에레스는 코스타리카로 다시 도망갔다.

분노를 억누르지 못한 소모사는 지체 없이 코스타리카와의 전쟁을 선언했다. 1954년 1월 11일, 그는 경계선을 넘어 코스타리카로 병력을 보냈다. 하지만 피구에레스는 온힘을 다해 대항하면서 미국에 원조를 요청했다. 얼마 지나지 않아 소모사의 군대는 니카라과로 퇴각해야 했다. 소모사는 그 전쟁에서 패하고 나서 경제 전쟁과 맞닥뜨려야 했다.

빈곤 상태에 있던 니카라과를 라틴 아메리카 전체에서 가장 성공한 나라로 끌어올린 소모사는 변화가 극심한 국제시장에서 생존하기 위해 코르도바[3]의 가치를 낮추기로 했다. 니카라과의 중산층과 노동자 계층 전체가 타격을 받은 것은 물론이었다. 그중에서도 작은 사업체를 운영하는 사람들이 가장 심각했다. 이들이 완강하게 저항하는 것을 보고도 소모사는 자신의 실수를 인정하기는커녕 5선 대통령 선거에 출마하겠다고 선언했다.

이 결정을 도저히 받아들이지 못하는 사람들이 있었는데, 그중에서도 특히 어느 한 남자에게 이것은 종말의 시작이었다.

사랑하는 어머니.

어머니는 그동안 모르고 계셨지만, 전 우리 조국을 지배하

---

3. 니카라과의 화폐 단위

는 이 무서운 체제를 공격하는 일이라면 무엇이든 빠지지 않고 함께 해왔습니다.

어떤 오점이나 치욕 없이 니카라과를 다시 한 번(어쩌면 처음으로) 자유국가로 만들기 위해 애썼던 일들이 모두 실패로 돌아갔으므로, 동료들의 반대에도 저는 이 독재정치를 끝내기로 결심했습니다.[4]

중앙 아메리카 엘살바도르의 수도 산살바도르에 망명해 있던 니카라과의 시인이자 저널리스트인 리고베르토 로페스 페레스는 조국이 소모사의 손아귀에서 오랫동안 고통받는 것을 보고 자신이 그것을 끝내기로 결심했다.

그는 어떤 경우에도 차질 없이 계획을 실행하기 위해 몇 주 동안 권총 다루는 연습을 했다. 그리고 소모사의 뒤를 따라 전국을 다니며 그의 습관과 매일의 일정을 관찰하면서 대통령을 사살할 시간과 장소를 치밀하게 구상했다. 하지만 그처럼 철저하게 준비했는데도, 페레스의 첫번째 시도는 실패했다.

1956년 9월 14일, 19세기 중반에 니카라과를 침공하여 나라의 실권을 장악했던 북아메리카의 모험가 윌리엄 워커를 패배시킨 전쟁의 백주년 기념을 경축하는 자리에서 페레스는 목표물에 다가갈 수조차 없어 계획을 포기해야 했다. 페레스는 소모사가 레온에서 5선 대통령 선거에 출마하겠다는 발표를 할 때까지 6일을 더 기다려야 했다. 노동자의 집에서 대통령을 위한 공개 환영회가 열리던 그날은 날씨가

---

4. 에두아르도 크롤리의 『독재자는 결코 죽지 않는다:니카라과와 소모사가의 초상』

몹시 더웠기 때문에 경호원들은 더위에 지친 나머지 긴장이 풀려 있었다. 그 덕분에 페레스는 어렵지 않게 목표물에 다가갈 수 있었다. 그리고 목표물에 다가가는 몇 초 동안 표적 거리에서 소모사를 향해 네 발의 총알을 쏘았다.

드와이트 D. 아이젠하워 미국 대통령의 명령에 따라 소모사는 즉시 헬리콥터에 실려 파나마 운하 지역에 있는 고거스 병원으로 이송되었다. 하지만 부상이 심해 끝내 숨을 거두고 말았다.

1956년 9월 29일 소모사의 죽음이 발표되고 나서 소모사의 장남인 루이스 소모사 데바일레가 권력을 물려받았고, 이를 시작으로 니카라과에서 소모사 일가의 오랜 왕조 통치가 이어졌다.

8

프랑수아 '파파 독' 뒤발리에
FRANÇOIS 'PAPA DOC' DUVALLIER

프랑수아 '파파 독' 뒤발리에

FRANÇOIS 'PAPA DOC' DUVALLIER

조용한 시골 의사 |

통통 마쿠트,[1]
그러니까 대통령의 도깨비들은
어두워지면 검은 안경을 쓰고
그들의 희생자가 될 사람들의 집을 찾아간다.

그레이엄 그린Graham Greene[2]의 『희극 배우The Comedians』 중에서

카리브해에는 야자수와 이국적인 꽃들, 즙이 풍부한 과일들이 흩어져 있는 작은 열대섬 하나가 있다. 그 섬에는 푸른 산들이 비옥한 목초지까지 뻗어 있고, 그 목초지와 바다 사이를 하얀 모래 해변이 가로지르고 있다. 사실 이 작은 섬은 카리브해의 푸른 물결을 따

---

1. 아이티 독재자 뒤발리에의 사병집단을 말한다.
2. 영국의 소설가. 독특한 상상력의 세계를 창조한 작가다.

라 떠 있는 다른 열대 낙원들과 별반 다를 것이 없어 보인다. 하지만 이 섬에는 특이한 것이 하나 있다. 그곳에 가까이 가보면 고층 호텔도, 해안의 유원지도, 이국적인 음식으로 사람들을 유혹하는 레스토랑도 없다는 것이다.

이 섬이 바로 불안한 정치로 인해 수세기에 걸쳐 분열되어 오다가 1950년대 후반부터 1960년대 초에 걸쳐 세계 역사상 가장 악독한 독재자 중 한 사람인 프랑수아 '파파 독' 뒤발리에의 지배 아래 고통받은 나라 아이티이다.

1492년에 크리스토퍼 콜럼버스가 아이티를 처음 발견했을 때는 에스파뇰라 섬이라고 불렀는데, 나중에 영어화되어 히스파니올라로 바뀌었다. 당시 이 섬에는 아라와크 인디언들이 살고 있었다. 그들은 자신들이 사는 섬의 이름을 아이티Hayti라고 불렀는데, 이것은 '산이 많은 섬'이라는 의미였다. 식민지가 늘 그렇듯이 원주민들은 새로 온 이주민들에게 착취를 당하기 시작했다. 이주민들은 그 섬에 자연자원이 풍부하다는 사실을 발견하고는 원주민들을 사탕수수와 코코넛 밭에서 일하게 했던 것이다.

하지만 이주민들이 언제까지나 아이티를 소유할 수는 없었다. 영국과 프랑스가 그 섬에 대해 자신들의 몫을 요구했기 때문이다. 17세기 중반에 이르러 여러 차례의 전쟁을 치른 후에 아이티는 프랑스의 식민지가 되었다. 아이티는 설탕과 코코넛 원료가 풍부할 뿐 아니라 커피와 면의 생산량도 엄청났다. 하지만 아이티 원주민들이 생산량을 늘리면 늘릴수록, 프랑스인들은 더 많이 요구했다. 급기야 프랑스인들은 자신들이 요구하는 생산량을 맞추기 위해 아프리카인 노예를 들여왔다.

어느 날 갑자기 아이티는 노예들로 가득 차게 되었다. 프랑스인들은 노예들이 턱없이 부족한 노동력을 해결할 수 있을 거라고 생각했지만, 이로 인해 오히려 몇 가지 골칫거리가 생겼다. 노예들이 아이티에 들어오면서 부두Voodoo라는 그들의 종교도 함께 들어온 것이다. 부두교는 그것을 믿는 사람들 모두에게 강력한 영향력을 미치고 있었다.

부두교에서는 동물을 제물로 바치는 의식, 주술적인 의식, 그리고 부두 의식이 진행되는 동안 신자들을 '소유'하는 것으로 알려진 열두 명의 신에게 올리는 예식을 치른다. 이것은 프랑스인들이 믿고 있던 기독교와는 분명 거리가 멀었다. 이 특이한 종교로 인해 아프리카 노예들에 대한 프랑스인들의 편견은 더욱 심해졌다.

프랑스인들은 아프리카 노예들을 무자비하게 대했고 자신들이 기르는 가축보다 못한 취급을 했다. 실제로 5십만 명이 넘는 노예들이 매질을 당하거나 굶어 죽었고, 산 채로 매장되기도 했다. 그렇잖아도 폭발 직전이던 노예들의 분노는 더욱더 커졌다. 게다가 아프리카 노예와 그 주인 사이에서 태어난 황갈색 피부를 가진 혼혈인들이 새로이 생겨났다. 이들이 성장하면서 그렇지 않아도 복잡한 계층 체계에 또 하나가 더해졌고, 새로이 형성된 혼혈 계층은 자신들보다 피부색이 검은 동족을 경멸하기 시작했다.

1791년, 지배자와 주인들에게 시달릴 만큼 시달린 노예들은 폭동을 일으켜 프랑스 정부를 내쫓는 데 성공했다. 이 폭동으로 아이티는 1804년에 흑인 국가로서는 처음으로 독립국을 형성했다. 하지만 독립에 성공했다고 해서 유혈과 대격전이 사라진 것은 아니었다. 아이티의 독립을 선언한 장군 출신의 황제 데살린(자크 1세)은 프랑스인들 못지않게 국민들을 괴롭히다가 결국에는 암살되었다. 다음에는 노예 출신으로 문맹이었던 앙리 크리스토프가 아이티의 북쪽에 별개의 왕국을 건설했고, 혼혈인 알렉상드르 페티옹이 남부 아이티의 대통령이 되었다.

프랑수아 '파파 독' 뒤발리에는 선거 유세 기간 동안 의사이자 학자로서의 이미지를 내세웠지만, 그가 부두교의 추종자였으며 사제인 호운간이라는 소문도 있었다.

아이티를 평정하려고 했으나 번번이 실패한 데 낙담한 크리스토프가 은제 탄환으로 스스로 목숨을 끊은 뒤 북부 아이티는 아이티 공화국에 편입되었다. 두 개로 분리되었던 나라가 하나로 통합된 후 얼마간은 평화가 정착된 듯했다. 하지만 그것도 잠시 1844년에 아이티는 또다시 분열되었다. 이번에는 두 개의 나라가 새롭게 나타나면서 섬의 한쪽은 아이티가 되었고 다른 한쪽은 도미니카 공화국이 되었다. 아이티는 무정부 상태에 빠져들었고, 1843년에서 1915년까지 국가 지도자가 스물두 번이나 바뀌었는데 그들 중 대부분이 비참한 최후를 맞았다.

이들 중 마지막으로 아이티를 지배한 사람은 기욤 샘 대통령이었다. 그가 대통령 자리에서 물러나자 미국은 그 지역을 어느 정도 안정시켜야 할 때라고 판단했다. 아이티를 침략한 미국은 14년 이상 주둔하면서 그 나라의 모든 자원을 이용해 도로와 학교, 병원, 하수 시설 등 산업 기반을 새롭게 건설했다. 그러나 아이티 사람들은 미국인들을 호의적으로 보지 않고 단지 침략자로 여길 뿐이었다.

1934년에 드디어 프랭클린 D. 루스벨트 대통령에 의해 미국은 아이티에서 철수했지만, 아이티는 여전히 정치적으로 불안정한 상태를 벗어나지 못했다.

1957년에 프랑수아 뒤발리에가 나타나면서 아이티는 비로소 안정을 찾는 듯했다. 하지만 아이티 국민들이 그 새로운 지도자를 구세주로 생각했다면 애석하게도 그것은 엄청난 착각이었다.

노르 알렉시스가 군사 독재를 하던 무렵, 프랑수아 뒤발리에는 포르토프랭스에 있는 대통령 궁 근처에서 1907년 4월 14일에 태어났다. 그의 아버지인 뒤발 뒤발리에는 저널리스트와 치안판사로 일했고 몇 년간 초등학교 교사직을 맡기도 했다. 그의 어머니인 유리티아 아브라함은 빵집 점원이었다.

프랑수아 뒤발리에가 어릴 적, 아이티는 끊임없는 혼란의 소용돌이 속에 있었다.

> 프랑수아가 한 살이었을 때 앙트완 시몽이 알렉시스를 몰아냈다. 프랑수아가 네 살이 되던 해에 혁명이 일어나 시몽이 물러났으며, 다섯 살이 되던 해에는 폭발이 일어나 낡은 목조 궁과 함께 르콩트 대통령이 산산 조각이 났다. 뒤발리에가 여섯 살일 때 탕크레드 오귀스트 대통령이 독살되었다. 하지만 두 명의 장군이 후계자 자리를 놓고 싸우는 바람에 그의 장례식은 제대로 치러지지 못했다. 그리고 결국 미셸 오레스트가 대통령 자리를 차지했지만, 그는 다음해에 자모르에 의해 쫓겨났고, 자모르는 1년 뒤에 다빌마르에게 자리를 내주어야 했다.[3]

아이티가 정치적으로 혼란스러웠다는 것을 제외하면 프랑수아의 어린 시절은 지극히 평범했다. 특별한 점이 있었다면, 국민의 90퍼센트가 문맹이었던 그 시절에 프랑수아는 그나마 좋은 교육을 받았다는 것이다. 어린 시절에 프랑수아는 처음으로 페티옹 학교에 입학했고, 학교를 마친 뒤에는 일간신문 '악시옹 나쇼날'에서 잠깐 동안 실습을 하기도 했다.

신문사에서 자유기고가로 활동하는 동안은 압세라망이라는 필명

---

3. 베르나르드 디드리히 · 알 버트의 『파파 독: 아이티와 독재자 Papa Doc: Haiti and its Dictator』(1969).

을 사용하기도 했는데, 이는 코르도바에 의과대학을 세웠던 최초의 국왕 압달라망을 발음 나는 대로 표기한 것이다. 이후에 뒤발리에는 아이티 대학교 의과대학에 진학했고 생 프랑수아 드 살 병원에서 잠시 수련의 생활을 하기도 했다. 뒤발리에가 마음에 들어했던 '파파 독'이라는 별명을 얻은 것도 의사로 일할 때였다.

1939년 12월 27일, 뒤발리에는 병원에서 근무할 때 간호 보조사로 일하던 시몬 오비드 팽이라는 여인을 만나 결혼했다. 시몬은 쥘 팽이라는 혼혈인 상인과 그의 집에서 일하던 하녀 사이에서 태어난 아주 비천한 신분이었다. 그녀는 어린 시절의 대부분을 포르토프랭스 위쪽 언덕에 있는 고아원에서 보냈다. 보통 젊은 의사들은 자신보다 신분이 낮은 여자들과는 결혼하지 않으려고 했지만, 시몬이 너무도 아름다웠기 때문에 뒤발리에는 페티옹빌에 있는 생 피에르 교회에서 그녀와 결혼했다. 뒤발리에의 전기를 공동 집필했던 베르나르드 디드리히는 "그날의 결혼은 결코 낭만적이지 않았다"고 말했다. 그래도 두 사람은 마리 데니즈, 시몬, 니콜 그리고 장 클로드 네 자녀를 두었다. 나중에 '베이비 독' 뒤발리에로 더 많이 알려지게 된 장 클로드는 막내였지만 누구 못지않게 영향력 있는 인물이 되었다.

1934년부터 1946년까지, 파파 독은 여러 병원과 진료소에서 일하며 미국이 후원하는 단체의 도움을 받아 딸기종腫을 비롯한 여러 열대 풍토병을 연구했다. 딸기종은 얼굴이나 손, 다리, 그 외 신체 곳곳의 피부가 혹처럼 부풀어오르는 세균성 질병으로 전염성이 무척 강했다. 전력을 다해 이 분야를 연구한 결과 파파독은 아이티의 가난한 사람들이 처한 어려운 환경에 관심을 갖는 인도주의자라는 명성을 얻게 되었다.

1946년과 1950년 사이에 뒤발리에가 국립 공중보건소 소장과 노동부 장관을 맡을 때 이러한 명성은 그에게 큰 도움이 되었다. 뿐만 아니라 이즈음 뒤발리에는 흑인 민족주의와 부두교를 표방하는 작가들의 모임인 르 그룹페 데 그리요Le Groupe des Griots에 가입하기도 했다. 그때까지만 해도 어느 누구도 파파 독을 비난하지 않았다. 오히려 병자와 가난한 사람들에게 선행을 베푸는 그의 이름은 세상에 존재하는 모든 자비와 동의어로 비쳐졌다. 그는 믿을 수 있는 지도자였고, 자애로운 어른이었으며, 아이티를 '더 살기 좋은' 곳으로 만들어줄 의사였다.

1957년 9월 22일, 선한 얼굴에 말투도 부드러운 흑인 파파 독 뒤발리에(군의 지지를 받던)는 충분한 교육을 받은 중산층 혼혈인 루이 데즈와를 누르고 아이티의 대통령에 선출되었다. 대통령 선거에 나선 후보는 프랑수아 뒤발리에, 루이 데즈와, 클레망 쥐멜, 다니엘 피뇰 네 사람이었다. 하지만 선거가 시작되기도 전에 피뇰은 군대를 '매수'하려 했다는 죄목으로 고발되어 미국으로 추방되었고, 쥐멜은 군이 뒤발리에의 승리를 도모한다고 믿으면서(사실이 그랬다) 지레 선거에서 물러났다. 뒤발리에가 너무나 압도적인 표차로 이겼기 때문에(뒤발리에는 1만 8,841표, 데즈와는 463표를 얻었다), 부정의 혐의가 있었지만 입증된 것은 아무것도 없었다.

처음에 뒤발리에는 주로 갈색 피부에 부유하고 프랑스어를 사용하며 가톨릭을 믿는 아이티의 상류층들로 인한 정치적 장애를 없애는 '흑인주의' 통치 체제를 확립하겠다고 약속했다. 그리고 상류층이 아닌 일반 대중들에게 더 적합한 부두교 문화를 만들겠다고 약속했다. 파파 독 그 자신이 부두교 신봉자이며 호운간hougan, 즉 신들린 상태에서 인간과 신을 중재하는 사제로 알려졌다. 그의 아내 시몬 역시 부두교를 믿었다. 하지만 파파 독은 아이티의 질서를 회복하고 나라를 부강하게 만드는 대신 14년을 공포와 폭력이 난무하는 어둡고 끔찍한 시간으로 몰아넣었다.

1939년, 뒤발리에는 생 프랑수아 드 살 병원에서 근무할 때 간호 보조사로 일하던 시몬 오비드 팽과 결혼했다. 두 사람은 마리 데니즈, 시몬, 니콜 그리고 나중에 '베이비 독'으로 불리는 장 클로드 네 자녀를 두었다.

    군대가 대통령의 지위를 위협할지도 모른다고 생각한 파파 독은 기존의 사령관들을 몰아내고 자신의 정책을 누구보다 충실히 따르는 사람을 그 자리에 앉혔다. 그리고 1958년 6월에 자신을 몰아내려는 군의 기도가 실패로 돌아간 뒤 군대의 전체 규모를 줄이고 육군사관학교를 폐교시켰다.

그러고 나서 자신의 사병 조직이라 할 수 있는 '근위병'을 만들었다. 하지만 다른 어떤 것보다 악랄했던 것은 전통을 무시하고 측근 클레망 쥐멜과 함께 약 9천 명에서 1만 5천 명에 달하는 병사로 구성된 민병대를 만든 것이었다. 이 민병대는 국가안보지원군Volunteers for National Security이라는 공식 명칭이 있었지만, 사람들 사이에서 '통통 마쿠트'라는 이름으로 불렸다. 이 이름은 한밤중에 사람들을 잡아가 영영 돌아오지 못하게 만든다는 신화 속의 도깨비를 의미하는 크리올creole에서 파생된 것이다.

여러 연구에 따르면, 파파 독이 권력을 잡고 나서 2년도 채 안 되어 통통 마쿠트의 병력이 두 배로 커졌을 뿐 아니라 온 나라 사람들에게 공포의 대상이 되었다고 한다. 그들은 잔인한 행동을 한 것은 물론 대부분이 부두교의 행동가였기 때문에 '그 사악한 군대'를 자신들에게 유리하게 이용했다. 사실 통통 마쿠트의 병사들은 주로 수도에 널리 퍼져 있던 빈민 지역 출신들이었으며 무기라고는 구식 화기火器가 고작이었다. 그들은 나라로부터 급료를 받지 못했기 때문에 생계를 꾸려 나가기 위해 남의 재산을 빼앗거나 뇌물을 받는 등 부패할 수밖에 없었고, 그러다 보니 폭력적인 행동을 수도 없이 저질렀던 것이다.

그러나 사람들의 재물을 강탈하는 것이 통통 마쿠트 병사들에게만 국한된 일이 아니었다. 그것은 새 정부의 모든 계층에 만연해 있었고, 파파 독 자신도 예외는 아니었다. 사람들이 익히 보아오던 소심하고 소극적인 의사의 모습은 온데간데없었다. 파파 독은 대통령에 당선되기가 무섭게 본색을 드러냈다. 아이티의 주요 기업들로부터 막대한 부당 이득을 챙기고 수백 개의 국내 기업들로부터 뇌물을 갈취했다.

더구나 그는 자신의 권력에 어떤 식으로든 저항하는 세력을 제거하기 위해 '적'들을 악명 높은 디망쉬 요새에 보냈는데, 일단 그곳에 간 사람들은 대부분 심한 고문 끝에 목숨을 잃었다. 일명 '죽음의 요새'라고도 불리던 디망쉬 요새는 미국이 아이티를 점령했던 기간에 세워졌다. 처음에 그 건물은 군사들의 사격 훈련장으로 사용되었다. 그러나 뒤발리에가 권력을 잡으면서부터 통통 마쿠트의 훈련 본부가 되었다가 나중에는 뒤발리에에게 위협이 되는 사람들을 잡아 가두어 고문하고 처형하는 본거지가 되었다.

언제부턴가 『미러Mirror』와 『렝데팡당L' Independnet』과 같은 신문의 편집자들과 라디오 방송국 소유주들, 그리고 저널리스트들이 '폭동 교사'라는 그럴 듯한 죄목으로 구속되었고, 뒤발리에의 심복인 클레망 바르보는 그들의 일터를 폭파하기 시작했다. 정치인들과 언론인들은 자신의 의견을 드러내길 두려워했고, 뒤발리에를 반대하는 사람들도 입을 다물거나 모습을 감춰버렸다.

프랑수아 '파파 독' 뒤발리에가 아이티에서 교육을 받은 중상류층에게 무시무시한 존재였다면, 교육을 받지 못한 농민들에게는 악마나 다름없었다. 파파 독은 부두교를 연구하면서 그 종교를 철저히 이용했다.

그는 자신이 산 사람과 죽은 사람을 연결해 주는 부두교의 정령인 바론 사메디(죽음의 신)인 척했다. 소름끼치게도 뒤발리에의 모습은 유난히 사메디처럼 보였다. 특히 검은 실크햇을 쓰고 검은 연미복을 입고 선글래스를 쓰는 것으로 흔히 묘사되는 부두교의 신과 비슷한 옷차림을 했을 때는 더욱 그랬다.

뒤발리에는 뻔뻔하게도 자신이 부두교의 신들, 예수 그리스도, 하느님과 동등하다는 것을 표현한 포스터를 제작하여 스스로를 신격화했다. 예수와 나란히 서서 그의 오른손이 뒤발리에의 어깨 위에 놓여 있는 그림 아래에 '나는 그를 선택했다'라는 문구가 새겨진 포스터는 아주 유명하다.

요란하게 떠들어대며 라디오 방송국을 연이어 폭파하고 이런 내용의 포스터를 만들어내는 것이 문맹의 하층민들을 겁먹게 하는 데 한 몫을 한 것은 사실이다. 데이비드 호크스는 1997년에 그의 에세이에서 이렇게 적었다.

> 프랑수아 뒤발리에는 자신의 권력을 확고히 하기 위해 아이티 농민의 아둔함과 미신이라는 관습을 이용했다. 그는 권력의 정당성을 이성이나 민주주의가 아닌 신비와 미신에 바탕을 두는 독재자였으며 계몽되기 이전의 사회 현상을 그대로 보여주고 있었다. 아이티를 방문해 보면 중세 유럽을 방문하는 듯한 느낌을 받을 것이다.[4]

파파 독이 능수능란하게 부하들을 적절히 견제한 것은 말할 필요도 없지만, 그는 자신의 친구들까지도 이와 별반 다르지 않게 대했다. 파파 독이 집권한 지 2년이 지나도록 그의 친구들은 자신들이 파파 독과 어떤 관계인지 정확히 알지 못했다.

1959년 5월 24일에 뒤발리에는 심각한 심장 발작으로 혼수상태에 빠졌다. 미국에서 내로라 하는 의사들이 아이티로 날라와 대통령을 치료했다. 뒤발리에가 병석에 있는 동안 그를 도와 통통 마쿠트 군대를 만들었고 이제 그 조직을 책임지고 있는 클레망 바르보가 임시 대

---

4. 데이비드 호크스의 『아이티와 영국의 전제정치와 계몽Tyranny and Enlightenment in Haiti and Britain』(1997).

통령직을 맡았다.

　아주 수월하게 뒤발리에의 후임자가 된 바르보는 내각 회의를 주재하고 정치적 결정을 내리는 일을 즐기는 듯했다. 하지만 바르보는 판단을 잘못하고 있었다. 병에서 완전히 회복한 독재자 뒤발리에는 그의 심복이 자신을 대신해서 얼마나 훌륭하게 일을 수행했는지 결코 잊지 않았다.

　1960년 7월 14일, 바르보는 그가 지휘하는 통통 마쿠트 군대에 의해 체포되었고 이후에 부패 공무원이라는 죄목으로 디망쉬 요새로 끌려갔다. 그는 그곳에서 열여덟 달 동안 고문을 당하고 나서 석방되었다. 이제는 바르보가 예전 동지에게 증오심을 품게 되었다. 1963년 4월 26일, 그는 뒤발리에의 아이들을 유괴해서 대통령직에서 물러나게 할 생각으로 아이들의 운전사와 경호원 두 명을 살해했다. 분노에 휩싸인 뒤발리에는 즉각 보복을 명령했고, 이것이 대학살의 시작이었다.

> 통통 마쿠트 병사들이 거리를 순찰했고 사이렌이 울려댔다. 모든 도로는 통제되었다. 거리에서 병사들이 자기들 마음대로 시간을 끌며 조사하는 바람에 시내를 지나거나 페티옹빌로 가는 데 몇 시간씩 걸렸다. 군 장교 출신들은 자신이 어떤 위험에 처해 있는지 미처 알기도 전에 학교에서 아이들을 데리고 집으로 돌아가는 길에 봉쇄된 도로에서 체포되어 영영 돌아오지 못하기도 했다.[5]

---

5. 베르나르드 디드리히·알 버트의 『파파 독:아이티와 독재자』.

하지만 정작 바르보는 군의 체포망을 빠져나갔다. 뒤발리에에게 충성하는 세력과 바르보를 지지하는 세력이 두 편으로 나뉘어 몇 주 동안 아이티 전역에서 쫓고 쫓기는 위험스런 게임을 벌였다. 날마다 밤이 되면 통통 마쿠트 병사들은 바르보의 무리들을 찾아 거리를 헤맸다. 그러던 7월 14일, 자신의 세력을 다시 규합해 두 번째 암살 계획을 세웠던 바르보는 통통 마쿠트 병사들에게 쫓겨 사탕수수 밭으로 숨어들었다. 그러자 병사들은 밭에 불을 지르고는 불길을 피해 달아나던 반란자들을 총으로 쏘아 죽였다.

뒤발리에의 권력에 도전해 그를 제거하려고 기도한 사람이 바르보만은 아니었다. 그 이전에도 정부를 전복하려는 시도가 여러 차례 있었다. 그중에서도 아주 특이했던 것은 아이티 사람 세 명과 플로리다의 보안관 대리 두 명, 그리고 모험가 세 명이 함께 오직 파파 독을 암살하겠다는 목적 하나로 아이티 땅을 밟은 것이었다. 그들의 계획은 처음부터 실패할 수밖에 없었고 여덟 명 모두 일을 추진하는 동안 총살당했다.

하지만 학살은 거기서 끝나지 않았다. 실패로 끝난 쿠데타는 또 한 명의 적, 즉 이전에 대통령 자리를 두고 뒤발리에와 경쟁했던 클레망 쥐멜에게 끔찍한 결과를 가져다주었다. 클레망 쥐멜의 두 형제가 쿠데타 음모에 어떤 식으로든 관여했다고 믿은(혹은 믿는 척한 것인지도 모른다) 뒤발리에는 통통 마쿠트 군대를 보내 뒤카스와 샤를 쥐멜을 죽이도록 했다. 두 사람은 부아 베르나에 있는 작은 집까지 쫓겨가 그곳에서 총살당했다. 그리고 권총을 들고 있는 시체들의 사진이 찍혔다.

내무부 장관 프레데릭 두비뇨는 다음의 성명을 발표했다.

어젯밤, 7월 29일 이후로 정확히 한달 만에 우리의 군대는 다시 한 번 옛 혁명의 악령과 맞서야 했고 또다시 승리했다. 자신의 형제 클레망 쥐멜과 함께 마호티에르와 페티옹빌 폭발 음모[6], 그리고 7월 29일의 비극적 사건에 가담했던 샤를 쥐멜과 뒤카스 쥐멜이 죽었다.

샤를과 뒤카스가 숨어들었던 집의 주인 장 자크 몽피스통도 체포되어 디망쉬 요새로 끌려갔다. 그곳에서 그는 클레망의 행방을 추궁당하며 오랫동안 고문을 당하다 죽었다. 하지만 몽피스통은 입을 열지 않았고 클레망 쥐멜은 자연사했다.

누구도 파파 독 뒤발리에를 내쫓을 수 없었다. 아니 그런 것처럼 보였다. 이런 사실을 증명이라도 하듯 뒤발리에는 1961년 4월 30일의 선거에서 득표율 100퍼센트를 획득했다. 『뉴욕 타임스』에는 이런 기사가 실렸다.

> 라틴 아메리카 역사상 수많은 부정 선거가 있었지만 이번 아이티에서 실시된 것만큼 터무니없는 선거는 없었다.

외국의 이런저런 논평에도 전혀 아랑곳하지 않고, 뒤발리에는 아이티에서 오직 자신의 당만이 합법적이며 정당하다고 선언했으며 58명이나 되는 의석 전체를 자신의 사람들로 임명했다.

---

6. 마호티에르 폭파 사건(1958년 4월 30일)은 원래 루이 데즈와가 선동했다는 주장이 있다. 그는 뒤발리에와 그가 보낸 암살단원들을 피해 멕시코 대사관에 망명을 요청했다. 페티옹빌 폭파 사건(1958년 6월 29일)은 켈리 톰슨이라는 철공소 공원의 소행이었으며 그는 나중에 쥐멜을 끌어들였다.

파파 독이 1971년에 사망하자 아이티 국민들은 이제 생활이 나아질 거라고 기대했을지도 모른다. 하지만 뒤발리에는 자신의 아들이 대통령직을 물려받도록 헌법을 고쳐놓았다. 대통령에 오른 베이비 독이 상당한 액수의 공금을 스위스 은행 계좌로 빼돌리면서 아이티의 상황은 점점 더 나빠졌다.

그때까지 뒤발리에 정부를 지지해 오던 미국[7]의 존 F. 케네디 대통령은 뒤발리에가 공금을 횡령해 개인 계좌에 넣어둔다는 의구심이 점점 확실해지자 경제 원조를 중단했다. 케네디는 뒤발리에가 통통 마쿠트의 병력을 강화하기 위해 미 해병대를 고용하고 싶어하는 점도 우려했다. 하지만 미국이 지원을 중단한 것은 오히려 아이티에서 그의 이미지를 확고하게 만드는 셈이 되었다. 뒤발리에가 잔인하고 냉정한 미국에 대해 확고하게 대항하는 인물로 스스로를 표현할 완벽한 구실이 되었던 것이다. 이후에 뒤발리에를 축출하려는 시도가 계속 이어졌는데, 아마도 미국 중앙정보국CIA이 은밀하게 지원한 듯했다. 하지만 쿠데타는 계속 실패했고, 반대 세력이 저항할수록 뒤발리에의 권력은 약해지기는커녕 오히려 점점 더 강해졌다.

1964년에 이르러 아이티의 1인당 연간소득은 80달러로 최저를 기록했다. 이것은 서반구 전체에서 가장 낮은 수치였다. 그에 더해 문맹을 근절하자는 '뒤발리에' 운동을 전개하는데도 문맹률은 여전히 90퍼센트에 달했다. 아이티 국민은 식량과 연료 부족으로 궁핍한 생활을 해야 했다. 연료가 부족해서 나라 전체가 정전되는 일도 있었다. 하지만 뒤발리에는 그러한 것에 관심을 두기는커녕, 그해 4월에 종신 대통령이 되기 위해 아이티 헌법을 개정했다. 3월 4일자『아이티 저널Haiti Journal』에는 이런 기사가 실렸다.

> 뒤발리에는 에너지 전문가다. 나폴레옹 보나파르트처럼 뒤발리에는 사람들을 감동시키고 에너지를 배가하는 강력한

---

7. 미국의 지원은 상당 부분 반反공산주의에 대한 오랜 집착 때문이었으며, 그들은 아이티를 경제적으로 지원하면 아이티 정부가 이웃의 쿠바처럼 좌익으로 바뀌지는 않을 거라고 믿었다.

힘을 가진 존재다…. 뒤발리에는 이 시대의 가장 위대한 지도자이다…. 조국 아이티의 혁신자인 뒤발리에는 과거와 오늘날의 거장들에게 존재하던 용기와 대담함과 천재성과 외교술과 애국심과 기지를 모두 가진 사람이기 때문이다.

    물론 다른 독재자들의 경우처럼, 뒤발리에에 관해서도 확인되지 않은 끔찍한 이야기들이 수없이 많다. 그중 대부분은 아이티에서 도망친 사람들의 입에서 나온 것이다. 그것이 사실일 수도 있고 아닐 수도 있지만, 열 가지 중에서 한 가지만 사실이라고 해도 뒤발리에 정권은 세계 역사상 최악의 체제라고 할 수 있다.
    끌려온 사람들이 통통 마쿠트 병사들에게 고문을 당하는 동안, 뒤발리에는 벽 뒤에서 구멍으로 그 모습을 들여다보았다고 한다. 표현의 자유를 주장하며 벽에 스프레이 페인트로 '뒤발리에를 타도하자'라는 글을 쓴 십대 여섯 명에 관한 얘기도 있다. 그들은 모두 쫓기다 결국 살해되었다. 그때부터 뒤발리에는 모든 청년 단체를 불법으로 간주했으며 그 단체의 구성원들을 사형에 처할 것이라고 공표했다.
    뒤발리에의 정적인 이방 데에 관련된 이야기도 있다. 그런가 하면 라라크도 끝까지 쫓기다 아이티 북쪽 지방에서 목숨을 잃었다. 그의 시체는 배로 포르토프랭스까지 실려와 소모사 거리와 그랑 뤼가 연결되는 교차로에 속옷 차림으로 세워졌다.
    그 아래에는 '아이티에 온 것을 환영한다'라는 문구가 새겨진 광고판이 있었다. 라라크의 시체는 여러 날 동안 햇빛을 받으며 썩어갔다. 라라크는 뒤발리에의 공포 정치를 끝내려는 또 다른 기도(이번에는 제레미 공항 근처에서)에 연루되었는데, 나중에 뒤발리에는 통통 마쿠트에게 라라크와 함께 활동한 사람들을 모두 찾아내 그들의 가족까지 죽이라고 명령했다.

남자와 여자, 어린아이 할 것 없이 고문을 당하고 처형되었으며, 심지어 보복의 본보기를 보여주기 위해 어느 가족을 임의로 선택해 벌거벗긴 채 제레미 거리를 걸어가게 하다가 총살했다고 한다. 통통 마쿠트는 가족을 죽일 때 남자들이 격렬하게 흥분하는 모습을 보기 위해 여자와 아이들을 먼저 쏘아 죽였으며, 엄마의 품에 안긴 아이들을 그대로 난도질해 죽이는 일도 허다했다고 전해진다.

이러한 광기는 이후에도 계속되었다. 마구잡이로 사람을 죽이는 일보다는 덜 소름끼칠지 모르지만 그래도 역시 기괴한 일, 다시 말해 이상향의 도시를 건설한다는 계획이 시작되었다. 아이티와 경제적 이해 관계가 얽혀 있는 외국인들과 아이티의 국민들은 가진 돈을 빼앗겼고, 그 돈은 모두 뒤발리에빌(지금은 '카바레'라는 이름으로 알려져 있다)을 건설하는 데 들어갔다. 파파 독을 기리기 위해 세워진 이 도시에는 대통령의 동상과 기념비들뿐 아니라 '나의 적은 곧 아이티의 적이다'라든가 '나는 당신들이 만난 최고의 존재다'라는 문구가 번쩍거리는 거대한 네온사인들로 가득했다.

파파 독의 자기 선전 방식 중 가장 특이한 것은 정부에서 간행한 『혁명 교리 문답서』라는 소책자였는데, 여기에는 내용을 바꾼 주기도문이 들어 있다.

> 대통령 궁에 계신 우리 파파 독이여, 그 이름이 지금과 미래의 자손들에 의해 거룩히 여김을 받으시오며, 포르토프랭스와 다른 지역에 임하옵소서. 오늘날 우리에게 새로운 아이티를 주옵시고, 매일 우리의 나라에 침을 뱉는 매국노들의 죄를 절대 용서하지 마옵시고, 그들을 시험에 들게 하옵시

고, 자신의 독의 무게에 짓눌리게 하옵시고, 어떤 악에서든 그들을 구하지 마옵소서….

다른 열한 명과 함께 뒤발리에를 몰아내려는 쿠데타에 가담했던 '매국노' 마르셀 뉘마와 루이 드루엥은 결국 체포되어 1964년 11월 12일에 나머지 아홉 명과 함께 총살대의 소나무 기둥에 묶여 처형되었다. 남자, 여자, 어린아이 할 것 없이 모두들 그 현장에 가야 했고, 그러한 배신자들로부터 아이티 국민을 언제나 보호하는 파파 독을 지지하는 인쇄물이 배포되었다. 이 모든 것이 마치 즐거운 놀이라도 되는 양 텔레비전과 라디오를 통해 전국으로 방송되었다.

대통령 궁에서 검은 마술 의식이 행해졌다는 소문도 있었다. 뒤발리에의 옛 동료들이 전하는 바에 따르면, 파파 독은 염소의 내장을 연구하면서 정치에 대한 길잡이로 삼았으며, 1년에 하룻밤은 자신과 영적으로 연결되어 있다고 주장했던 데살린 장군의 묘석에서 잠을 잤고, 부두교 마술사들을 끊임없이 궁으로 불러 미래를 점쳤으며, 사람을 산 채로 매장하고 부두교 신자들에게 자신을 위해 그들의 아기를 제물로 바치게 했다고 한다.

아이티의 국민들은 고통과 공포에 휩싸인 채 하루하루를 보내야 했다. 터무니없이 낮은 임금 때문에 지식인들과 교사, 의사, 대학 교육을 받은 전문가들이 너나 할 것 없이 아이티를 떠나기 시작했다. 아이티에 남아 있다는 것은 위험한 일일뿐더러 생계를 이어가기도 힘들었다. 그러다 보니 아이티에는 의료 물자가 심각하게 부족해졌고, 기아에 가까운 영양 부족 상태가 섬 전체를 휩쓸었다. 국민들 대부분은 오두막집에서 위생 시설이나 깨끗한 물도 없이 최저 수준의 생활을 했다. 1963년에 존 F. 케네디가 죽자 미국은 아이티에 대한 태도를 누그러뜨려(이번에도 아이티가 쿠바 가까이에 있다는 전략적 이유 때문이었다) 원조를 하기 시작했지만, 늘 그랬듯이 뒤발리에가 그 돈을 횡령해 자신의 비밀 계좌에 넣었기 때문에 국민들은 아무런 혜택을 받지 못했다.

1967년이 되면서 파파 독을 대통령 자리에서 몰아내려는 시도가 더 많이 이루어졌다. 대통령 궁 근처에서 몇 차례 폭탄이 터졌고, 그 일이 있은 후 대통령 경호원 열아홉 명이 처형되어 디망쉬 요새에 묻혔다. 이들 중에는 '뒤발리에의 혁명의 목소리'라는 라디오를 책임지고 있던 조세 보르조 국장도 있었다.

이 유혈 사태가 있은 직후 뒤발리에는 이런 말을 했다.

> 나는 강철 같은 팔을 가졌다. 단호하게 내리치는… 단호하게 내리치는… 단호하게 내리치는 강철 같은 팔을…. 나는 혁명과 그 혁명을 위해 일하는 사람들을 지키기 위해 나의… 경호원들을 총살했다. 나는 케말 아타투르크, 레닌, 크와메 은크루마, 파트리체 루뭄바, 아지키웨, 마오쩌둥과 같은 위대한 지도자들과… 나란히 서려 한다.

이후에도 쿠데타는 끊이지 않았다. 그중에는 공민권을 빼앗긴 채 망명한 사람들이 해외에서 일으킨 쿠데타도 몇 차례 있었다. 아이티 국민들은 1971년이 되어서야 독재자의 종말을 볼 수 있었다.

프랑수아 파파 독 뒤발리에는 몇 달 동안 병으로 고통받다가 4월 22일에 숨을 거두었다. 의사는 심근경색이라는 진단을 내렸다. 그의 가족과 충성스러운 몇몇 추종자를 제외하고 온 국민들은 잠시 동안

이나마 안도의 한숨을 내쉬었다. 이틀 뒤에 열린 그의 장례식은 아이티의 음악가들이 '프랑수아, 우리를 향한 당신의 사랑에 감사합니다. 당신의 별은 밤하늘에서 빛날 것입니다'라는 제목의 노래를 부르는 가운데 101발의 포가 일제히 발사되면서 여섯 시간 동안 계속되었다.

하지만 파파 독의 죽음으로 아이티 국민들이 맛본 안도감과 행복감은 그리 오래가지 않았다. 왜냐하면 1960년대 초반에 뒤발리에가 자신에게 유리하게끔 선거를 조작하면서, 자신이 죽은 뒤 아들인 장 클로드가 권력을 물려받을 수 있도록 헌법을 고쳐놓았기 때문이다. 그 이후에 나타난 독재자 사담 후세인과 비슷하게 프랑수아 뒤발리에도 전제 왕조를 만들기 위해 만반의 준비를 해놓았다. 다만 그는 '베이비 독'이 지극히 무능하다는 것을 알지 못했다.

정권 초기에 베이비 독은 아버지와 달리 친절하고 관대한 지도자인 듯 보였다. 그는 몇 가지 경제개혁을 실시하고 개혁적인 사법제도를 도입했다. 아버지가 문을 닫았던 것과 유사한 육군사관학교를 다시 세웠으며, 정치범 몇 명도 석방했다. 하지만 '그 아버지에 그 아들'이라는 말은 다른 어떤 경우보다 뒤발리에 부자에게 딱 들어맞았다. 베이비 독은 모든 추방자들을 사면하겠다고 선언하면서, 단 문제를 일으키는 자들이나 공산주의자들은 귀국을 허용하지 않았다. 이런 조치는 사실상 추방자들 대부분이 나라 밖에 머물러야 한다는 의미이기도 했다.

베이비 독은 대통령의 지위에 저항하는 어떠한 행동도 용납하지 않았고, 정부가 임명하는 사람들에게는 최고의 통치권이 자신에게 있다고 끊임없이 주장했다. 뿐만 아니라 미국 관리들의 보고에 따르면, 아이티의 소득 중 상당 부분(약 64퍼센트)이 사라져 수천만 달러의 국채와 함께 베이비 독의 스위스 은행 계좌로 들어갔다고 한다.

대다수 아이티 국민들이 파파 독의 오랜 실정失政으로 고통받았지만, 베이비 독이 통치하던 시절도 그 아버지가 집권하던 때 못지않게 혼란스럽고 험난했다. 마침내 1986년 2월 7일에, 대통령직에서 물러날 것을 요구하는 군의 압력이 커지자 베이비 독과 그의 아내는 미국 정부의 제안을 받아들여 자진해서 프랑스로 망명했다.

  뒤발리에 부자가 사라지고 난 뒤, 그들이 나라를 통치했던 시간들은 사람들의 뇌리에서 곧 잊혀졌을지도 모른다. 하지만 아이티는 국민들 대다수가 여전히 부두교를 믿고 있고 그 의식을 행하며 죽은 사람이 산 사람에게 미치는 영향이 너무도 강력한 나라이다. 그러므로 분명 어디에선가 누군가는 아직도 그들의 '파파'를 찬양하거나, 그의 영혼이 되돌아와 어떤 일을 할지 몰라 두려움에 떨고 있을지도 모른다.

9

김일성
KIM IL SUNG

김일성
KIM IL SUNG

북한의 스탈린 |

완전한 모순의 땅 한편에서는 군대가 선진 무기를 자랑하고
또 다른 한편에서는 수천 명의 사람들이 아직도 손으로 땅을 일구고 있다….
해질녘 평양을 비롯한 도시에서는 차가운 기운이 감돌고,
이따금씩 지나가는 자동차의 헤드라이트에서는 눈부시게 밝은 불빛이 퍼져 나온다.
북한의 모습은 50년 전 독일 민주공화국(동독의 공식 명칭-옮긴이)과 같고,
중국의 문화혁명이 한창 진행 중인 듯한 인상을 준다.
이곳은 제2차 세계대전 시기의 일본 점령과 미국의 폭격,
거의 신에 가까운 세속적인 지도자,
죽은 지도자와 살아 있는 지도자에 대한 믿음으로 얼룩진 나라다.

마크 세든의 '시간을 잊어버린 땅', 『가디언 The Guardian[1]』 2003년 3월 11일자

20세기 한국의 어떤 지도자들보다 오랜 기간, 즉 49년 동안 북한을 통치한 김일성. 그는 지지자들에게 신격화된 영웅이었으며, 최고의 투사였고, 한국을 억압하는 일본인들에 맞서 용감하게 싸운 장군이었고, 충실한 공산주의자이자 뛰어난 철학자였다. 파리의 개선문보다 더 큰 개선문, 김일성의 정치이념을 상징하는 탑, 그리고 셀 수

---

1. 영국의 일간지

없이 많은 박물관을 비롯해 여러 개의 동상과 기념비들이 그를 기리기 위해 세워졌다. 그러나 김일성을 비난하는 사람들에게 그는 악한 군주였고 자신의 삶을 대부분 거짓으로 꾸며낸 사람이었으며, 소련에게 아부하고 잔인한 내란을 선동하고 반대자들을 제거하는 일밖에 모르는 사람이었다.

기록에 의하면, 김일성은 일본이 한국을 통치하던 시절인 1912년 4월 15일에 만경대에서 태어났으며 본명은 김성주이다. 부모님이 만주로 이주하면서 어린 시절에 김일성은 중국어 교육을 받았다. 평범한 집안 출신이었던 그의 부모님은 김일성이 아직 어린 나이에 세상을 떠났다. 상인이었던 그의 아버지 김형직은 1930년에 죽었고 어머니 강반석은 2년 뒤인 1932년에 죽었다.

1929년에 십대였던 김일성이 불법 학생운동에 몇 차례 가담했다는 이유로 학교에서 쫓겨나면서 그의 교육은 거기서 중단되었다. 열일곱 살에는 공산주의 청년동맹위원회의 일원이 되었다. 김일성이 바로 이 시기에 마르크스와 레닌의 사상을 접했다고 말하는 한국 역사가들도 있지만, 그가 이러한 사상을 받아들인 것은 여러 반일反日 민족주의자들과 접촉하면서부터라는 설이 더 신빙성이 있다.

19세기에 중국과 마찬가지로 한국도 서구 열강에 의해 외국과의 무역 및 상업적 교류를 허가하는 몇 가지 조약에 강제적으로 서명해야 했다. 1910년에 일본은 한국을 점령하고 그 국민들을 지배하기 시작했다. 이 시기에 많은 유혈 사태가 일어났고, 일본에 대항하던 수천 명의 한국인들이 투옥되었다. 한국 내 곳곳에서 일본에 맞서 싸울 목적으로 게릴라 단체들이 만들어지는 동안에도 일본은 한국인들을 계속 억압했다.

1929년 5월 10일, 학교에서 쫓겨난 김일성은 1년이 채 못 되는 짧은 기간 동안 감옥살이를 하기도 했다. 그는 석방되고 나서는 양세봉이

김일성은 스탈린이 그를 조선민주주의 인민공화국의 지도자로 임명했던 1948년까지 소련에서 적색군과 함께 훈련을 받았다. 현재 조선민주주의 인민공화국(북한)과 대한민국(남한)은 38선을 사이에 두고 대치하고 있다.

지휘하는 조선혁명군에 들어갔지만 얼마 후 그곳을 나와 만주에서 소규모 게릴라 부대를 조직했다. 김일성이라는 한 인간을 신화적으로 꾸며내기 위해 이 시기의 그의 활동을 과장한 면이 분명 있긴 하지만 그의 용감함과 대담함에 관한 이야기에는 어느 정도 진실이 담겨 있다.

게릴라 부대원들의 피나는 노력에도 일본은 1930년대를 거쳐 1940년대에 이르기까지 한국을 지배했다. 일본은 모든 반대 세력들을 뿌리 뽑기 위해 한국의 문화를 말살하기로 했다. 한국인들은 일본 이름으로 개명하고 일본말을 배우며 일본식으로 살아야 했다. 그러나 제2차 세계대전이 끝나고 일본이 패망을 선언하면서 한국에서 독립을 위해 싸우던 사람들은 드디어 긴 터널을 지나 한 줄기 희미한 햇빛을 볼 수 있었다.

한국이 해방을 맞기 몇 년 전인 1941년 3월, 김일성은 만주를 떠나 그 자신이 적색군으로부터 군사 훈련을 받았던 소련의 극동 지역으로 갔다. 미국 중앙정보국의 기록에는 이렇게 적혀 있다.

> 오랫동안 공산주의자로 활동한 김일성의 지휘 아래 있던 대원 2-3백 명은 일본군 토벌대의 공격에 위협을 느끼고 북쪽에 있는 소련의 연해주로 향했다. 소련은 이 대원들의 정치적, 군사적 배경을 확인한 다음 카마로프스크KHAMAROVSK 지역의 아시키YASHKI 역 근처에 있는 훈련소로 그들을 보냈다. 이후에 이들은 소련과 한국, 만주의 접경 지역에 있는 라라라시RARARASH에서 첩보 활동과 무선 통신 파괴 활동 등 전반적인 군사 훈련을 받았다.[2]

---

2. 서대숙의 『김일성:북한의 지도자Kim Il Sung:The North Korean Leader』(1988).

김일성이 첫번째 아내 김정숙을 만나 사랑에 빠진 것도 소련에 있을 때였다. 두 사람이 결혼한 지 1년 남짓 되어 첫 아이가 태어났는데, 이 아이가 나중에 자신의 아버지만큼이나 혹독하게 북한을 지배하는 김정일이다. 적색군과 함께 훈련을 받으며 소련군의 환심을 산 김일성은 1945년에 한국이 미국과 소련군에 의해 독립을 맞았을 때 환영을 받으면서 무사히 고국으로 돌아올 수 있었다.

1948년, 소련이 북한을 점령하고 미국이 남한을 점령하면서 한국은 38선을 따라 김일성을 지도자로 하는(스탈린에 의해 선출되었다) 조선민주주의 인민공화국과 이승만을 대통령으로 하는 대한민국으로 나뉘어졌다. 양쪽 정부는 서로 자신들이 한반도에서 유일한 합법 정부라고 주장했고, 이로 인해 몇 년 동안 충돌이 이어졌다.

김일성이 정권을 잡으면서, 그가 소련의 꼭두각시에 지나지 않으며 북한을 소련의 지배를 받는 공산주의 위성국가로 만들었다는 비난이 수도 없이 쏟아졌다. 하지만 소련은 그러한 김일성의 이미지를 바꾸는 데 별다른 도움을 주지 않았다. 김일성이 독자적인 길을 가기보다는 북한이라는 나라에서 자신들이 직접 김일성을 선전하고 알려야 한다고 생각했던 것이다.

소련은 김일성과 함께 토지의 재분배, 하루 여덟 시간 노동, 중공업의 국유화 등 6가지 '민주화 개혁'을 실시했다. 그리고 김일성을 도와 조선인민군을 창설했다. 김일성과 함께 활동했던 옛 게릴라 부대원들도 모두 여기에 소속되었다. 그들은 국가의 모든 안보 조직에서 요직을 차지했으므로 김일성은 북한과 정부의 모든 부분을 엄격하게 관리할 수 있었다.

하지만 그를 반대하는 사람들이 있었고, 그중 몇몇은 김일성을 몰아내려고 시도하기도 했다. 김일성은 게릴라 대원으로 활동하면서 체득한 기지를 십분 발휘하고 거기다 소련 정부의 전폭적인 지지에 의존해 모든 불안 요소들을 말끔히 제거했다. 1950년에 김일성은 조선인민군의 병력을 최대한으로 증강하고 스탈린의 전폭적인 지원을 받아(사실 소련에서는 오직 스탈린만이 김일성을 지원했다고 말하는 사람들도 있다) 무력으로 한반도를 통일하기 위해 자신들의 입장에서 '반역적인' 남한을 침략하기로 결심했다.

북한의 남침으로 1950년 6월 25일에 한국전쟁이 발발했다. 규모가 더 컸던 제2차 세계대전과 베트남 전쟁 사이에 일어났다는 이유로 일부 미국인들은 이 전쟁을 '잊혀진 전쟁'이라고도 한다. 유엔은 즉시 이 전쟁을 명백한 침략 행위로 규정하며 병력을 철수하라고 요구했지만 김일성은 이를 무시했다. 미국의 해리 트루먼 대통령은 공산주의에 맞서는 투쟁의 일환으로 육·해·공군을 남한에 파병하기로 결정했다. 이때 미군의 총지휘를 맡은 것은 더글러스 맥아더 장군이었으며, 그는 남한을 지원하는 15개국의 군대로 구성된 유엔군 총사령관을 맡기도 했다.

전쟁이 격화되기 이전인 1950년 7월 17일에 김일성은 프랑스 공산당 기관지인 『뤼마니테 L'Humanité』와의 인터뷰에서 전쟁이 장기화되지는 않을 것이라고 말했다. 그해 8월 15일에 남한을 '해방시킨다'는 것이 그의 계획이었다. 그 야심만만한 계획은 나중에 역사가 증명하듯 철저하게 틀어질 수밖에 없는 것이었다.

전쟁이 발발하고 처음 몇 주 동안 북한군은 별다른 저항을 받지 않았다. 그러나 유엔군이 인천 상륙작전을 감행하면서 전세는 남한 쪽으로 기울었다. 북한군을 밀고 올라가며 북진을 감행한 맥아더 장군은 1950년 10월 20일 북한의 수도 평양을 탈환했다. 뒤이어 중국이 개입하지 않았다면 김일성은 종말을 맞았을지도 모른다.

하지만 중국은 이 전쟁을 공산주의 국가에 대한 자본주의 국가의 음모라고 판단했다. 미국에 자극받은 중국이 대규모 병력을 보내면서 전쟁의 중심지가 다시 38선까지 밀려 내려왔다. 격렬한 전투가 벌어지면서 남북한 양쪽에서 수많은 사상자가 속출했다. 하지만 미국의 손실이 컸다고 해도 중국이 입은 손실에 비하면 아무것도 아니었다. 전쟁이 끝날 무렵, 미국에서는 5만 4천 명의 사망자와 10만 3천 명의 부상자가 나온 반면, 중국과 한국의 사상자는 수백만 명에 이르렀다.

38선 양쪽에서 전쟁이 벌어지고 있는 동안, 북한에서는 당 지도자로서 김일성의 위치를 위태롭게 하는 정치적 문제들이 발생했다. 미국이 평양을 침략한 이후, 김일성은 충성스러운 대원들과 소련파 한국인들을 비롯해 당의 핵심 간부 몇 명을 공개적으로 비난했고, 이들 중 몇몇은 당에서 쫓겨났다. 김일성은 당에 충성하는 사람들과 그렇지 않은 사람들을 구분해야 하며 당에 충성하지 않는 사람들은 그 지위를 막론하고 처벌할 것이라는 요지의 연설을 했다.

이어서 검열위원회 위원장인 허가이는 당에 충성하지 않는 사람들을 색출하는 작업을 시작했다. 그는 1950년 12월부터 1951년 11월까지 6십만 명의 공산당 당원들 중 45만 명을 몰아내거나 처벌했다. 그러나 아이러니하게도 허가이의 이런 행동이 오히려 김일성을 자극했다. 김일성은 허가이의 숙청 작업이 자신의 권위에 직접적인 위협이 된다고 판단한 것이다. 허가이는 김일성의 명령을 받았지만 자신의 노선에 따라 당을 재조직하려는 생각으로 과도하게 일을 추진했던 것이다.

김일성은 허가이가 당에 대해 저지른 이런저런 죄목을 열거하면서 이는 곧 국가에 대한 불충이라며 노골적으로 그를 비난했다. 허가이의 지위가 위태로워지고 그에게 가해지는 압력도 점점 커져가는 가운데, 1953년 8월 4일 중앙위원회 회의에서 허가이가 자살했다는 사실을 느닷없이 발표했다. 허가이가 처형을 당한 것인지 실제로 자살

김일성(오른쪽)은 1958년에 북한에서 중국 병사들을 철수시키기 시작했다. 그로부터 3년이 채 안 되어서 그 자신도 소련과 거리를 두었고, 그가 뜨라고 명령하기 때문에 태양이 뜬다는 말이 있을 만큼 스스로를 숭배의 대상으로 만들었다.

을 했는지 정확하게 알 수는 없었지만 결과는 마찬가지였다. 허가이는 죽었고 김일성의 권력 기반은 잠시 동안이나마 탄탄했다.

김일성을 몰아내려고 했던 사람은 비단 허가이뿐이 아니었다. 기록에 의하면 1951년 9월에 당 간부 이성엽이 군사 쿠데타를 계획했다고 한다. 하지만 이 내용은 의심의 여지가 있다. 이성엽이 1953년 초에 김일성을 전복하려고 시도했으나 실패했고, 이후로 김일성이 공모자 열두 명을 전원 체포했다고 한다. 한국전쟁이 끝나고 3일이 지난 뒤에 그 열두 명은 대역죄로 재판을 받았다. 사실상 변호인이 없는 가운데 그들 중 열 명이 사형을 선고받았고 나머지 두 명은 12년에서 15년의 징역형을 선고받았다.

한국전쟁이 끝나면서 분명해진 사실은, 북한과 남한 어느 쪽도 전쟁에서 의도했던 것을 얻지 못했다는 것이다. 남한은 미국과 연합국의 도움을 받았지만 공산주의 체제인 북한을 제거하지 못했고, 북한은 남한을 완전히 정복해서 한반도를 공산주의 국가로 통일하려던 계획을 이루지 못했다. 사실 미국과 휴전을 논의한 것은 김일성이 아닌 중국이었다. 그러나 같은 민족과 전쟁을 벌여 휴전선 양쪽에서 수백만 명의 사람들이 목숨을 잃게 한 장본인인 김일성은 정전 협정을 이끌어냈다는 명성을 독차지했으며 자신이 바로 승리자라고 주장했다.

하지만 전후 북한의 상태는 김일성이 흡족해할 만한 것이 못 되었다. 미국의 연이은 폭격으로 여러 도시와 광활한 농촌 지역이 황폐해졌다. 북한은 제2차 세계대전 중에 일본이나 중국이 당한 것보다 훨씬 더 심한 폭격을 입었다. 경제를 되살리는 것이 급선무였던 김일성은 소련을 찾아가 장기 대부금을 요청했다. 당시 소련은 스탈린의 죽음으로 정부가 혼란의 소용돌이 속에 있었지만, 김일성은 용케도 새로운 관계를 단단히 맺을 수 있었다. 그는 북한으로 돌아오자마자 농업과 산업을 재편하기 시작했다. 소련과 중국의 이상적인 모델을 그대로 흉내내어, 개인이 합법적으로 소유한 사유지 대부분을 몰수해서 모든 농지를 협동 농장으로 전환한 다음 각자의 성과에 따라 이익을 분배했다. 또한 모든 공장에서는 국민들의 일상생활에 필요한 물건을 생산하는 것이 아니라 외국에 내다 팔 수 있는 소비재를 만들도록 했다.

다른 독재자와 다를 바 없이 편집증을 가지고 있었던 김일성은 자신이나 자신의 정책에 조금이라도 불만스러운 기미를 보이는 사람은 누구든 지위고하를 막론하고 당에서 몰아냈다. 중요한 사실은 이 시기 동안 가장 억압받은 사람들이 소련파 한국인들이라는 것이다.

스탈린이 죽은 뒤 소련은 국가를 '비스탈린화'하기 시작했고, 새로운 소련 지도자들은 서방과의 평화적인 공존을 주장했다. 김일성이 기대하던 것과는 전혀 다른 방향으로 흘러가고 있었던 것이었다. 스탈린주의 한국을 수립하고자 했던 그는 서방, 특히 남한과 평화적으로 공존한다는 것 자체를 생각해 보지 않았다. 그런 이유로 모든 소련파 한국인들을 반역자로 내몰았던 것이다.

김일성은 혁명사상으로서 주체사상을 창시했다. 이것은 마르크스주의와 레닌주의를 북한의 독특한 상황에 맞게 수정한 것이었다. 주체사상은 이후로 김일성의 독재를 정당화하고 소련의 비스탈린화 운동에 동조하는 모든 사상을 견제하는 수단으로 사용되었다. 또한 당이 없으면 나라 전체가 파멸한다는 사고방식을 국민들에게 주입하는 데도 이 주체사상을 이용했다. 한마디로 독재이론에 지나지 않았던 주체사상은 김일성을 누구도 의심할 수 없는 절대적인 권력을 지닌 우상으로 숭배하기 위한 편리한 수단이었다. 실제로 북한에서는 각 가정마다 김일성의 초상화를 걸어놓고 남녀노소 할 것 없이 김일성의 사진을 가슴에 꽂고 다녀야 했다. 북한에서는 태양도 김일성이 뜨게 하며 그의 명령에 따라 지는 것이라고 했다.

1961년 9월에 4차 당 대회가 열릴 즈음에는 단독으로 북한의 최고 지도자로 인정받을 만큼 김일성은 자신의 지위를 공고히 했다.

강제노동수용소는 이 무렵 세워졌다. 북한의 정치 관료를 지내다가 남한으로 망명한 황장엽의 말에 따르면 이 수용소는 두 가지 형태로 구분되었다고 한다.

하나는 당의 '고급 관리'를 수용하는 곳이었고, 또 하나는 이런저런 이유로 당으로부터 미움을 산 일반인들을 수용하는 곳이었다. 일반인들은 외따로 떨어지고 농사도 지을 수 없는 곳으로 보내져 결국에는 굶어죽었다고 한다. 황장엽은 이런 '출입금지' 수용소가 열 개 정도 있었고 각 수용소마다 3만여 명이 수용되어 겨우 목숨을 이어가고 있다고 짐작했다.

'고급 관리'를 수용하는 곳도 혹독하기는 마찬가지였다. 그들은 지역 농장이나 공장, 혹은 멀리 광산까지 가서 일을 해야 했다. 배고픔에 시달리다 지쳐 죽거나 감시원의 무지막지한 매질을 견디다 못해 죽기도 했다. 김일성은 자신이 세운 '사회주의 낙원'을 정결하게 유지하기 위해 나라를 해하는 죄를 저지르다 발각되는 사람은 그 삼대를 멸족하겠다고 선언하기까지 했다.

정치범으로 한때 수용소 생활을 한 적이 있는 강철환은 자신이 겪은 경험을 이렇게 이야기했다.

…할아버지가 간첩 활동을 했다는 이유로 우리 가족 모두 요덕 정치범 수용소로 끌려가야 했다. 내 나이 아홉 살 때의 일이다. 북한에서 태어난 나는 그때까지 김일성이 위대한 지도자이며 자애로운 아버지라고 믿었다. 하지만 정치범 수용소에서 겪은 일들로 이런 생각은 바뀌었다. 정치범 수용소의 실상은 내가 상상하던 것과 완전히 달랐다…. 나는 공개 처형과 강제 노동, 그 밖의 비인간적인 만행을 목격했다. 북한의 정치범 수용소에 처음 들어가면 자신을 인간으로 생각해서는 안 된다는 것부터 배워야 한다. 수용자들은 매질을 당해도, 심지어는 죽임을 당해도 불평할 수 없다. 아이들도 강제노동에 동원되어야 했고, 그중 약 3분의 1이 영양실조와 과도한 노동으로 목숨을 잃는다. 나 역시 수용소에 간 후 3개월 동안 걸을 힘도 없을 정도로 굶주림에 시달려야

했다. 단백질을 전혀 섭취할 수 없었기 때문에 살기 위해서는 뱀이나 개구리, 하다못해 벌레까지 잡아 먹어야 했다…[3]

강철환은 두 눈을 가린 사람들이 기둥에 매인 채 총구 앞에 서야 하는 공개 처형을 수없이 목격했다고 한다. 처형이 끝나면 그곳에 모인 사람들은 시체에 돌을 던져야 했다. 그 돌은 클수록 좋았다. 강철환은 이렇게 말한다.

처형이 공개적으로 시행되는 이유는 수용자들에게 겁을 주어서 반항을 하거나 도망갈 생각을 하지 못하도록 하기 위해서였다.[4]

북한에 그런 곳이 존재한다는 사실은 김일성 체제에 대한 의구심을 더 확실하게 증명하는 것이었다. 북한의 체제는 스탈린 체제의 소련이나 마오쩌둥 체제의 중국을 비롯해 다른 동구권 국가들의 체제보다 더 악랄한 것이었다. 소련이나 중국이 서구에 대해 어느 정도 개방적이었던 반면 북한은 비밀스러운 사회, 한 사람의 뜻에 따라 움직이는 1인 왕국을 계속 유지했다.
1967년 즈음, 당시 문화혁명이 진행 중이던 중국은 러시아에 우호적인 나라들을 적대시했다. 이로 인해 김일성과 중국의 관계가 틀어

---

3. www.nkhumanrights.org
4. 위와 동일.

지면서 북한은 더욱더 고립되었다. 중국의 홍위병은 김일성을 비난하기 시작했다. 그들은 김일성의 지도력을 비난하는 포스터를 붙이고 그의 추악한 정치 행태를 퍼뜨렸다.

어찌 보면 조금은 어이없는 이런 공격보다 김일성에게 더 중요했던 것은 국경선을 가지고 벌어진 중국과의 분쟁이었다. 길이가 약 1,400킬로미터에 달하는 이 경계는 한국인들이 신성하게 여기는 백두산을 둘러싸고 있었다. 문화혁명이 점차 진정 국면에 접어들면서 두 나라의 관계가 회복되지 않았더라면 이 국경 분쟁은 김일성을 굉장히 힘들게 했을지도 모른다.

김일성이 대외적인 갈등은 피할 수 있었지만 국내 문제에서는 그렇지가 않았다. 한국전쟁이 끝난 직후, 그의 강압적인 산업화 정책으로 북한은 많은 수확을 거두어 생산량이 남한보다 훨씬 더 높았다. 하지만 그것은 단기간의 성공일 뿐이었다.

1960년대 중반 김일성이 자신에게 먹이를 주는 사람의 손을 무는 결정적인 실수를 하는 바람에 소련과의 관계가 소원해졌기 때문이다. 그는 소련을 향해 북한에 경제적 원조를 한다는 빌미로 내정 간섭을 너무 많이 한다고 말했다. 그러자 소련은 북한에 대한 자금과 기술 원조를 모두 취소해 버렸다. 김일성을 곤경에 빠뜨린 것은 그뿐만이 아니었다.

남한에서 새로운 군사 쿠데타(5·16 군사 쿠데타)가 성공하면서 반反공산주의 정부가 수립되었다. 또한 남한은 일본과의 관계를 회복하고 대규모로 경제를 되살렸으며 이에 힘입어 군사력도 늘려 나갔다. 이것은 김일성에게 무시할 수 없는, 아니 무시해서는 안 되는 위협이었다. 그 결과 경제 발전을 희생해서라도 군사력을 강화한다는 요지의 정책이 나왔다.

> …당 지도자들은 네 가지 기본적인 군사 정책을 발표했다. 전 국민을 무장화하고, 전 나라를 요새화하며, 모든 병사를 훈련시켜 간부화하고, 무기와 군 장비를 현대화한다는 내용이었다. 1966년 10월에 김일성은 사회주의 형제 국가와의 관계에 대해 드디어 입을 열면서 네 가지 군사 정책을 상세히 발표했다. 전 국민의 무장화 정책은 군인들뿐 아니라 노동자와 농민을 비롯한 전 국민을 무장시켜 전후방 모두에서 완벽한 방어 체계를 구축하는 것이라고 말했다.[5]

공장과 집단 농장에서 일하는 노동자들도 군사 훈련을 받아야 했다. 나이가 든 사람들도 일고여덟 살밖에 안 된 아이들과 함께 세뇌 교육을 받고 권총 사용법을 배웠다. 다른 나라의 공격에 대비해 나라를 요새화하기 위해 엄청난 숫자의 지하 대피소와 거대한 지하 저장 시설들이 만들어졌다. 게다가 군의 장비를 갖추기 위해 모든 공장에서는 일상용품 대신 군수품을 만들었다. 이것은 명백하게 북한의 경제 발전을 저해하는 정책이었다. 그러나 김일성은 자신의 권력욕을 충족시키기 위해 국민의 욕구를 희생하는 일쯤은 대수롭지 않게 생각했다.

그는 국가 무장화를 시행하는 과정에서 세세한 부분까지 직접 관여하며 자신이 의도한 그대로 실행되도록 했다. 더 많은 군수품을 생산하도록 노동자들을 독려하고 게으름을 피우지 말라고 경고했다. 또

---

5. 서대숙의 『김일성:북한의 지도자』.

한 국민들이 먹을 것이 부족해 근근이 살아가고 있다는 것을 너무도 잘 알고 있었던 김일성은 식량 할당 체계를 마련해서 각 가정에 양 한 마리, 돼지 한두 마리, 닭 서른 마리씩 나눠주었고 쇠고기는 일절 먹지 못하게 했다.[6]

이처럼 절망적인 시기에 김일성으로서는 다행스럽게도 니키타 흐루시초프가 물러난 뒤 소련과의 관계가 개선되었다. 소련은 북한에 대한 원조를 다시 시행했고, 이때 북한에 온 소련의 전문가들은 경제적인 도움뿐 아니라 군사적인 도움까지 주었다. 1960년대가 끝나갈 무렵, 북한은 전 국민이 유사 시에 군인의 역할을 해낼 수 있는, 완전 무장된 국가가 되었다.

김일성은 공장과 농장, 광산 등을 다니며 더 많은 물건을 만들라고 노동자들을 재촉하기 시작했다. 그는 노동자들이 정해진 목표량을 채우지 못하면 가차없이 비난했다.

1968년 11월 16일 중앙위원회 회의에서 그는 이렇게 말했다.

> …우리 노동자들 대부분은 돈을 위해서 일하는 것이 아니며 어떤 물질적인 보상도 바라지 않는다. 그들은 생계를 보장해 주는 것 외에는 요구하지 않으며 그저 성실하게 일할 뿐이다. 우리는 물질적인 보상에 우선적인 가치를 두어서는 안 된다. 정치적 동기를 우선 순위에 두어야 한다.[7]

---

6. 앞의 책.
7. 1968년 11월 16일, 중앙위원회의 제18차 총회에서 김일성이 한 연설의 일부분.

하지만 그러한 뜻을 거스르는 사람이 나타나 김일성을 노하게 만들었다. 다음 중앙위원회 총회에서 김일성은 계란을 팔아 돈을 벌려고 하다가 잡힌 한 노파의 얘기를 하면서 불같이 화를 냈다. 결국 그 노파가 번 돈은 곧바로 국가가 거두어들였다. 다른 노동자들에게 그 노파는 애국심이 없고 악질적인 인간의 본보기가 되었다. 김일성은 죽은 사람에게 약을 처방한 다음 그 약을 다시 팔아 이득을 챙긴 의사를 비롯해 여러 경우를 언급했다. 그리고 이런 사람들은 나라에 충성하지 않는 매국노이며 그 대가를 치를 것이라는 말도 잊지 않았다.

1972년 60세가 된 김일성은 그 자신이 국가 주석과 당 의장에 선출되기 위해 헌법을 수정했다. 예순 번째 생일과 그로부터 10년 뒤인 일흔 번째 생일에는 20미터가 넘는 금빛 동상이나 박물관과 같은 기념물을 세우기도 했다. 특히 이 박물관은 바닥을 대리석으로 장식하고 아흔두 개의 전시실을 갖춰놓은 다음 모자와 장갑, 신발에서부터 김일성의 생애를 담은 그림과 사진에 이르기까지 온갖 종류의 기념품을 진열해 놓았다. 북한이라는 나라를 세우고 그 나라의 지도자를 위해 쉴 새 없이 일한 사람은 바로 국민들이었는데 그들의 사진은 벽 어디에도 보이지 않고, 그들의 노력과 감내했던 희생에 대해서는 한마디 언급조차 없다. 북한의 국민들은 잊혀진 존재들이었다. 오직 김일성만이 칭송받았고, 그의 고향은 이제 한번쯤 가보아야 하는 성지가 되었다는 사실만이 강조되었다.

김일성은 또한 자신의 부모가 혁명가였다는 것을 사람들이 믿게끔 가족사를 다시 썼다. 그리고 아들 김정일이 자신의 자리를 물려받도록 일을 추진하기 시작했다. 아들에게 권력을 물려주려고 했다는 점에서 김일성은 다른 수많은 독재자들과 전혀 다르지 않았다. 아나스타시오 소모사, 니콜라이 차우세스쿠, 파파 독, 사담 후세인 등은 모두 자신의 자리를 물려주기 위해 자식들을 훈련시켰다. 그러나 베이

높이가 20미터가 넘고 금을 입힌 만수대의 김일성 동상은 1972년에 '위대한 지도자'의 예순 번째 생일을 기념해서 세워졌다.

비 독은 추방당하고 사담 후세인의 두 아들 우다이 후세인과 쿠사이 후세인은 미군의 손에 죽은 반면 김정일은 지금도 북한을 지배하며 무소불위의 권력을 누리고 있다.

1970년대에 들어서면서 김일성의 한마디 한마디는 그대로 법이 되었다. 북한은 김일성 개인의 왕국이었으며 그는 자신의 왕국에서 원하는 것은 무엇이든 할 수 있었다. 하지만 그는 남한을 손에 넣어 기필코 두 나라를 통일하려는 의지를 버리지 않았다. 두 나라는 대화를 시작했지만 어느 쪽도 상대편의 뜻을 따르려 하지 않았다. 북한과 남한은 서로 반대 방향으로 가려고 하는 샴쌍둥이와 같았다.

김일성은 국민들에게 바깥 세계에는 그들이 필요로 하는 것이 없으며 북한은 독립적인 국가라는 것을 주입시키며 나라를 더욱 고립시키는 데 열중했다. 하지만 북한은 외국으로부터 엄청난 차관을 도입했고, 국내에서 만든 생산품은 어느 것 하나 제값을 받지 못했다.

사실 김일성의 정책은 모두 적절하지 못한 것이었다. 학생들에게 영어와 일어를 배우게 한다는 취지로 교육개혁을 시행했지만, 학생들이 배운 것이라고는 '총을 버리고 항복하라'[8]는 말이 고작이었다고 한다. 식량 부족 또한 보편적인 현상이었고, 북한 주민들은 말 그대로 굶주렸다. 하지만 김일성은 집단 농장에서 일하는 노동자들이 너무 게으르다고 말할 뿐이었다.

김일성이 정치에 흥미를 잃은 것인지 아니면 아들에게 권력을 물려준 것에 만족한 것인지는 알 수 없지만, 일흔 번째 생일이 지난 후로 김일성이 사람들 앞에 모습을 드러내는 일은 점점 줄어들었다. 1982년 이후로 단 세 번 중요한 대중 연설을 했는데, 그나마도 한 번은 생

---

8. 김일성의 연설 '젊은이들은 혁명을 이어받아 발전시켜야 한다' 중에서(1976).

일을 기념하는 자리였다. 아들인 김정일에게 권력을 넘기기 시작하면서 김일성 자신은 일선에서 물러나 있었다.

북한 주민들이 새로운 지도자가 더 나은 생활을 가져다줄 거라고 믿었다면, 안타깝게도 그것은 착각이었다. 1942년 2월 16일에 소련의 극동 지역에서 태어난 김정일은 평생 동안 아버지의 자리를 이어받기 위한 교육을 받으며 자란 탓에 자신의 견해를 형성할 기회를 갖지 못했다.

김정일은 아버지보다 더 악독한 인물로 알려져 있다. 그가 편집증 환자이고 허영심이 강하며 우울증을 앓고 있다고 말하는 사람들도 있다. 그런 그가 서방 세계에서 상상하던 것 이상으로 북한에 엄청난 불행을 안겨주고 있다. 국제사면위원회는 북한에서 행해지는 인권 유린에 대해 몇 차례 보고서를 작성했으며, 북한에서 1970년에서 1992년 사이에 적어도 23명이 공개 처형당한 사례도 있다고 보고했다.

물론 세계에서 가장 폐쇄적인 나라인 북한에 대해 정확한 수치를 알아내기란 매우 어려운 일이다.

하지만 국제사면위원회는 실제로 국가에 의해 목숨을 잃은 사람들의 수에 비하면 이 수치는 바닷물 속의 물 한 방울에 지나지 않는다며 우려했다. 보통의 경우, 사형은 살인을 저지른 사람이나 '제국주의자들과 공모한' 죄가 있는 사람들이 선고받는 형벌이다. 그러나 북한에서는 이보다 훨씬 가벼운 죄를 저지른 사람들이 처형당한 경우가 여러 차례 있었다.

국제사면위원회는 1982년 혹은 1983년 즈음 함흥에서 쌀을 훔친 죄로 처형당한 두 형제와 1988년 횡령 혐의로 평양 사마동에서 처형당한 여자의 사례를 들고 있다. 북한 주민들이 목숨을 연명하기 위해 쌀을 훔쳐야 했다는 것은 유엔이 오랫동안 걱정해 온 일이 사실임을 입증하는 것이었다.

유엔에서 실시한 최근의 조사에 따르면, 북한 아이들 중 42퍼센트 이상이 만성적인 영양실조로 인해 발육이 제대로 이루어지지 않고 있다고 한다. 게다가 지금 북한의 207개 군 중 44개 군에는 국제구호원들의 출입이 금지되어 있다. '폐쇄된 지역(문제를 일으키는 사람들이 감금된 수용소나 비밀 군사 시설이 있는 곳)'의 상황은 훨씬 더 열악할 것으로 우려된다.[9]

국제 관계, 즉 북한의 정치적 안정과 세계 안전의 관점에서 보면 김정일은 아버지보다 훨씬 더 문제가 많은 인물이다. 김정일 정권 아래에서 북한은 핵무기 저장고를 만들었고, 이로 인해 조지 부시 미국 대통령은 '악의 축'을 형성하는 나라로 이란, 이라크, 시리아와 함께 북한을 지목했다.

1994년 7월 8일에 김일성이 사망한 후 북한은 3년간을 애도 기간으로 정했다. 그로써 비참했던 김일성 정권은 일단 막을 내렸다. 처음에는 김일성이 국민과 나라를 위해 무언가를 시작하는 듯 보였다. 그러나 결국 국민은 정권이 끝날 때까지 제대로 교육받지 못한 채 짓밟히고 굶주리며 오직 김일성만을 위해 일해야 했다. 그들이 물려받은 것은 산업화된 다른 나라들로부터 고립되고 제 아버지의 유산을 이어가려는 한 사람이 지배하는, 경제적으로 성장할 가능성이 전혀 없는 나라였다.

---

9. 마이클 세리든의 '굶주린 한국에서 여성들은 성과 음식을 바꾼다', 『선데이 타임스』 2003년 7월 27일자.

10

아우구스토 우가르테 피노체트
AUGUSTO UGARTE PINOCHET

아우구스토 우가르테 피노체트
AUGUSTO UGARTE PINOCHET

죽음의 장군 |

인권 침해에 관한 우리의 주장은 근본적으로 정당하고 윤리적이며,
더 이상의 인권 침해가 일어나지 않도록 하기 위한 것이다.
인간의 삶과 생명의 고결함, 그리고 자유에 대한 권리를 억압하는
심각한 범죄가 칠레 역사에서, 그리고 엄청난 정치적 폭력을 휘두르는
공포정치 속에서 일어나고 있다는 사실을 망각한다면,
건강하고 확고하며 안정된 민주주의가 결코 세워질 수 없다.
우리는 인권 침해 행위가 처벌받지 않아도 된다는 어떤 윤리적,
법적 근거도 없다는 사실을 다시 한 번 분명히 밝힌다.
우리는 인간의 권리를 해치는 행위도
다른 범죄들과 마찬가지로 처벌받아야 한다고 주장한다.

1995년 7월 23일, 구금되거나 사라진 사람들의 가족 모임이 낸 성명서

2000년 3월 2일 목요일 정오를 조금 넘긴 시각, 영국의 링컨셔 주에 있는 웨딩턴 공군기지에서 칠레 공군기 한 대가 이륙했다. 이 비행기에는 16개월 동안 영국에 '체류'한 사실로 전 세계 신문의 헤드라인을 장식했던 84세의 노인이 타고 있었다. 그의 이름은 아우구스토 우가르테 피노체트. 그는 스페인, 스위스, 벨기에, 프랑스가 제기한 범죄인인도extradition 절차에 따라 영국에 '체류'하게 되었다. 이들 나라는 피노체트가 17년간 공포정치로 칠레를 지배하면서 자행한 인권

직업 군인이었던 아우구스토 피노체트는 1936년에 장교로 칠레 육군사관학교를 졸업했고, 1972년에 군사 쿠데타를 일으켜 정권을 장악하고 나서는 최고사령관에 올랐다.

유린에 대해 그를 재판에 회부하려 했다.

아우구스토 우가르테 피노체트는 1915년 11월 26일에 칠레의 항구 도시 발파라이소에서 아돌프 히틀러와 마찬가지로 세관 공무원의 아들로 태어났다. 꽤 유복한 중산층 가정에서 성장한 피노체트는 어릴 때 발파라이소의 프랑스 신부학교와 산라파엘 신학교에 다녔고 열일곱 살에 졸업했다. 피노체트에게 군인이 되라고 권한 사람은 그의 어머니였다. 피노체트는 어머니의 뒷바라지를 받으며 칠레 육군사관학교에 합격했다.

피노체트가 4년간의 교육 과정을 마치고 1936년에 장교로 졸업한 뒤 처음 배속된 곳은 콘셉치온에 있는 차카부코 연대였는데, 그곳에서 다시 발파라이소로 돌아와 마이포 연대에 들어갔다. 피노체트는 빠르게 진급하여 1939년에는 소위가 되었고 1941년에는 중위가 되었다.

피노체트에게 군 생활은 대체로 만족스러웠다. 군대는 그에게 제2의 고향과도 같았다. 그는 군대의 규율과 규정, 엄격한 훈련이 적성에 맞았고 자신이 유능한 군인이라는 사실에 흡족해했다. 이 시기에 피노체트는 루시아 히리아 로드리게스를 만나 1943년 1월에 결혼해서 슬하에 아들 둘과 딸 셋을 두었다.

1945년이 끝나갈 무렵 피노체트는 항구도시인 이키케에 있는 카람판구 연대로 전입한 다음 칠레 전쟁 사관학교에서 근무하게 되었고 1951년에는 그곳에서 참모장교라는 직함을 얻었다. 나중에 그는 아프리카에서 2년을 보내고 1956년에 에콰도르의 수도 키토로 가서 전쟁 사관학교를 세웠다. 키토에서 3년 반 동안 있으면서 군사 지리학과 군사 정보학을 공부했다.

초기에 피노체트는 정치에 별달리 관심을 두지 않았지만, 고위 관리를 지내던 1950년대에 칠레 공산당의 탄압에 연루되었다. 몇몇 학자들이 지적했듯이, 피노체트가 1973년 당시 살바도르 아옌데가 통치하는 좌익정부에서 육군 총사령관에 오른 것은 역설적이게도 정치적 야심이 없었기 때문이다. 사회주의자인 아옌데는 1970년에 세계에서 처음으로 민주적인 선거에 의해 선출된 마르크스주의 대통령이다. 아옌데는 국가 경제의 쇠퇴를 이전의 자본주의 체제 탓으로 돌리면서, 미국이 운영하는 구리 광산을 비롯해 그 밖에 외국기업과 은행 등을 국유화하는 광범위한 계획을 추진했다. 또한 고급 관리직에 있는 사람들, 특히 공장의 고급 관리들에게 지배권을 노동자들에게 넘겨주도록 명령했다.

아옌데의 계획은 자신들의 삶의 질이 급속히 향상될 거라고 생각한 노동자들에게 상당한 호응을 얻었다. 하지만 모든 것에는 희생이 따르게 마련이었다.

1972년에 칠레는 심각한 경제적 어려움에 처했다. 더욱이 아옌데는 쿠바나 북한, 중국, 북 베트남 등과 같은 공산주의 체제를 옹호할 뿐 아니라 소련과도 아주 강한 유대 관계를 도모해서 북아메리카의 동지들, 말하자면 미국 대통령 리처드 닉슨 등을 자극했다. 미국은 곧 칠레에 제공하던 모든 원조금을 중단하기 시작했다. 그러나 앞으로 군사 쿠데타가 일어날지도 모른다고 판단한 닉슨은 CIA에 명령해 칠레 군대에 자금을 쏟아 부었다.

1972년에 정부는 칠레 역사상 최악의 경제 침체를 모면하기 위해 경기 하락에서 벗어날 방법을 강구했지만, 결국 초超인플레이션과 경제 마비 상태가 초래되었다. 도시 사람들은 일자리를 잃었고 공장이 문을 닫는 바람에 모든 물자가 턱없이 부족해졌다. 1973년에 의회를 소집했지만 결론이 나지 않아 오히려 위기가 더욱 심화되었다. 갑자기 좌익과 우익 양 진영의 사람들이 불만을 터뜨리며 거리로 나와 시위를 벌였다. 그리고 미국의 CIA는 뒤에서 더 많은 자금을 들여 금융 파업과 노동 쟁의를 지원했다.

이러한 상황에서, 아우구스토 피노체트를 충성스러운 군 장교로 믿고 있던 아옌데 대통령은 1973년 8월 23일에 그를 육군 참모총장에 임명했다. 그러나 그로부터 채 한 달도 되지 않은 9월 11일에 피노체트가 이끄는 군대가 엄청난 유혈 쿠데타를 일으켰다. 아옌데는 사람을 단단히 잘못 판단한 셈이었다.

20여 년 뒤에 미 국무부가 작성한 보고서에 따르면, 피노체트는 미군으로부터 엄청난 규모의 지원을 받았는데, 쿠데타가 계획되고 실행되던 1972년 무렵에 그 지원금은 1천 9십만 달러에 이르렀다고 한다.

아옌데는 대통령 궁을 지키다 관저에서 살해되었고, 체포되거나 항복했던 그의 보좌관과 고문 72명은 기지로 끌려가 처형당했다. 이 모든 과정이 끝나고 나서, 육·해·공군과 경찰군의 최고사령관들은 아우구스토 피노체트를 중심으로 잠정 정부를 구성했다. 이것은 쿠데타에 동조했던 소수의 사람들이 만든 정부였다.

다음날 아침, 잠에서 깬 칠레 국민은 그들의 새 정부가 계엄령을 선포했다는 것을 뉴스를 통해 들었다. 그리고 당분간 의회가 열리지 않는다는 소식도 들었다. 이후 몇 달 동안, 칠레에서는 아옌데의 사회주의 정책을 없앤다는 이유로 모든 정치 활동과 노동 활동이 금지되었다.

피노체트는 이것이야말로 사회주의자들이 만들어놓은 혼란과 더 나아가서는 공산주의의 위협으로부터 칠레를 구하는 유일한 방법이라고 생각했다. 칠레 국민들은 군국주의 통치에 별다른 저항감을 보이지 않았다. 오히려 대다수가 피노체트를 지지했고, 1974년 그가 대통령에 임명되었을 때 안도하기까지 했다.

하지만 안타깝게도 쿠데타와 폭력이 끝났다는 생각은 오산이었다. 피노체트는 모든 반대 세력을 탄압하기 위해 국가정보원National Intelligence Directorate, DINA이라는 비밀경찰을 새로 조직했다. 국가정보원은 새로운 정부에 반대하는 사람들뿐 아니라 수천 명에 달하는 아옌데의 지지자들을 '실종'시키거나 공개적으로 처형하는 임무를 맡았다. 또한 비밀 수용소를 만들어 특히 아옌데의 옛 정당을 지지하는 사람들을 잡아들여 고문하기도 했다.

국가정보원 원장 마누엘 콘트레라스 대령은 콘도르 작전, 즉 몇몇 남미 국가들과 연합하여 반체제 인사들을 처형하는 음모를 시행했다. "여러 나라의 군대와 보안기관들이 서로 협력하여 자기들 나라로 도망쳐온 외국의 반체제 인사들을 체포했는데, 상대에게 신분을 들키지 않기 위해 국가 연합 작전에 해당국 사람들을 배치했다."[1]

20년이 더 지난 후에, 이 은밀한 암살 작전은 스페인 판사인 발타사르 가르손이 대량 학살과 고문, 테러 혐의로 아우구스토 피노체트를 스페인으로 송환할 때 그 근거가 되었다.

콘트레라스 대령 역시 1974년 9월 29일에 아르헨티나의 부에노스아이레스에서 아옌데 정부 시절 국방부 장관을 지냈던 카를로스 프라츠 곤살레스와 그의 아내 소피아 커스버가 탄 차를 폭파해 두 사람을 암살한 혐의로 구속되었다.

피노체트의 집권 초기, 국가정보원은 학교와 교회, 노동조합, 심지어 매스컴에도 침투하여 활동했다. 잠정 정부는 칠레에서 과거의 마르크스주의의 잔재를 근절하고 사회 질서를 회복한다는 명목으로 국가정보원의 활동을 정당화했다. 하지만 피노체트가 권력을 잡고 나서 처음 몇 달 동안 체포된 사람이 너무 많아 기존의 감옥만으로는 그들을 다 수용할 수 없을 정도였다. 그래서 경기장과 군함, 군 수용소까지 감금 시설로 사용해야 했다.

군사 정권이 산출하고 기독교 참여연대Vicaria de la Solidaridad가 기록한 수치에 의하면, 1973년과 1975년 사이에 수용된 정

---

1. '콘도르 작전과 피노체트', 『로스엔젤레스 타임스』 1998년 11월 1일자.

치범은 4만 2,486명이었다고 한다. 또한 기독교 참여연대는 1976년부터 1988년까지 1,234명이 정치적인 죄목으로 체포되었고, 2만 6,431명이 집단 체포되었다고 밝혔다. 1977년에서 1988년 사이에 4,134명이 위협받거나 괴롭힘을 당했고, 정치적인 문제와 관련된 1,008명이 실종되었으며 2,100명이 목숨을 잃었다.[2]

하지만 이런 수치보다 개개인이 겪은 일들이 더욱 끔찍했다. 피노체트는 0.18평방미터 남짓한 방에 두 명을 한꺼번에 집어넣고, 쇠막대기로 전기 충격을 가하거나, 모의 사형 집행을 하고, 죄수를 익사 직전에 이르게 했으며, 구타를 하고 성적 고문을 했다.

살아남은 사람들은 평생 육체적 정신적 상처를 안고 살아야 했다. 그들은 자신들이 겪은 고통을 절대 잊지 못했다. 그것이 얼마나 심했는지 어떤 사람들은 차라리 목숨이 끊어지기를 바랐다고 말했다.

피사과에 있는 강제수용소에 수감된 적이 있는 의사 알베르토 엔리케 노이만 라고스의 증언을 들어보면 그 잔인함을 그대로 느낄 수 있다.

1990년 1월 1일에 칠레 법정에 선 그는, 피사과에 도착하자마자 남자 세 명이 총살대에게 처형당하는 장면을 목격했노라고 증언했다. 그리고 그에게 남자들이 모두 죽었는지 확인하라는 명령이 떨어졌고, 두 사람만 숨이 끊어졌다고 하자 나머지 한 사람의 머리에 다시 총을 쏘았다고 했다. 국제사면위원회의 보고서에는 이런 내용이 담겨 있다.

---

2. CODEPU 2권, 『국가, 권력, 페르소나 Estado, Poder, Persona』(1995).

1982년 초에 민간인 복장을 한 남자 열두 명이 그의 집에 들이닥쳤다. 구속 영장도 보여주지 않은 채 그들은 두 시간 동안 집 안을 뒤지고 나서 그와 그의 아버지, 그리고 친척 한 명을 체포했다. 남자들은 그의 얼굴을 가리고 나서 수갑을 채우고는 그를 차에 태우고 칠레 정보기관으로 데려갔다.

처음 닷새 동안 그는 하루에도 몇 번씩 고문과 함께 심문을 당했다. 머리와 입, 몸통, 생식기 할 것 없이 손바닥과 주먹으로 얻어맞았고, 엉덩이와 팔다리에 발길질을 당했다. 뿐만 아니라 두 차례 전기 고문이 가해졌는데 한 번 할 때마다 5분 정도 계속되었다.

사람들은 그를 의자에 강제로 앉히고는 손으로 작동하는 듯 보이는 기계의 전선을 통해 그의 등으로 전류를 흐르게 했다. 그가 칠레 정보기관에서 보낸 2주 동안 심문은 계속되었다. 사람들은 그의 관자놀이에 권총을 대고는 총살하겠다고 위협하기도 하고, 가족을 처형하겠다고 협박하기도 했다.[3]

이것은 국제사면위원회가 수집한 자료 중 극히 일부에 지나지 않는다. 그리고 피노체트 정권이 사용한 고문장치 중 최악의 기구를 보여주는 것도 아니다. 그러한 공포정치 속에서 사회 불안은 당연히 사라졌다. 1975년에 이르러 피노체트는 반대 세력을 모두 진압했으며, 자신의 체제에 반대하는 어떤 세력도 물리칠 수 있을 만큼 강한 경찰국가의 기초를 마련했다.

불안 요소를 모두 제거하고 나자 이제 피노체트는 경제에 관심을

---

3. '칠레:고문의 증거:국제사면위원회 보고' (1983).

돌렸다. 시카고 보이즈(Chicago boys, 모두 시카고 대학에서 경제학을 공부했기 때문에 이러한 이름이 붙여졌다)의 조언을 받아들여 자유시장 정책을 도입하고 국민 복지 비용을 급격히 줄였다. 비교적 부유층에 속하는 소수의 칠레인들에게 이 정책은 놀라운 결과를 가져다주었다. 인플레이션이 억제되고 재산 소유권이 원래 주인에게 돌아갔다. 아옌데가 국유화했던 기업들이 개인 소유주에게 돌아간 것이다. 산업 생산량이 증가하면서 경제 성장도 가속화되었다.

그러나 하층 계층에서는 실업이 늘어나고 가난은 다시 현실이 되었다. 칠레에서 상류층과 하류층 사람들의 경제적 불균형은 믿어지지 않을 만큼 심각했다. 1989년에 노동자들 대부분의 수입이 1973년보다 줄어든 반면 고용주들의 수익은 급상승했다. 피노체트의 경제개혁이 노동자들의 빈약한 수입을 초래한 것만은 아니었다. 피노체트는 외국기업을 칠레에 유치하면서 환경 법규를 전혀 만들지 않아 칠레는 세계에서 오염이 가장 심한 나라 중 하나가 되었다.

1976년에 민주주의자로서 여러 차례 인권 운동에 앞장섰던 지미 카터가 미국의 대통령에 취임하면서 칠레와 미국의 관계는 전반적으로 냉각기에 접어들었다.

이보다 조금 앞선 1976년 9월 21일, 피노체트는 워싱턴 DC에서 일어난 오를란도 레텔리에르 암살 사건에 연루되었다. 레텔리에르는 아옌데 정부에서 주미 칠레 대사와 외무부 장관을 지냈고 나중에 국방부 장관이 되기도 했던 인물이었다. 그는 아옌데가 죽은 뒤 체포당해 고문을 받다가 티에라 델 푸에고의 수용소에 수감되었다. 그곳에서 풀려나자마자 그는 칠레를 떠나 워싱턴 DC에 정착한 뒤 칠레의 민주주의를 되살리기 위해 노력했다. 그러던 중 보좌관인 로니 모핏과 함께 자동차를 타고 가다가 자동차 폭발로 목숨을 잃었다.

훗날 그의 죽음은 '콘도르 작전'의 핵심으로 알려졌는데, 이 사건으로 인해 몇 사람이 기소되었다. 그 사건과 관련해 재판을 받고 미국에서 추방된 미카엘 타운레이는 마누엘 콘트레라스를 비롯하여 국가정보원과도 밀접하게 관련되어 있었다. 그는 레텔리에르의 암살에 피노체트도 관련되어 있다고 자백했지만, 칠레의 대통령에게는 어떤 처벌도 내려지지 않았다.

기소되지 않은 데 힘을 얻었는지, 1977년에 피노체트는 가까운 장래에 칠레가 민주주의 체제로 돌아가는 일은 없을 거라고 선언했다. 그러고는 정부 요직을 자신의 측근들로만 채우고 강압적인 통치를 계속했다. 유엔의 인권위원회가 처음으로 피노체트 정권을 '용인될 수 없는 정도의 인권 침해가 지속적으로 행해지는 정권'이라고 비난한 것도 바로 1977년이었다. 하지만 피노체트는 신경을 쓰기는커녕 1973년 쿠데타가 일어난 이래로 인권 유린을 자행한 군 장교들을 보호하는 특별사면법까지 만들어 시행했다.

이처럼 오만하고 잔인하며 무자비한 피노체트는 1978년에 국민투표를 실시하면서, 국민들에게 자신의 정권을 지지해 줄 것을 요구했다. 투표가 끝난 후에는 투표자의 78퍼센트가 자신을 지지했다고 주장했다. 피노체트는 유엔 인권위원회의 비난에 무관심한 척하면서도, 1978년에는 칠레의 인권 유린과 관련된 모든 증거를 숨기라고 명령했다. 그때 칠레에서는 땅에 묻힌 수백 구의 시체를 파내 태평양에 던져버리는 일이 벌어졌다.

1980년이 되면서 피노체트가 권력을 포기하거나 칠레를 문민 체제로 전환할 의사가 전혀 없다는 것이 분명해졌다. 피노체트는 1989년까지 대통령직을 유지하기 위해 새로운 헌법을 제정했다. 이제 칠레 정부는 표현의 자유를 제한할 수 있으며 필요할 때는 언제든 동의를 구하지 않고 국민을 체포하거나 추방할 수 있게 되었다. 이는 명백하게 국민을 협박하기 위한 법안이었다. 그러나 1980년대에 접어들면

1978년 베네수엘라의 카라카스에서 열린 노동절 시위에서 참가자들이 피노체트 정권에 의해 납치되었다고 생각되는 사람들의 포스터를 들고 다녔다.

아우구스토 우가르테 피노체트 241

서 피노체트에게 불리한 상황이 전개되었다.

1982년 즈음, 활발하게 살아나던 경제가 다시 악화되기 시작하더니 전례 없는 경기 침체에 빠졌다. 10년 동안 4퍼센트 정도였던 실업률은 1982년이 되면서 24퍼센트로 곤두박질쳤고, 이로 인해 수백만 명이 생활고에 시달렸다. 경제 혼란은 연쇄 효과를 가져와 사회 불안을 야기했다. 시위대가 거리를 점령하기 시작했고, 반대 세력들이 사라지기는커녕 그 숫자와 힘이 더욱 커지면서 피노체트를 점점 더 압박했다.

1985년에 반대 세력들은 서로 연합해 피노체트 정권에 대항하는 것이 최선이라고 판단했다. 그들은 힘을 결집해 '완전한 민주주의로의 전환을 위한 국가 협정'을 만들고 피노체트에게 자신들의 주장을 수용하라고 요구했다. 피노체트가 비공식적으로 어떤 반응을 보였는지는 그저 추측할 뿐이지만, 공개적으로는 그들의 요구를 완전히 묵살했다.

피노체트의 반응에 반대 세력과 국민들이 분노한 것은 당연한 일이었다. 1986년 9월 7일, 공산당의 무장 진영이라고 생각되는 마누엘 로드리게스 애국전선Manuel Rodríguez Patriotic Front, FPMR이 피노체트를 암살하기 위해 별장에서 주말을 보내고 산티아고로 돌아가던 그의 차를 습격했다. 이동식 주택을 싣고 가던 밴이 갑자기 도로를 돌진해 들어오며 대통령을 호위하던 행렬을 막아섰다. 연달아 총성이 울리고 수류탄이 날아들었다. 그런 상황에서 피노체트가 목숨을 건진 것은 기적적인 일이었다. 그날의 사건으로 다섯 명이 목숨을 잃었고 그보다 더 많은 사람들이 부상을 입었다.

이 사건으로 피노체트는 좌익 반대 세력들을 제거할 결심을 더욱더 굳혔다. 수백 명이 체포되어 감옥에 갇혔지만, 국민을 위협하고 권력을 유지하려는 피노체트의 욕망도 비참한 최후를 맞았다. 암살 미수 사건이 일어나고 1년쯤 지나서 피노체트가 계속 대통령직을 수행할지를 결정하기 위해 국민투표를 실시하자는 움직임이 일기 시작했다.

투표는 1988년 10월 5일에 실시되었고, 10월 6일에 피노체트는 패배를 받아들여야 했다. 이로 인해 그는 영원히 지워지지 않는 엄청난 분노를 가슴에 품게 되었다. 인구의 55퍼센트 가량이 그에게 반대하면서 훨씬 더 온건한 성향의 베테랑 법률가이며 기독민주당 소속의 파트리시오 아일윈을 지지했다. 피노체트는 비참하게 패했는데도 군 지휘자로서의 지위는 포기하지 않은 채 육군참모총장 자리를 그대로 지켰다.

새 정부는 '진실과 화해위원회 National Commission on Truth and Reconciliation'를 설립하여 피노체트 정부 시절에 자행된 인권 유린의 실태를 조사했다. 이 위원회에서 보고한 내용은 참담함 그 자체였다. 2,115명(이 숫자는 나중에 더 크게 늘어났다)이 보안군의 손에 목숨을 잃었고 수백 명이 재판도 거치지 않고 구속되고 고문당했던 것이다. 비밀경찰은 즉시 해산되었지만, 그들에 의해 고통받았던 사람들은 그 누구도 자신들이 겪었던 일들을 용서하지도 잊지도 못했다.

1992년에는 화해와 보상을 위한 협회 National Corporation for Reconciliation and Reparation가 구성되어 진실과 화해 위원회의 활동을 이어갔다. 1996년 협회는 피노체트 정부가 1973년 9월에서 1980년 3월까지 3,197명의 목숨을 앗아갔다는 사실을 밝혔다. 인권 유린에 관여한 사람들로 600명의 군인들(주로 장교였다)의 이름이 거론되었다.

하지만 상처에 소금을 뿌리는 격으로, 1996년에 스페인에서 대량 학살과 국제 테러리즘이라는 죄목으로 피노체트를 재판에 회부하겠다고 선언했지만 전직 대통령이었다는 이유로 기소되지 못했다. 스페인의 소송은, 피노체트 정권에서 희생된 사람들의 가족이 피노체트가 직접 내린 명령에 따라 정부 관리들이 아르헨티나, 이탈리아,

미국을 비롯해 여러 다른 독립국가에서 사람들을 살해하려 했다고 주장하면서 제기되었다. 한편 1988년에 육군참모총장 자리에서도 물러나야 했던 피노체트는 누구도 자신을 해치지 못하도록 칠레의 어느 깊숙한 곳에 숨어버렸다. 그는 절대적으로 안전한 듯 보였다. 하지만 피노체트가 병을 치료하기 위해 영국으로 가면서 모든 상황이 달라졌다.

피노체트는 외교 여권을 가지고 1998년 9월 22일에 영국에 도착해 10월 9일에 런던 브리지 병원에서 등 부위에 가벼운 수술을 받았다. 하지만 그로부터 얼마 지나지 않아 스페인 판사 발타사르 가르손과 마누엘 그라시아 카스텔론이 피노체트의 구금을 요구했다. 두 사람은 17년에 걸친 피노체트의 공포정치 기간 중 스페인 국민들을 대상으로 행해진 인권 침해 사례를 조사해 왔다.

적색 수배자 명단에 오른 피노체트가 런던 경찰국 형사들에게 체포되면서 외교 사회에 한바탕 소동이 벌어졌다. 하지만 칠레에서 추방당한 수백 명의 영국인들은 피노체트가 체포되었다는 소식에 크게 기뻐했다. 그중 한 명이었던 아옌데 대통령의 전 주치의 오사르 소토는 이렇게 말했다.

> 이것은 정의의 위대한 승리다. 이제 피노체트는 17년간 독재정치를 하면서 3천 명이 넘는 사람들을 죽이거나 고문하고 추방한 일에 대해 설명해야 한다.[4]

---

4. 데이비드 코닛·존 후퍼·피터 버몬트, '런던에서 체포된 피노체트Pinochet arrested in London', 1998년 10월 18일.

하지만 어떤 사람들에게 기쁨을 가져다준 일이 또 다른 사람들에게는 고민을 안겨주었다. 스페인이 피노체트의 구금을 요구하면서 영국 정부는 외교적 소용돌이 속으로 곤두박질쳤다. 피노체트의 송환을 탐탁지 않게 여기던 미국이 영국 외무성에 피노체트를 풀어주라고 압력을 가한 듯했다.

미국은 스페인이 피노체트의 대량학살과 고문 실태를 조사하게 되면 아옌데 정부를 무너뜨린 쿠데타에 미국이 관여했다는 사실이 드러날 것을 우려했던 것이다.

이후 몇 주일 동안 법적 논쟁이 점점 더 복잡하게 전개되었다. 킹슬리 네이플리 법률 회사는 피노체트를 대신해 다음과 같은 내용을 발표했다.

> 피노체트 장군은 사전에 영국 정부에게 모든 내용을 알렸을 뿐 아니라 외무성의 승인을 받고 이 나라에 들어온 것이다…. 그를 영국에서 송환하라는 요구에는 결코 응하지 않을 것이다. 그와 그의 가족 모두 승리를 자신한다.[5]

이 발표와 때를 맞춰, 영국에 본부를 둔 칠레 인권단체는 현재 피노체트에 대한 기소를 진행 중이며 그는 영국에 무기한 구금되어 있어야 한다고 밝혔다.

영국 고등법원은 1심에서 한 나라의 대통령이었던 사람을 기소할

---

5. 던컨 캠벨·닉 홉킨스·이언 블랙·에언 맥애스킬의 '피노체트와 관련된 외교적 위기Diplomatic Crises Over Pinochet', 『가디언』 1998년 10월 20일자.

1998년에 피노체트가 치료차 영국을 방문하고 그의 송환에 대한 법적 판결이 아직 나지 않았을 때, 피노체트 통치 시절 수많은 사람들과 함께 '실종자' 문제에 항의하던 이 프랑스 여성이 1976년에 실종된 가족 네 명의 얼굴이 찍힌 포스터를 들고 있다.

수는 없다는 이유로 피노체트에게 유리한 판결을 내렸다. 그러자 상소청구권을 가지고 있던 영국의 왕립검찰청이 즉각 상고를 제기했다.

11월 25일에는 상원이 검찰청의 상고를 지지하면서 피노체트의 소환을 요구했다. 이제 서둘러야 하는 쪽은 피노체트의 법률 팀이었다. 다시 한 번 변호인단이 고등법원으로 가서 1심 판결에 대해 항소했지만, 1999년 3월 24일에 법관의원들은 6 대 1로 피노체트 측의 항소를 기각하면서 피노체트는 송환되어야 한다고 판결 내렸다.

이즈음 전 영국 총리였던 마거릿 대처는 상원에서의 첫번째 연설을 시작으로 3년이 넘는 기간 동안 이 혼란의 소용돌이에서 벗어나지 못했다. 대처는 1982년에 영국이 아르헨티나와 포클랜드[6] 전쟁을 치를 때 피노체트가 칠레 영토에 영국 공수특전단의 기지를 세울 수 있도록 허가해 주는 등 암암리에 영국을 지원하면서부터 피노체트의 가까운 동맹자가 되었다.

그녀는 스페인이 그들 뜻대로 피노체트를 송환해 간다면, 어느 나라의 어떤 지도자도 자리에서 물러난 뒤의 보복이 두려워 자신이 옳다고 믿는 대로 행동하지 못할 것이라고 주장했다. 대처는 또 이렇게 말했다.

> 정권을 쥐고 있는 사람들은 나중에 외국 법정에서 책임을 추궁당할지 모른다는 생각 때문에 위기 상황에서 올바른 조치를 취하지 못할 것이다. 그리고 역설적이게도 자신의 나라에서 절대적인 권력을 휘두르는 사람들은 스페인 감옥에서 여생을 마칠 것이 두려워 절대 그 권력을 놓지 않으려 할 것이다.[7]

수상인 대처가 개입했는데도 영국 정부는 피노체트 사건을 이전의 외교 차원에서가 아니라 전적으로 법에 따라 판단해야 한다는 주장을 굽히지 않았다. 상소와 항소가 되풀이되며 법정 공방은 길게 이어졌다. 1999년 4월 15일에 영국의 외무장관 잭 스트로가 법적 소송 절

---

6. 영국령 포클랜드 군도에 대한 영유권 확보를 위해 영국과 아르헨티나 간에 벌어진 전쟁으로 1982년 4월 2일 아르헨티나 해병대가 동 포클랜드에 상륙하면서 시작되었다.
7. 마이클 화이트의 '대처는 피노체트의 체포가 영국을 망친다고 말한다Pinochet arrest damages Britain, says Thatcher', 『가디언』 1999년 7월 7일자.

차를 중지할 타당한 근거가 없다고 말하면서 다음날 체포 영장이 다시 발부되었다. 그런데 경미하긴 하지만 두 차례 병을 앓으면서 피노체트는 런던 치안판사 법원에서 열리는 심리에 출석하지 않아도 되었다.

몇 가지 보도에 따르면, 이즈음 피노체트의 건강은 눈에 띄게 나빠지기 시작했다고 한다.

2000년 3월에 칠레의 외무장관인 후안 가브리엘 발데스는 건강 악화를 이유로 피노체트를 본국으로 송환해 달라고 잭 스트로에게 간청했다. 영국 정부가 칠레 호위병들이 깃발로 장식된 전 독재자의 관을 본국으로 호송하는 광경을 지켜보고 싶지 않았는지, 아니면 본국과 해외로부터 피노체트를 풀어주라는 압력을 받고 있었기 때문인지는 알 수 없지만, 잭 스트로는 어쩔 수 없이 피노체트를 검진하라고 지시했다.

신경과 전문의 한 명과 노인병 전문의 두 명을 비롯해 의사 네 명은 피노체트가 재판을 받기에는 무리라는 의학적인 소견을 내놓았다. 그리고 전 독재자가 당뇨병과 심장병, 오랫동안 지속되어온 통풍, 청력 장애, 기억 장애, 척추 질병, 파킨슨 병과 유사한 증세 등 여러 가지 질병을 앓고 있다고 진단했다. 또한 뇌 손상이 있다는 의학적 증거가 있기 때문에 그가 재판에 '참석하는 것이 별 의미가 없을 것'이라는 결론을 내렸다. 정부 수석 의학 담당관인 리암 도널드슨은 이에 덧붙여, 자신이 알아본 바로 그 의학 검진은 '철저하게 진행되었으며' 피노체트의 건강이 나아질 가능성은 없어 보인다고 말했다.

싸움은 끝난 듯했다. 피노체트는 승리했고, 스페인 법정에 선 그의 모습을 보고자 했던 사람들의 소망은 무참히 깨지고 말았다. 의사들이 보고한 내용을 듣고 잭 스트로는 피노체트 장군의 스페인 송환 절차를 중단했다. 그러면서 피노체트 사건은 뉘른베르크 재판[8] 이래 가장 중요한 법적 절차였다고 말했다. 그러나 '심리를 거치지 않았다'는 점에서 볼 때 이것은 앞뒤가 맞지 않는 표현이었다.

17개월 동안 가택 연금을 당한 뒤 아우구스토 피노체트는 자유의 몸이 되었다. 하지만 그와 그의 법률 팀은 오랫동안 승리감에 젖어 있을 수만은 없었다.

사실 피노체트를 고국으로 실어 나를 칠레 공군기는 그가 감금당한 순간부터 그날을 준비하고 있었다.

스페인 판사 발타사르 가르손은 이 결과에 불만을 표시했지만, 스페인 외무장관 아벨 마투테스는 그 자신이 피노체트를 재판에 회부하기 위해 가능한 모든 방법을 동원했으면서도 잭 스트로의 결정에 더 이상 반대하지 않겠다고 밝혔다. 그러면서 더 이상의 도전은 용납하지 않겠다는 사실도 분명히 밝혔다.

피노체트는 2000년 3월 2일에 칠레로 돌아왔다. 그의 마음속에 어떤 생각이 스치고 지나갔는지는 모르지만, 그가 산티아고 공항에 도착하자 그를 지지하는 사람들은 군악대와 의장대까지 동원해 영웅을 맞이하듯 환영했다. 그런가 하면 산티아고에서는 피노체트의 구속을 요구하는 대규모 시위가 일어나기도 했다. 그날 저녁 늦게 대통령 궁 밖에서는 피노체트가 자행한 인권 유린을 되새기는 촛불 기도회가 열렸다.

그로부터 4개월이 채 되지 않아 칠레 대법원은 전前 대통령에게 유죄 판결을 내렸다. 피노체트는 18번의 유괴와 57번의 처형, 고문, 불법 매장, 부적절한 성관계 등의 죄목으로 기소되었는데, 이 모든 것이 1973년의 쿠데타 이후에 저지른 것이었다. 후안 구즈만 타피아는

---

8. 1945-1946년에 독일 뉘른베르크에서 열린 국제 군사재판. 전前 나치스 지도자들이 전범으로 기소되어 재판을 받았다.

피노체트 정권기에 자행된 고문과 살인을 비롯한 여러 혐의와 더불어 '죽음의 행렬'에 속해 있던 70명 이상의 사망자에 대해서도 조사했다.

'죽음의 행렬Caravan of Death'이란 당시 고위직에 있던 세르지오 아렐라노 스탁 장군이 수행했던 특별 임무였다. 스탁은 피노체트가 직접 내린 명령에 따라 믿을 수 있는 측근들을 엄선해 수류탄과 기관총, 칼 등으로 무장한 다음 퓨마 헬리콥터로 라세레나, 코피아포, 칼마라 등 칠레 남쪽과 북쪽에 있는 몇몇 지방과 도시를 방문했다. 그리고 그곳에서 아엔데 정부에서 일했던 조합 지도자들과 정치인들을 처형했다. 이로 인해 국민들이 공포에 휘말리면서 민간조직과 그 조직의 법을 존중하는 칠레의 오랜 전통이 완전히 무너져버렸다.

피노체트가 '칠레'에서 체포되었다는 소식을 듣고 인권 단체들은 또 한 번 기뻐했다. 런던에 본부를 둔 칠레 민주단체의 일원이며 그 자신이 피노체트 정권에 의해 여러 차례 인권 유린을 당한 경험이 있던 카를로스 레예스는 수많은 칠레 국민들이 길거리로 나와 기쁨의 춤을 출 것이라고 말했다. 하지만 그는 수많은 희생자들과 함께 다시 한 번 크나큰 절망감에 빠졌다.

영국에서 그랬던 것처럼 칠레에서도 피노체트의 건강 악화를 이유로 그의 모든 혐의를 취소해야 한다는 항소가 제기되었기 때문이다. 2002년 7월 1일, 칠레 대법원은 전前 대통령이 건강 악화(특히 정신적인 건강 악화)로 인해 재판을 받지 않을 것임을 재차 밝혔다. 그리고 그로부터 3일 뒤에 피노체트는 '종신 의원'으로서 사임했다. 피노체트의 아들은 이 극적인 결정이 아버지인 피노체트가 '칠레의 사회 평화에 기여하기 위해' 내려진 것이라고 말했지만, 피노체트는 몇 년 동안 상원에 단 한 번도 출석한 적이 없다.

이전의 수많은 독재자들과 마찬가지로 피노체트는 더 이상 재판에 회부되거나 감옥에 갈 염려 없이 평온하게 은퇴 이후의 생활을 즐겼다. 그가 이 책에서 다룬 몇몇 독재자들보다 잔인하지는 않았다고 해도 그가 정권을 잡은 기간 동안 일어난 일에 대해 변명할 여지는 분명 없다. 법과 질서를 회복하기 위한 필요악이었다는 이유로 그가 저지른 살인 행위가 정당화될 수도 없다.

피노체트는 전쟁을 한 것이 아니었다. 처형당하거나 고문당한 사람들은 군인이 아니었기 때문이다. 그들은 단지 부당한 체제에 대항했을 뿐인 무고한 시민들이었다. 그들에게는 사면도 없고, 은퇴 이후의 편안한 생활도 보장받지 못한다. 살아남은 사람들은 삶이 다할 때까지 자신들의 형을 짊어지고 살아가야 할 뿐이다.

11

니콜라이 차우세스쿠
NICOLAE CEAUSESCU

니콜라이 차우셰스쿠
NICOLAE CEAUSESCU

국가의 미래를 짓는 몽상적 건축가 |

나는 국민들을 상대로 저지른 범죄로 인해 희생된 사람들을
대신해서 이 두 독재자에게 사형 선고를 내릴 것을 호소한다.
기소장의 내용에는 형법 256조에 의거한 대량 학살,
형법 163조에 의거한 국민과 공권력에 대한 무장 공격,
형법 165조와 145조에 의거한 국가 경제의 근간이 되는 건물과
국가 시설의 파괴가 포함되어 있다.

*1989년 12월 25일에 열린 니콜라이 차우셰스쿠와
엘레나 차우셰스쿠에 대한 비공개 재판 기록에서 발췌*

 동유럽의 역사는 부패할 대로 부패한 왕권, 토지 소유자의 부재, 외세의 침략, 무장 점령군, 암살, 빈번한 유혈 투쟁 등으로 온통 얼룩져 있다. 그리고 애석하게도 루마니아의 역사 또한 예외가 되지 못한다. 제1차 세계대전 이후에 루마니아에는 수많은 정당이 만들어졌는데, 그중 코르넬리우 코드레아누가 이끄는 파시스트 단체인 철위단鐵衛團이 1935년 즈음에 정치 무대를 지배하기 시작했다.
 그러나 1938년에 독재 정권을 선언한 루마니아의 국왕 카롤 2세는

철위단이 선거에서 승리를 거두는 등 세력이 강해지자 당을 강제 해산하고 코드레아누를 처형했다. 카롤 정권은 이런 강경책으로 국가를 장악했는데도 소련, 헝가리, 불가리아 등 다른 나라에 의해 막대한 넓이의 토지를 점령당했다. 이런 상황에서 루마니아 전역에서 시위가 일어났고, 이로 인해 카롤은 당시 십대였던 아들 미카엘에게 왕위를 내주고 물러나야 했다. 하지만 미카엘 역시 얼마 후 파시스트 독재 정치를 선언한 이온 안토네스쿠 총리에 의해 쫓겨났다.

1941년에 안토네스쿠는 히틀러의 반(反)소련 전쟁에 가담했지만 독일의 전세가 불리해지자 방향을 바꾸어 연합국에 가담했다. 제2차 세계대전이 끝난 후에는 소련의 지원을 받은 공산주의자들이 1946년 루마니아의 선거에서 승리해 루마니아 인민공화국이 수립되었다. 미카엘이 왕위에서 물러나고 이온 안토네스쿠도 처형당하면서 루마니아는 페트루 그로자가 통치하게 되었다. 그러나 루마니아는 소련의 지배를 받는 거대한 위성 국가 조직으로 들어갔다.

1960년대에 이르러 게오르게 게오르기우데지[1]와 그 뒤를 이어 지도자에 오른 니콜라이 차우셰스쿠에 의해 루마니아 공산당은 소련으로부터 차츰 독자적인 노선을 걷게 되었다. 소련과 루마니아의 관계가 완전히 단절된 1968년에 루마니아는 차우셰스쿠가 소련의 체코슬로바키아 침략을 공개적으로 비난할 만큼 강해졌다. 이 일로 차우셰스쿠는 서구 국가들로부터 경제적 원조뿐 아니라 엄청난 찬사를 받았다. 하지만 유럽의 민주주의 국가들이 좋은 조짐이라고 생각하던 니콜라이 차우셰스쿠의 모습이 독재적인 지도자로 바뀌면서 루마니아 국민들에게는 엄청난 불행이 예고되고 있었다. 차우셰스쿠의 독재

---

1. 루마니아의 노동 운동가이자 정치가. 11세 때부터 노동자로 일했으며 18세에 혁명운동에 참가했다. 제2차 세계대전 말기에 나치스의 점령군 및 파시스트 정권에 대한 투쟁을 전개했다.

니콜라이 안드루타 차우세스쿠는 1965년에 전임자인 게오르게 게오르기우데지가 죽자 당 제1서기에 오르면서 루마니아의 지도자가 되었다.

정치는 잠깐 사이에 나라 전체를 비극으로 몰아넣었다.

 니콜라이 안드루타 차우세스쿠는 1918년 1월 26일에 루마니아 서남부에 위치한 작은 마을 스코르니체스티의 한 농가에서 태어났다. 차우세스쿠는 열한 살 때 가족과 함께 루마니아의 수도인 부쿠레슈티로 옮겨가 제화공으로 일했다. 1932년에 청년 공산당 동맹에 가입한 차우세스쿠는 1년 후에 당 지도부의 눈에 띄어 수도에서 열리는 반反 파시스트 회의에 당 대표로 참석하기도 했다. 그는 열다섯 살이라는 아직 어린 나이에 파업을 선동하고 정부 정책에 위배되는 인쇄물을 배포한 혐의로 투옥되기도 했다. 이것은 그가 투옥하게 되는 여러 '범죄들' 중 첫번째였다.

 1934년 6월에 차우세스쿠는 얼마 후 루마니아의 총리가 된 게오르게 게오르기우데지가 선도하는 그리비타 철도 노동자들의 집단 재판에 항의하는 서명을 모았다는 혐의를 받았다. 그리고 그해 말, 공산주의 선전 강연을 했다는 이유로 두 번째로 투옥되었다. 이즈음 차우세스쿠는 위험한 공산주의 선동가로서 경찰들의 블랙 리스트에 오르게 되었다. 경찰에 쫓긴 그는 수도 부쿠레슈티를 떠나 고향인 스코르니체스티로 도피했다. 이후 차우세스쿠는 당국의 추적이 뜸한 틈을 타 다시 부쿠레슈티로 가서 정치 활동을 계속했다.

그후 몇 년 동안 차우세스쿠는 체포되고 투옥되고, 석방되고 다시 체포되기를 되풀이하며 세월을 보냈다. 1940년에 부쿠레슈티 근처에 있는 질라바 감옥에서는 그가 수감된 지 얼마 되지 않아 철위단의 습격으로 죄수 64명이 목숨을 잃었다. 겨우 목숨을 건진 차우세스쿠는 티르구 지우에 있는 강제수용소로 이송되었다. 그곳에서 그는 키부 스토이카, 이온 게오르게 모러, 그리고 특히 1933년 재판에서 그가 이미 지지한 바 있던 게오르게 게오르기우데지와 같은 거물급 공산주의자들과 함께 수용되었다. 1944년에 수용소에서 풀려난 뒤 차우세스쿠는 곧바로 청년 공산당 연합에서 서기로 임명되어 정력적으로 활동했다.

1946년에 니콜라이 차우세스쿠는 1939년부터 만남을 가졌던 엘레나 페트레스쿠라는 젊은 여인과 결혼했다. 교육을 많이 받진 못했지만 차우세스쿠만큼 정치적 열정이 컸던 엘레나는 1930년대에 청년 공산당 연맹에 가입하기도 했다. 그들의 결혼은 이상적인 결합인 듯했고, 두 사람은 이후 오랫동안 어느 정도는 악명 높은 협력적 동반자가 되었다. 두 사람이 남편과 아내로서 처음 한 일은 발렌틴이라는 남자아이를 입양한 것이었다. 당시 루마니아 노동당에서는 당원들에게 전쟁 고아의 입양을 권했다.

1947년에 이르러 공산당이 정치적 실권을 장악하기 시작했고, 1952년 당의 수장인 게오르게 게오르기우데지가 총리에 선출되었다. 그리고 그의 심복이었던 차우세스쿠는 농무장관이 되었다. 그의 당 서열은 비교적 빠르게 상승하는 편이어서 농무장관이 된 지 얼마 되지 않아 국방차관의 자리에 올랐다.

그동안 차우세스쿠의 식구도 늘어났다. 엘레나는 1950년에 첫딸 조이아를 낳았고 이듬해에 아들 니쿠를 낳았다. 그리고 얼마 후 차우세스쿠는 지금의 루마니아 노동당Romanian Workers' Party, RWP인 중앙위원회의 정회원이 되었고, 그 다음에는 사실상 공산당의 집행부 중 가장 막강한 정치국의 일원이 되었다. 이것은 커다란 영예일 뿐 아니라 유력한 정치가로서 성공적인 앞날이 보장되는 일이었다. 1965년에 게오르기우데지의 죽음으로 그의 위치는 더욱 확고해졌다. 게오르기우데지가 죽고 3일 후에 당 제1서기에 오른 차우세스쿠는 새로운 헌법을 만들어 국명을 루마니아 인민공화국에서 루마니아 사회주의 공화국으로 바꾸었다. 그의 정부가 사회주의 노선을 채택했음을 명시한 것이다.

초기에 니콜라이 차우세스쿠는 소련에 대해 독립적인 입장을 취한다는 이유로 국민들로부터 꽤 높은 지지를 얻었다. 그 이전에 루마니아는 소련을 맹목적으로 따르고 스탈린의 추종자 역할을 자처해 국가의 정체성을 상실할 정도였기 때문이었다. 1968년 8월 22일에 소련이 체코슬로바키아를 침입했을 때, 당시 국가의 수반이던 차우세스쿠는 공화국 광장을 가득 메운 루마니아 관중들을 향해 이렇게 말했다.

> 우리는 언제 어느 때라도 사회주의 조국 루마니아를 지킬 수 있도록 준비해 나가야 합니다. 자기 나라의 독립과 권리를 지키기 위해 모두가 투쟁하는 오늘날, 사회주의 국가가 다른 나라의 자유와 독립을 침범하는 일은 상상할 수 없습

니다…. 우리는 지금부터 노동자, 농민, 지식인 등 조국 독립의 수호자들로 구성된 무장 애국 결사대를 만들기로 했습니다…. 루마니아의 모든 국민은 누구든 우리 조국을 침범하는 것을 허락하지 않을 것입니다.[2]

　루마니아 국민들은 차우세스쿠의 태도에 호감을 가졌다. 나중에 그가 자신의 입장을 유연하게 바꾸었는데도, 사람들은 한동안 그가 오로지 자국의 이익만을 간절히 바라는 지도자라고 생각했다. 그러나 차우세스쿠가 국내에서 독립적인 외교 정책을 옹호하긴 했지만 결코 자유주의자는 아니었다. 실제로 그의 정부는 스탈린주의 방식을 그대로 따르며 고도로 중앙집권화된 행정부를 표방했다. 그는 시민들을 감시하고, 표현의 자유를 엄격하게 금했으며, 출판물까지 검열하는 비밀경찰을 조직했다. 비밀경찰은 적으로 의심되거나 혹은 이보다 더한 외국 첩자로 의심되는 사람이면 누구든 체포할 수 있는 권한을 가지고 있었다. 그리고 체포한 사람들은 재판을 하지도 않고 자신들이 원하는 기간만큼 구금할 수도 있었다.
　차우세스쿠 정권에서 비밀경찰이 저지른 가장 극악한 행동은 도브루자에 강제노동수용소를 만들어 운영하면서 이곳에 수용된 사람들에게 다뉴브 강에서 흑해를 연결하는 59.2킬로미터의 운하를 건설하게 한 것이다. 사람들은 이것을 '죽음의 운하'라고 불렀다. 이것은 열악한 환경에서 수십만 명의 수용자들이 강제노동에 동원된 엄청난 사업이었다. 수용자들 대부분이 운하를 건설하는 도중 죽었는데도

---

2. 줄리언 헤일의 『차우세스쿠의 루마니아 Ceausescu's Romania』(1971).

중단되지 않았다. 오히려 차우세스쿠는 이 사업을 '달갑지 않은 소수 집단'을 루마니아에서 몰아낼 수 있는 절호의 기회로 여겼다.

트란실바니아와 몰도바의 헝가리인들이 모국어를 썼다는 이유로 도브루자 강제노동수용소로 끌려왔다. 그들이 해야 하는 일은 도랑을 파고 바위를 깎아내고 외바퀴 손수레로 흙을 나르는 등 노예들의 노동이나 다름없었다. 하지만 외국 사절단이 이곳을 시찰하러 왔을 때는 그곳의 섬뜩한 환경을 들키지 않도록 보이지 않는 곳에 숨어야 했다. 수용소에는 위생 시설이 제대로 갖춰지지 않았고 음식이나 의료품도 부족했기 때문에 영양실조와 끊임없는 매질로 이미 체력이 약해진 사람들이 결핵이나 이질로 죽는 일이 많았다. 1984년에 수용자들이 짐승보다 못한 취급을 받아가며 운하를 완성했을 때 차우세스쿠는 그것을 자신의 가장 위대한 업적 중 하나로 평가했다. 그러나 그 운하는 차우세스쿠가 구축한 잔학한 정권의 상징물이기도 했다.

1966년에 차우세스쿠는 피임과 낙태를 금지하는 새로운 법안을 통과시켜 세금을 늘렸다. 표면상으로는 인구를 늘리기 위한 정책이었지만, 실제로는 국민을 위협하는 또 하나의 수단일 뿐이었다. 공장에서 일하는 모든 여성들은 새로운 법을 따르고 있다는 것을 증명하기 위해 매달 부인과 검사를 받아야 했다.

> 그들은 병원에서 종합건강진단과 체내 검사를 받아야 했는데, 이때 루마니아 사람들 사이에서 '월 1회 순경'이라는 별명으로 통하는 정부 관리들이 감시하는 경우가 종종 있었다.

---

3. 원래 헝가리의 일부였으나 제1·2차 세계대전 이후 루마니아에 할양된 중부의 한 지방.
4. 루마니아 동부의 한 지방으로 옛 공국. 1861년에 왈라치아와 합병해서 루마니아가 되었다.

차우세스쿠는 악명 높은 어느 연설에서 이렇게 주장했다.

> 태아는 사회 전체의 재산이다. 아이를 갖지 않으려고 하는 사람은 국가 영속성에 관한 법을 어기는 자이다.[5]

그러나 많은 여성들이 위험을 무릅쓰고 몰래 낙태를 해서 그들 자신이나 아직 태어나지 않은 태아에게 돌이킬 수 없는 위험을 초래하는 경우가 종종 있었다. 그렇지 않아도 힘든 상황에 짐을 하나 더 얹으려는 듯, 차우세스쿠는 40세 이하의 모든 여성들은 자녀를 최소한 넷(나중에는 다섯 명으로 늘렸다)은 낳아야 한다는 명령을 내렸다. 아이가 없는 여성들에게는 높은 세금을 부과했다. 불행하게도 새로운 낙태법이 식량이 부족한 지역에까지 적용되었다. 체중 미달인 신생아가 심심찮게 있었는데, 실제로 1.5킬로그램 이하인 아기는 '조산'으로 분류해 더 이상 치료하지 않았던 것이다. 그러자 의사들은 기록과 통계를 조작하기 시작했다. 부쿠레슈티에서 의사로 일하던 게타 스타네스쿠는 이렇게 말했다.

> 우리 지역에서 아이 하나가 죽으면 월급의 10-25퍼센트를 세금으로 내야 했다. 하지만 그것은 우리의 잘못이 아니었

---

5. 카렌 브레슬라우의 '철저한 계획하에 만들어지는 부모:차우세스쿠의 무자비한 법Overplanned Parenthood:Ceausescu's Cruel Law', 『뉴스위크』 1990년 1월 22일자.

다. 우리에게는 약도 없었고 우유도 없었다. 그리고 아이의
가족들은 가난했다.[6]

이처럼 여성들의 권리를 잔인하게 짓밟은 차우세스쿠의 다음 행동은 루마니아 국민들을 아사 직전까지 몰고가는 것이나 다름없었다. 1971년에 중국과 북한을 방문한 차우세스쿠는 마오쩌둥과 김일성을 만나고 나서 양쪽 체제에 대해 깊은 인상을 받았다. 나라의 산업을 부흥시키고자 마음먹은 그는 루마니아로 돌아오자마자 자신의 동지들이 그랬던 것처럼 서방 국가의 신용기관으로부터 막대한 자금을 빌렸다. 그 돈은 농촌 지역의 대규모 인구 감소 억제 정책에 쓰이거나, 도시 거주자들을 재정비해서 수출할 수 있는 사치품을 생산하는 데 사용되었다.

그런데 이 과정에서 차우세스쿠는 지불 상환 능력을 넘어서는 부채를 지게 되었다. 1980년대에 루마니아의 차관은 약 100억 달러에 달했다. 차우세스쿠는 가장 중요한 자연자원과 식량을 포함해, 루마니아에서 생산되는 것은 무엇이든 수출한다는 중대한 결정을 내렸다. 농촌 지역의 인구가 줄어들어 곡식을 비롯한 농작물이 사람들에게 골고루 돌아갈 만큼 충분히 생산되지 못했다. 그런 상황에서 고기와 채소, 과일 등을 수출하고 나면 그때부터 루마니아 사람들은 식량 부족에 시달려야 했다. 차우세스쿠는 이제 의료품을 살 여유도 없었다. 게다가 그즈음에는 이미 수지가 맞지 않아 10퍼센트만 가동되고 있던 정유공장마저도 돈이 없어서 가동할 수가 없었다.

---

6. 앞과 동일.

루마니아 국민들 대부분이 가난으로 고통받고 식량난과 연료 부족에 허덕일 때, 부쿠레슈티 근처에 있는 별장의 백합 연못에서 포즈를 취하고 있는 차우셰스쿠는 외국에서 수입한 최고급 정장을 입는 등 호화로운 생활을 했다.

1980년대에 긴축 정책과 식량 배급제가 도입되었다. 상점 밖에는 사람들의 행렬이 끝없이 이어졌다. 빵을 얻기 위해 몇 시간씩 기다리다가 결국 빵이 다 떨어졌다는 말을 듣고 집으로 돌아가야 하는 일이 허다했다. 그러던 어느 날, 연료가 부족하니 각 가정에서는 40와트짜리 전구를 사용하고 밤에는 가로등 세 개 중 하나만 밝히라는 정부의 지시가 떨어졌다. 연료 부족으로 병원에도 비상이 걸렸다. 전력이 공급되지 않으면 수술을 할 수 없었을 뿐 아니라 환자의 생명을 유지하는 데 필요한 기계조차 정상적으로 작동할 수 없었다. 심지어 환자의 나이가 70세가 넘은 경우에는 구급차를 보내지 않기도 했다.

국민들이 이와 같은 고통을 겪으며 하루하루를 연명해 가는 동안, 차우세스쿠와 그의 가족은 호화로운 생활을 누리고 있었다. 양쪽이 보여준 생활의 불균형은 역겨울 정도였다. 차우세스쿠는 호화로운 궁을 40채 이상 소유하고 있었다. 물론 그중에서 가장 화려한 곳은 말할 것도 없이 부쿠레슈티에 있는 프리마베리 궁전이었다. 차우세스쿠가 사망한 뒤 이 궁전이 공개되었을 때, 그곳의 모든 방은 호화로운 옷과 장신구들로 뒤덮여 있었다. 엘레나의 모피 코트들로만 가득 채워진 방도 있었고, 수백 벌의 드레스와 그보다 더 많은 신발들로 채워진 방도 있었다. 그런가 하면 또 어떤 방에는 차우세스쿠의 맞춤 양복과 사냥할 때 입는 옷들(그중 대부분이 한 번도 입지 않은 것들이었다)이 가득했다.

궁전에 장식된 물건들도 화려하기 이를 데 없었다. 정교한 은그릇들과 가격을 매길 수 없는 카펫, 샹들리에, 도자기 그리고 대리석이 궁마다 넘칠 만큼 많았다. 궁 밖의 풍요로움도 내부 못지않았다. 여러 대의 벤츠, 리처드 닉슨 미국 대통령이 선물한 뷰익 일렉트라를 비롯해 온갖 종류의 자동차가 있었다. 뿐만 아니라 호화 요트인 스나고브Ⅰ과 스나고브Ⅱ, 로켓 고속 보트도 여러 척 있었다.

1984년에 차우세스쿠는 또 다른 궁을 지을 토지를 확보하기 위해 부쿠레슈티의 우라누스 힐스 주택가에 있는 일급 부동산 1억 평방미터를 폭파하라고 명령했다. 적어도 파리의 샹젤리제만큼 길고 인상적인 가로수길이 의회궁, 그러니까 인민궁까지 이어지기를 바랐다. 이렇게 해서 완성된 85미터 높이에 17만 6천 평방미터가 넘는 이 궁은 전 세계를 통틀어 미국의 펜타곤 다음으로 큰 건물이 되었다.

어떤 사람들은 이 궁과 여러 가지 호화로운 장식품들을 보면서 그 주인이 공산당의 당원, 더구나 루마니아 대통령이라고는 짐작조차 하지 못하고 서양의 어느 바람둥이가 지은 것이라고 생각했을지도 모른다.

차우세스쿠가 서방 국가에서 빌린 국가의 돈으로 호사스러운 생활을 계속하는 동안 국민들은 그의 폭정을 그대로 감당해야 했다. 식량 부족과 연료 부족은 해결될 기미도 보이지 않아 국민들의 비참함은 더해만 갔다. 고아원이 나라 전역에서 급속도로 늘어났는데, 이는 차우세스쿠가 낙태와 피임을 금지하는 법률을 통과시킨 이후 인구가 크게 증가했기 때문이었다. 가정에서는 먹을 것이 제대로 없었기 때문에 계획하지 않은 아이들은 고아원에 버려졌다.

고아원의 환경이 열악한 것은 말할 필요도 없었다. 음식과 담요, 옷, 특히 의약품이 턱없이 부족했다. 입을 옷이 없어서 벌거벗고 지내는 아이들이 허다했고, 비위생적인 환경에서 지내다 보니 만성 설사나 기생충 감염, 피부병에 걸리는 경우도 빈번했다. 하지만 이런 환경보다 아이들에게 더 치명적인 것이 있었다. 차우세스쿠의 가혹한 독재 아래서 오랫동안 서구의 발달된 의학을 따라갈 수 없었던 루마니아 의사들은 아이들의 영양실조를 조금이라도 치료해 보려고 혈액 주사를 놓아주기 시작했다. 그러나 사전에 검사하지 않은 혈액을 투여하는 바람에 많은 아이들이 에이즈에 걸리고 말았다.

차우세스쿠는 퇴폐적인 서방 국민들이 이 병을 옮겼다고 믿었다. 차우세스쿠 정권 말기에 이르러 루마니아의 고아원에서 생활하는 아이들이 15만 명을 넘어섰고, 그중 수천 명의 아이들이 두세 살이 되기까지 걸음마를 배우지 못했으며, 또 수천 명이 넘는 아이들이 에이즈 바이러스에 감염되었다.

그런데 1965년에 당을 장악한 이래로 국민들에게 불행만을 가져다준 차우세스쿠가 의회에 의해 공화국의 종신 대통령이 되었다. 이제 차우세스쿠와 그 일파들을 권력에서 몰아내는 방법은 혁명밖에 없었다. 그런데 그 기적이 그로부터 10년이 지난 후에야 일어났다.

그동안 차우세스쿠는 자신이 극도로 싫어하는 대상, 즉 루마니아에 사는 소수의 헝가리인들에게 관심을 돌렸다. 공산주의자들이 나라를 장악하고 나서 루마니아, 특히 트란실바니아에 사는 헝가리인들은 공산주의 정부로 인해 고통을 당했지만, 날이 갈수록 민족주의 경향을 띠어가는 차우세스쿠의 환상 때문에 더 힘든 생활을 해야 했다. 차우세스쿠의 정부는 헝가리인들이 소유하고 있는 토지의 80퍼센트를 몰수해 루마니아인들에게 재분배했다. 게다가 헝가리인들의 학교는 강제로 폐교시키고 예외 없이 루마니아인들에 의해 집필된 교과서는 반反 헝가리 성향을 띤 내용이었다. 헝가리인들은 공공장소에서 모국어로 얘기할 수 없었다. 모국어를 말하다 적발되면 그 자리에서 체포되어 매질을 당하거나 감옥에 갇혔다. 1980년대에 차우세스쿠의 대규모 산업화 정책이 실시되면서, 헝가리인 마을들이 불도저로 완전히 파헤쳐졌고 사람들은 강제로 마을에서 내쫓겨 나라 이곳저곳으로 옮겨다녀야 했다. 그런데 니콜라이 차우세스쿠가 독재자였다면, 그의 아내 엘레나는 폭군보다 더한 인물이었다.

1975년에 엘레나는 몇몇 저명한 과학자들에게 논문을 쓰도록 '설득'한 다음 그것을 훔쳐 자신의 이름으로 출판했다. 엘레나는 초등학교도 마치지 못했는데도 어찌어찌해서 화학 박사 학위를 받았고 나중에는 화학연구소의 소장이 되었다. 사람들은 대부분 그녀가 학위를 위조했다는 것을 알고 있었지만, 누구도 감히 나서서 거짓을 폭로하지 못했다. 엘레나의 야망은 학문에 그치지 않았다. 그녀는 1979년에 니콜라이 차우세스쿠 내각의 명예의원이 되었고, 1980년에는 제1

부수상이 되어 루마니아에서 남편에 이어 두 번째로 막강한 권력을 가지게 되었다. 사실 차우세스쿠가 입안한 일부 혹독한 정책 뒤에는 엘레나가 있다고 믿는 사람들이 꽤 많았다. 여기에서 그치지 않고 니콜라이와 엘레나는 이후 자신들의 주위에 '개인숭배'라는 제단을 쌓아올렸다.

중국과 북한을 방문하고 나서 마오쩌둥과 김일성의 권위에 감동한 차우세스쿠는 루마니아에서도 그와 흡사한 체제를 만들고 싶어했다. 그는 인쇄물과 텔레비전을 통해 자신이 국민들에게 아버지와 같은 존재라는 인식을 심어주었고, 거기에 덧붙여 '자신의 생각으로 루마니아의 모든 업적을 이룬 창의적인 공산주의자'로 묘사했다. 차우세스쿠와 그의 측근들은 자신들의 정권을 '황금시대'라고 불렀으며 이

1989년 부쿠레슈티에서 열린 14차 루마니아 공산당 회의 폐회식에 참석한 엘레나 차우세스쿠는 자신의 학위를 모두 위조했는데도 루마니아에서 남편 다음으로 막강한 권력을 가지고 있었다.

시기에 예술과 학문이 번성했음을 암시했다.

매스컴에서 그를 칭할 때 '국가의 미래를 짓는 통찰력 있는 건축가'라든가 '국가의 발전과 독립의 보증인' 등 경외스러운 표현을 쓰도록 했다. 도시와 마을 곳곳, 그리고 관청과 교실의 벽마다 니콜라이 차우세스쿠와 엘레나의 커다란 초상화와 사진이 붙었다. 사실 엘레나도 남편 못지않게 칭송받는 것을 좋아했다. 신문이나 잡지 등에서 그녀를 칭할 때는 '조국의 어머니', '영광스런 루마니아를 만들어 가는 당의 지도적 투사', '당의 햇불' 등 온갖 우스꽝스러운 수식어가 동원되었다. 심지어 엘레나와 차우세스쿠의 생일은 국경일로 지정되기도 했다.

두 사람의 아들인 니쿠도 그들 못지않은 특권을 누리며 자랐다. 차우세스쿠가 사망하면 엘레나나 니쿠가 대통령직을 이어받는 것은 물론이었다. 차우세스쿠의 형제 두 명이 루마니아 군대와 보안국의 요직에 임명되었고, 어떤 때는 그의 가까운 친척 27명 이상이 당 내에서 권력을 누릴 수 있는 자리를 차지했던 것을 보면 친족 등용은 당시의 관례였던 듯하다.

1984년 11월에 13차 당대회가 열렸을 당시, 경제가 급속히 무너져 국민들이 아사 직전에 놓여 있을 때도 니콜라이의 위치는 난공불락인 듯했다. 그는 자신이 입안한 산업화 정책을 변함없이 추진하겠다고 공언할 뿐, 전국적으로 시행되던 식량 배급이나 전력 단절, 연료 부족에 대해서는 한마디도 언급하지 않았다. 나라 전체의 경제가 끝없이 곤두박질치는 동안에도 자신의 생활 수준만은 위로 치솟아 오만함으로 가득했던 차우세스쿠는 1995년이 되면 루마니아가 에너지를 100퍼센트 자급자족하는 국가가 될 것이라고 전망했다. 당연한 일이겠지만 그러한 변화는 결코 일어나지 않았다. 1989년이 되면서 나라는 붕괴 직전에 놓였고, 국민들의 불만이 쌓일 대로 쌓인 나머지

티미쇼아라라는 도시에서 폭동이 일어났다.

헝가리인 목사 라슬로 토케스가 주도한 이 폭동은 정부에 불만을 가진 사람들의 평화적인 시위로 시작되었다. 그러나 토케스는 차우세스쿠 정권에 반대했다는 죄목으로, 특히 정부를 비난했다는 죄목으로 추방 명령을 받았다. 평화적인 시위는 이내 대규모 저항운동으로 변했고, 결국 시위 진압 경찰이 투입되어 사람들을 강제로 해산시켰다. 시위는 점점 더 격렬해져 나중에는 보안국과 군대까지 동원되었다.

경찰들이 갑자기 과잉 진압을 하는가 싶더니 빅토르 스탠쿠레스쿠 장군의 명령이 떨어지자 경찰이 군중들을 향해 총을 발포해 수백 명의 시민들이 목숨을 잃었다. 그날의 유혈사태로 대부분의 국민들은 스탠쿠레스쿠에게 발포를 지시한 사람은 차우세스쿠라고 믿었다.

다음날 밤에는 5만 명의 시민들이 티미쇼아라 거리로 나와 차우세스쿠와 정부를 일제히 비난했다. 차우세스쿠는 국내의 불안한 상황에도 아랑곳하지 않고(아내의 충고를 따른 것이라고 말하는 사람들도 있다) 자신이 직접 대중 집회를 열기로 하고, 12월 21일에 지금은 혁명광장이라고 부르는 부쿠레슈티 공화국 광장에 대규모 집회를 준비하라고 명령했다.

그날 밤 대통령이 무슨 말을 하는지 듣기 위해 8만 명의 시민들이 광장으로 모여들었다. 국민들과 전혀 다른 세계에서 살았던 차우세스쿠는 짐작했던 대로 국민들의 마음을 전혀 헤아리지 못하고 사회 경제 정책과 관련해 허황된 말만 잔뜩 늘어놓았다. 군중은 일제히 야유를 퍼부었다. 중앙위원회 건물 발코니에 서 있던 차우세스쿠는 누가 봐도 넋이 나간 모습이었다. 군중들은 "독재자를 타도하자!" "티미쇼아라! 티미쇼아라!"라고 소리쳤고, 차우세스쿠는 그저 멍하게 서 있었다.

하지만 다음에는 그보다 더한 상황이 차우셰스쿠를 기다리고 있었다. 그날의 집회 광경을 군중들만 본 것이 아니라, 전 세계에 방송된 것이다. 검열관들이 황급히 집회 현장에서의 촬영을 차단하고 그 대신 애국가를 내보냈지만 이미 때는 늦었다. 차우셰스쿠가 국민들에게 모욕을 당하는 장면이 만천하에 드러나고 말았다.

잠시 후에 중앙위원회 건물 안으로 황급히 들어간 차우셰스쿠와 엘레나는 그곳에서 또 하나의 실수를 했다. 그날 밤 수도를 떠나지 않고 다음날 아침까지 기다려보기로 한 것이다. 두 사람이 왜 그러한 결정을 했는지는 알 수 없지만 그 결정에 대한 책임을 엘레나의 탓으로 돌리는 사람이 있었다. 엘레나가 그 모든 일을 별일 아닌 소동쯤으로 여기고는 하룻밤 지나면 곧 잠잠해질 거라고 판단했다는 것이다. 하지만 그날의 소동은 시작에 불과했다.

아침이 되자 시위대들은 중앙위원회 건물로 쳐들어와서 먹이를 찾기 시작했다. 그제서야 자신들이 위험에 처했다는 것을 깨달은 차우셰스쿠와 엘레나는 건물 옥상에서 헬리콥터로 탈출하려 했다. 그러나 애석하게도 그들의 계획은 거기까지였다. 두 사람은 도망갈 곳도 숨을 곳도 없었다. 헬리콥터가 오긴 했지만 시위대에게 붙잡혀 부쿠레슈티 북쪽으로 50킬로미터쯤 떨어진 티르고비스테의 군사기지로 끌려갔다. 두 사람은 그곳에 가자마자 민간인 세 명과 판사 다섯 명, 검사 두 명, 변호사 두 명으로 구성된 군사법정에서 재판을 받았다. 그들의 재판 과정을 녹화하기 위해 온 사람도 있었다. 재판이 시작되자 검사인 댄 보이니아 장군이 '국민에게 저지른 범죄'와 '인간의 존엄성을 해친 행위'를 비롯해 차우셰스쿠가 저지른 죄목들을 나열했다.

차우셰스쿠는 "나는 의회 앞에서만 말할 것이다"라고 말하며 처음부터 재판에 협조하지 않았다. 하지만 그와 엘레나의 비협조적인 태도에 상관없이 검사 측은 재판을 계속 진행했으며, 이어 피고인의 혐의를 고발하는 의례적인 절차가 이어졌다.

> 그는 국민과의 대화를 거부했던 것과 같이 지금 우리와 대화하는 것도 거부하고 있습니다. 그는 국민을 위해 행동하고 말하며 국민의 사랑받는 아들이 되겠다고 늘 강조했습니다. 하지만 그는 국민들을 학대했을 뿐입니다. 두 사람은 자신들의 궁에서 휴일마다 호화로운 축제를 벌였습니다. 이 사실에 대한 상세한 내용이 이미 알려져 있습니다. 두 피고인은 외국으로부터 값비싼 음식과 옷을 들여왔습니다. 하지만 우리 국민들은 신분증을 보여주며 하루에 고작 식량 200그램을 얻을 뿐이었습니다. 국민들을 약탈한 두 피고인은 지금 이 순간까지 자신들의 죄를 인정하지 않는 비겁자입니다.[7]

법정에서 몇 차례 발언할 것을 요구했지만 차우세스쿠는 매번 의회 앞에서만 말하겠다고 되풀이할 뿐이었다. 검사가 의회는 해체되었다고 말했는데도 그는 의심스러운 표정을 지을 뿐 뉘우치는 기색이 없었다. "그 누구도 의회를 해산할 수는 없다"는 차우세스쿠의 말에 검사가 이제 구국 전선 임시정부가 들어섰노라고 말하자, 그는 이렇게 대답했다.

---

7. '니콜라이와 엘레나 차우세스쿠의 비공개 재판' 기록(1989년 12월 25일).
　　이 내용은 http://www.timisoara.com/timisoara/rev/trialscript.html.을 비롯한 몇 개의 웹사이트에서 볼 수 있다.

그 누구도 구국 전선을 인정하지 않는다. 그렇기 때문에 국민들이 나라 곳곳에서 싸우고 있는 것이다. 그 집단은 곧 파멸할 것이다.

재판을 하는 내내 두 명의 피고인과 검사들 간에 신랄한 질문과 대답이 쉴 새 없이 오고 갔다. 차우세스쿠보다 엘레나가 더 재판을 경멸할 가치도 없는 것쯤으로 취급해 버렸다. 그녀는 배우지 못한 시골뜨기에 지나지 않는다는 판사의 조롱에도 눈 하나 꿈쩍하지 않았다. 두 사람은 재판이 진행되는 동안 담담하게 자리를 지켰다. 변호인이었던 티코 테오도레스쿠에 따르면 차우세스쿠는 정신착란으로 가장하자는 충고도 딱 잘라 거절했다고 한다.

두 사람은 심한 모욕감을 느낀 나머지 유일한 생명줄을 붙잡지도, 붙잡으려 하지도 않았습니다. 그들은 그때부터 나의 도움을 거절했습니다.[8]

이어서 6만 명이 넘는 시민을 대량 학살하고, 루마니아의 마을 수백 개를 파괴했으며, 국민을 굶주리게 하고, 수천 명의 아이들이 억울하게 고통당한 일들을 비롯하여 여러 죄목들이 법정에 모인 사람들 앞에서 낭독되었다. 마지막으로 검사는 자신은 사형에 반대하지만 "지금 우리는 사람에 대해 이야기하는 것이 아니기" 때문에 이번

---

8. 앞과 동일.

경우는 예외로 적용하고 싶다고 말했다.

심지어는 차우세스쿠의 변호인까지도 동의하여 결국 두 피고인에게는 사형이 선고되었다. 이후로 재판은 신속하게 진행되었다. 두 사람은 법정 밖으로 인도되어 법원의 작은 마당으로 갔다. 그리고 뒷마당에 서라는 명령을 받았다. 댄 보이니아 검사는 마침 담배를 피우기 위해 잠시 밖에 나가 있다가 그 모든 과정을 지켜보았다. 나중에 그는 차우세스쿠가 법원 마당에서 대기하고 있던 한 무리의 병사들을 보고 걸음을 멈추었노라고 회고하며 이렇게 말했다.

> 차우세스쿠는 그때야 비로소 자신이 처형당할 거라는 사실을 깨달았던 것 같다.[9]

병사들은 니콜라이 차우세스쿠를 끌고 가 뒷마당 벽에 기대어 서게 하고 총을 쏘았으며 엘레나도 똑같은 방식으로 처형했다. 그날은 1989년 12월 25일이었다. 루마니아 국민들은 25년이 넘는 세월을 기다린 끝에 최고의 크리스마스 선물을 받은 셈이었다. 나중에 두 사람의 시신을 찍은 사진과 그림이 전 세계로 보내져 거의 모든 신문의 1면을 장식했다. 그 모습은 그저 늙은 연금 생활자 두 사람이 눈 위에 쓰러져 있는 것처럼 보였지만, 자세히 관찰해 보면 차우세스쿠와 엘레나의 머리 오른쪽에 핏자국이 나 있다.

차우세스쿠는 24년 가까이 루마니아를 통치했다. 처음에는 나라와 국민을 위해 봉사한다는 생각으로 정치에 발을 들여놓았지만, 권력

---

9. 『유나이티드 프레스 인터내셔널United Press International』 1990년 1월 25일자.

을 잡는 순간 나라 전체를 자신의 발아래에 굴복시켰고, 수천 명의 시민들을 죽음으로 내몰았다. 그는 난방과 음식, 치료, 교육과 같은 기본적인 인간의 권리마저도 빼앗았다. 그가 집권하는 동안 루마니아의 국민들은 암흑의 시대를 살아야 했다. 루마니아의 실제 상황을 직접 목격한 외국 기자들이 가장 놀란 것은 루마니아 고아원의 열악한 환경이었다. 그곳의 모습은 차우세스쿠 정권 시절이 얼마나 비참했는지를 있는 그대로 보여주었으며, 고아원의 모습이 보도되면서 전 세계가 루마니아를 주목하게 되었다.

혁명이 끝나고 총선이 열리기 전까지, 이온 일리에스쿠가 루마니아를 이끌었다. 일리에스쿠는 즉시 텔레비전과 라디오를 통해 성명을 발표했다. 그는 공산당이 만들어놓은 전체주의 체제를 없애고 1당 지배를 종식시키는 것이 자신의 의무지만, 그보다 더 중요한 것은 인간의 존엄성과 권리를 회복하는 것이라고 선언했다. 그는 국민들에게 표현의 자유를 보장하고, 경제 체제를 철저하게 조사해서 성장과 번영을 이끌겠다고 약속했다.

1990년 5월 20일에 일리에스쿠는 루마니아의 대통령으로 당선되었다. 나중에 그는 차우세스쿠를 성급하게 즉결 심판한 것을 유감스럽게 생각한다고 말하면서도 그것은 혁명이 내란으로 확대되는 것을 막기 위한 결정이었다고 주장했다. 그는 다음과 같이 말했다.

> 정상적인 절차에 따라 두 사람의 재판을 진행해야 했지만, 부쿠레슈티 내의 긴장이 고조되었고 전국적인 규모의 내전이 일어날 위험이 있었다.[10]

---

10. 로이터 통신 보도국(1995).

일리에스쿠는 2004년 12월에 임기가 만료되어 대통령직에서 물러났다. 전임자들과 달리 그는 어떤 지도자도 두 번 이상 대통령직에 오르지 못하도록 헌법을 개정하여 대통령의 임기를 단임제로 바꾸었다.

니콜라이와 엘레나의 시신은 부쿠레슈티에 있는 겐체아 공동묘지로 옮겨져 따로 묻혔다. 아무도 돌보지 않은 그들의 묘지는 잡초로 뒤덮였지만, 루마니아 국민은 차우세스쿠의 시절을 결코 잊지 못할 것이다.

12

폴 포트
POL POT

폴 포트
POL POT

브라더 넘버 1 |

우리 아이들은 세상의 그 무엇보다 앙카를 좋아합니다.
앙카 덕분에 우리는 더 풍요롭고 행복하게 살아갑니다.
혁명이 일어나기 전, 아이들은 가난했고 짐승처럼 살아야 했습니다.
우리는 추위에 떨며 고통스러워했습니다.
하지만 적은 우리에게 관심조차 보이지 않았습니다.
우리의 몸은 걱정스러울 만큼 말라 그야말로 뼈와 가죽밖에 남지 않았습니다.
밤이면 밖에서 잠을 잤고,
낮에는 먹을 것을 찾아 구걸을 하거나 쓰레기통을 뒤졌습니다.
이제 앙카가 우리에게 건강과 힘을 주었습니다.
이제 우리는 공동부락에서 삽니다.
혁명과 평등과 자유의 빛이 우리를 환하게 비춥니다.
아, 앙카여, 우리는 당신을 깊이 사랑합니다.
우리는 당신이 열어준 붉은 길을 따라 걸어갈 것입니다….

'위대한 앙카', 크메르루주 정권 시절 정부가 아이들에게 가르친 노래

1975년 4월 17일에 크메르루주가 프놈펜을 점령하면서 5년 동안 지속된 캄보디아의 유혈 내전이 막을 내렸다. 그러나 캄보디아 국민들 중에 고통은 이제부터 시작이라는 사실을 알아챈 사람은 거의 없었다. 그들의 새로운 지도자 폴 포트Pol Pot의 통치가 끝나갈 무렵, 캄보디아의 도랑 여기저기에는 수많은 해골들이 쌓여 있었고, 사람의

뼈가 진창에 흩어져 있는 킬링필드(killing fields, 대량 학살의 현장)로 변해 있었다. 1백만에서 2백만 명 정도의 캄보디아인들이 목숨을 잃었는데, 이는 캄보디아 전체 인구의 30퍼센트가 넘는 숫자였다.

폴 포트는 인도차이나(옛 프랑스령 식민지인 베트남·라오스·캄보디아를 가리킨다) 연방이었던 프랙 스바우브에서 1928년 5월 19일에 일곱 형제 중 막내로 태어났다. 태어났을 때 그의 이름을 '살로수 사'라고 지었는데, 1976년부터 폴 포트라는 예명을 썼다. 폴 포트의 아버지가 부농이긴 했어도 농사를 업으로 삼는 집안에서 어린 시절의 폴 포트는 단 한 번도 들에 나가 일을 해본 적이 없었다. 여섯 살이 되면서 형과 함께 프놈펜에서 불교를 공부했기 때문이다. 그는 몇 년간 불교학교를 다니다가 프랑스어 학교를 여러 군데 거친 뒤 가톨릭계 대학에서 정규교육을 받았다.

폴 포트는 비교적 영리한 학생이었지만 졸업을 하지는 못했다. 그런데도 정부 장학금을 받고 파리 유학을 떠나 전파전기학을 공부했다. 폴 포트는 프랑스 유학 중에 첫번째 아내인 키우 포너리를 만났다. 폴 포트보다 여섯 살 많았던 포너리는 성품이 좋고 캄보디아 여성 중 최초로 대학 입학 자격을 땄을 만큼 눈에 띄게 총명했다. 그러나 그런 아내의 도움을 받으면서도 폴 포트는 끝내 학위를 받지 못했다. 대신 혁명적 사회주의 성향을 가진 마르크스주의 학생 집단에 가담했다.

여기에는 이엥 사리, 송 센, 키우 삼판 등이 가입되어 있었다. 특히 키우 삼판은 젊은 폴 포트에게 크나큰 영향을 미쳤다. 캄보디아에서 진정한 사회혁명을 완수하기 위해서는 나라 전체를 농업경제 체제, 그러니까 교육과 산업, 도시, 화폐가 없는 경제체제로 되돌려야 한다고 믿은 사람이 바로 키우 삼판이었다.

파리에 있는 동안 폴 포트는 프랑스 공산당원으로 활동하면서 좌익

폴 포트는 1950년대에 프랑스에서 유학하는 동안 마르크스주의 단체에 가담했으며, 캄보디아로 돌아온 뒤에는 동료 급진주의자들과 함께 캄보디아 공산당 지도자를 몰아냈다.

캄보디아인들의 도움을 받아 캄보디아 인민사회주의연합을 이끄는 시아누크와 론 놀에게 도전하는 것이 목표였던 크메르 학생연합을 창설하는 데 한몫을 했다.

캄보디아로 돌아와서도 폴 포트는 혁명적 사고를 여전히 버리지 않고 캄보디아 공산당에 가입해 열정적으로 일했다.

이즈음 캄보디아 공산당은 캄푸치아 인민혁명당Kampuchean Peoples' Revolutionary Party, KPRP으로 개명한 상태였다. 하지만 1960년에 이르러 무능력한 당에 염증을 느낀 폴 포트와 동료 급진주의자들은 당 지도자들을 내쫓고 자신들이 당을 장악하면서 당명을 캄푸치아 노동당Workers' Party of Kampuchea, WPK으로 바꾸었다. 폴 포트는 새로 창설된 당에서 서열 3위의 직책인 중앙 상임위원에 선출되었다. 그리고 1963년 초에는 당의 지도자가 알 수 없는 이유로 행방불명되면서 가장 높은 자리인 서기장에 임명되었다.

그해에 폴 포트와 몇몇 가까운 동지들은 프놈펜을 떠나 캄보디아와 베트남의 경계 지역에 '오피스Office 100'이라는 이름의 '반정부 기지'를 세웠다. 이곳에서 폴 포트는 공산주의 국가인 베트남에서 무언가를 배워보기 위해 호치민 루트Ho Chi Minh Trail[1]를 통해 하노이로 가서 당시 베트남 공산당 서기장인 레주언과 비밀회의를 하려 했다. 그러나 이 시기에 베트남은 미국과 전쟁을 치르는 중에 내란까지 일어나 몹시 혼란스러운 상황이었다.

베트남은 다른 나라 사람을 도와줄 여유도 없었을뿐더러 그럴 입장도 아니었다. 오히려 그들은 폴 포트에게 캄보디아의 이해관계보다 베트남의 이익을 먼저 생각해 달라고 요구했다. 하지만 폴 포트는 베트남의 요구를 거절하고 캄보디아로 돌아와서는 자신의 전쟁에 집중하기로 결심을 굳혔다.

1966년에 중국을 방문한 폴 포트는 그때 한창 일고 있던 문화혁명을 보고 깊은 인상을 받았다. 그래서 캄보디아로 돌아왔을 때는 문화혁명의 사상을 캄보디아에 도입하기로 마음먹었다. 노동당은 그 짧

---

1. 산악이나 정글 지대의 작은 길로 형성된 정교한 통로 연결망. 베트남 전쟁 기간에 북베트남과 그들의 지원을 받은 공산주의 군사조직인 베트콩이 북베트남과 남베트남, 그리고 라오스, 캄보디아 간의 연락과 수송 등에 이용했고, 제2차 세계대전 이후에는 위의 국가에서 일어나는 봉기를 지원할 목적으로 게릴라들이 이용했다.

은 역사에서 두 번째로 이름을 바꾸어 캄푸치아 공산당Kampuchean Communist Party, KCP이 되었는데, 사실상 '붉은 크메르'라는 의미의 '크메르루주Khmer Rouge'라는 이름으로 더 많이 알려졌다.

이즈음에 폴 포트는 정치적으로 어려운 상황에 놓이게 되었다. 그래서 1967년에 그는 캄보디아 동북부에 피신해 그곳에서 산악지대의 부족들과 함께 지냈다. '최초의 크메르족'들로서 자급자족 생활을 하기 때문에 돈이 필요하지 않았던 그들은 불교를 특히 증오했다. 폴 포트는 그들의 단순한 공동생활 방식이 무척 마음에 들었다.

그해가 끝나갈 무렵 폴 포트와 정치 혁명가들은 정부군에 대항해 몇 차례 맹렬한 공격을 감행했다. 그리고 1968년 말에는 캄보디아의 열여덟 개 지역 중 열한 개가 내란 지역으로 보고되었다. 한편 미국은 반란을 진압하면서 동시에 베트남을 패배시키기 위해 그들의 적뿐 아니라 캄보디아 국경 내에 있는 공산주의자들의 은신처와 물자 보급로에 무차별적인 폭격을 퍼부었다. 그 결과 6십만 명이 넘는 캄보디아인들이 목숨을 잃었다. 하지만 공산주의자들을 진압하기는커녕 오히려 폴 포트가 지휘하는 크메르루주는 수적으로 급격히 증가했고 당원들의 사기는 충천했다. 특히 농민들이 크메르루주에 대해 관심을 보였다. 마오쩌둥이 그랬듯이 크메르루주가 교육받은 계층보다 무지한 사람들을, 도시민들보다는 농촌에 사는 사람들을, 그리고 특히 부자보다는 가난한 사람들을 더 중요하게 여기는 듯 보였기 때문이다.

1970년 당시 미군에 의해 내몰린 북베트남 군대가 캄보디아의 국경을 넘는 일이 잦자 시아누크는 북베트남이 캄보디아 영역을 더 이상 침범하지 못하도록 하기 위해 중국과 러시아에 도움을 요청하러 해외로 떠났다. 하지만 그것은 판단 착오였다. 그가 나라를 떠나자마자 반대파들이 시아누크를 추방할 기회로 삼고 론 놀을 총리로 세웠던 것이다.

시아누크는 중국에서 망명 정부를 조직한 뒤, 론 놀을 제거하기 위해 캄보디아에 있는 자신의 당과 크메르루주의 동맹을 추진했다. 중국으로부터 재정적 지원을 꽤 많이 받기 시작한 크메르루주 병사들은 상당히 높은 수준의 훈련과 훌륭한 장비를 갖추고 있었다. 5천 명 남짓한 무법의 게릴라 폭도에 지나지 않던 크메르루주가 갑자기 고도의 훈련을 받은 10만 명의 병사를 보유하며 막강한 전투력을 지닌 군대로 성장한 것이다. 이것은 보다 살벌한 내란의 전주곡과 같았으며, 예정대로 내란이 일어났다.

1979년 6월, 폴 포트가 크메르루주라는 이름으로 더 잘 알려진 캄푸치아 공산당 게릴라 병사들을 이끌고 숲길을 지나가고 있다.

1973년에 크메르루주는 캄보디아 영토의 60퍼센트 정도를 장악했고, 1974년 3월에는 옛 수도 우동을 점령했다. 앞으로 다가올 끔찍한 미래를 예고하듯, 크메르루주는 도시에 사는 사람들을 집단으로 살해했고, 2만 명이 넘는 사람들을 그들의 터전에서 시골로 내쫓았다. 수백 명의 교사와 지식인, 공무원들이 단지 대다수의 국민들보다 교육을 조금 더 많이 받았다는 이유만으로 사는 곳에서 쫓겨나거나 처형되었다. 그후 크메르루주는 프놈펜으로 진격해 1975년 초에 도시를 포위했다. 그리고 4월 1일에 론 놀 대통령은 자리에서 물러나 국외로 피신했다.

론 놀이 떠난 뒤 얼마 지나지 않아 프놈펜은 함락되었고, 캄보디아의 신년인 4월 17일 크메르루주 병사들은 승리자의 모습으로 수도에 들어왔다. 캄보디아 국민들은 크메르루주가 무엇이며 그들이 무엇을 위해 싸우는지는 익히 알고 있었다. 그러나 그들을 지휘하는 폴 포트에 대해 아는 사람은 거의 없었다. 실제로 폴 포트의 동생인 살로수 네프를 비롯하여 그의 가족들도 거의 알려지지 않았다. 그로부터 몇 년이 지나 폴 포트의 사진이 마을의 큰 식당 벽에 내걸리기 시작했을 때, 그제서야 사람들은 그가 누군지 알게 되었다.

군대를 이끌고 나라를 점령한 뒤 최고 지도자가 되겠다는 최종 목표를 이룬 폴 포트는 이제 혁명을 실행에 옮기는 일만 남았다.

그는 우선 캄보디아가 새로운 시작을 하는 시점에서 기존의 잘못된 모든 것, 특히 서구의 영향을 받은 문화와 종교를 깨끗이 없애기로 했다. 그런 의미에서 1975년을 '영년Year Zero'이라고 선언했다. 하지만 영년은 4년간의 살인과 무차별 폭력의 원년에 지나지 않았다. 폴 포트는 계획적으로 캄보디아를 분열시키고 외국과의 모든 관계를 끊었으며, 나라의 경제 구조를 완전히 무너뜨렸다. 외국 은행들을 붕괴시키고 교회를 파괴했으며, 무엇보다 국민들을 상상할 수도 없는 고통

속으로 몰아넣었다.

프놈펜에 진입한 지 이틀도 되지 않아 크메르루주는 식량이 충분하지 않다는 구실을 대며 총부리를 앞세워 시민들을 모두 시골로 '철수'시켰다.

하지만 실상은 도시보다는 농촌에서 반대 세력을 진압하기가 더 쉬웠기 때문이다. 농촌과는 달리 도시에는 크메르루주의 신념과 상반되는 사상을 가진 외국인들과 지식인들이 많았다. 교사, 의사, 간호사, 법률가, 상점주인, 하수처리장 일꾼 등 어떤 직업을 가졌든 목숨을 보존하고 싶은 사람들은 시골로 옮겨가 들에서 일을 하거나, 댐이나 도로 혹은 다리를 건설해야 했다.

이러한 대규모 '철수' 과정에서 수십만 명이 목숨을 잃었는데, 주된 원인이 식량과 물의 부족 때문이었고, 특히 노인과 어린이들이 심장병으로 죽는 경우가 많았다. 긴 행렬을 이루며 시골을 향해 가던 사람들은 퉁퉁 불은 채 길가에 쓰러져 있는 피난민의 시체들 사이를 지나가기도 했다. 이질, 영양실조, 어린이 유기, 탈수가 만연했다.

한편 폴 포트는 사람들을 집과 일터에서 몰아내는 데 그치지 않고 모든 경제시설을 폐쇄해 나라의 체계를 한순간에 무너뜨렸다. 외국 대사관에 난입하는가 하면 학교와 신문사들을 약탈한 뒤 폐쇄해버렸다. 론 놀 정부에서 일했던 사람들과 경찰, 기독교 성직자, 군 장교, 이슬람교 지도자, 교사, 공무원들은 체포되어 재판도 받지 않고 처형되었다.

가벼운 죄를 지었다고 해도 잔인한 처벌을 받기는 마찬가지였다. 자기 재산을 감추다 붙잡혀도 구금되어 고문을 당했다. 국민을 포함해 모든 것은 국가의 소유였다. 운이 나쁘게도 도시에 살게 된 사람들은 고된 노동으로 자신의 죄를 씻어야 했고, 임신한 여성이나 어린아이, 노인도 예외가 될 수 없었다. 그날 할 일을 다 하지 않으면 먹을 수도 없었으므로, 날씨와 환경, 조건에 상관없이 들판은(이곳은 곧 '킬링필드'로 알려지게 되었다) 늘 일하는 사람들로 가득했다. 그렇다고 해서 사람들에게 굶주림을 면할 정도로 충분한 음식이 배급된 것은 아니었다. 하루하루의 생활은 생존 전쟁이나 마찬가지였다. 크메르루주는 '자신을 지키려 하면 얻는 것이 없지만 자신을 죽이려 하면 잃을 것이 없다!'라는 표어를 내걸며 노동을 부추겼다. 일을 하지 않으면 굶주려 죽거나 폭동을 일으킨 죄를 뒤집어쓰고 총살당해야 했다.

이보다 더 비참했던 것은 가족을 부르주아적이고 불법적인 집단으로 간주했다는 사실이다. 아내는 남편과, 어머니는 아들과 헤어져야 했으며, 아이들은 어른들을 감시해서 아무리 사소한 것이라도 의심스러운 행동을 하면 즉시 신고하라고 교육시켰다.

언제나 세세한 문제까지 철저하게 마무리했던 폴 포트는 혁명을 완성하기 위해서는 모든 형태의 개인주의를 뿌리 뽑아야 한다고 판단했다. 그래서 그는 전체 인구를 세 개의 집단으로 나누었다. 첫번째 집단은 펜시스였다. 이들은 모든 권리를 가지게 되며 충분한 음식을 배급받을 수도 있고 원하면 당이나 군대에 소속될 수도 있었다. 대개 교육을 받지 못한 농민, 즉 폴 포트의 입장에서 전혀 위험하지 않은 사람들이 이 펜시스에 속했다. 두 번째 집단은 트리엠스였는데, 말하자면 펜시스를 지원하는 자들로 음식 배급에서 두 번째 순위를 차지했다. 트리엠스는 정치적으로 그리 중요하지 않은 자리를 차지할 수 있었는데, 그러기 위해서는 자신에게 그만한 자격이 있는지 증명해 보여야 했다. 세 번째 집단인 바뉴는 음식이나 신선한 식수를 비롯해 어떠한 권리도 누리지 못했다. 바뉴에 속한 사람들은 대부분 정부가 처벌하고 싶어하는 존재였다. 이들은 새벽부터 어두컴컴해질 때까지 일을 하면서도 아무것도 누릴 수 없었으며, 목숨을 이어가려면 길바닥에 버려진 음식 덩어리라도 찾아내야 했다.

또한 세 집단에 속한 사람들은 각각 다른 법을 지켜야 했다. 각 집단에 적용되는 법을 어기면 누구를 막론하고 처형되었다. 성관계를 갖거나, 생활 환경을 불평하거나, 보석을 걸치거나, 가족 사진을 간직하거나, 친척의 죽음을 슬퍼하거나, 종교를 가지는 것이 금지되었다. 정부가 금하는 행동을 하다가 적발된 사람들은 학교 건물을 개조해서 만든 프놈펜의 투올 슬렝(흔히 S-21로 불렸다) 수용소로 끌려갔다. 1974년부터 1978년까지 그곳에서 남자, 여자, 어린아이를 불문하고 1만 4천 명 이상이 고문을 당하거나 처형되었다. 수용자들은 이곳에 오자마자 사진을 찍고 어린 시절부터 자세한 신상을 기록해야 했다. 그런 다음 두세 명씩 좁은 방에 수감되었다. 그들이 갇힌 방의 벽에는 다음과 같은 글이 걸려 있었다.

너는 내 질문에 따라 대답해야 한다.
대답을 회피해서는 안 된다.
이런저런 핑계를 대며 진실을 감추려고 해서도 안 된다.
나와 논쟁하려고 하지 말라.
혁명을 방해하는 우를 범하지도 말라.
내가 질문을 하면 생각하느라 시간을 허비하지 말고
즉각 대답해야 한다.
너의 생명이나 혁명에 대해 이야기하지 말라.
채찍질이나 전기 고문을 당하더라도
절대 소리를 내서는 안 된다.
아무것도 하지 말라. 가만히 앉아 내 명령만을 기다려라.
명령이 없으면 조용히 있어라.

내가 너에게 무언가를 명령했을 때
반항하지 말고 즉각 실행하라.
캄푸치아에 대해 핑계를 대지 말라.
위의 규칙을 모두 따르지 않는다면,
너는 수많은 채찍질과 전기 고문을 당하게 될 것이다.
내가 정한 규정 중 어느 하나라도 어긴다면,
너는 열 번의 채찍질이나 다섯 차례의 전기 고문을 당하게
될 것이다.[2]

투올 슬렝에 수용된 모든 사람들은 이 규정을 엄격히 지켜야 했다. 조금이라도 어기면, 하다못해 허락을 받지 않고 소변을 보거나 잠을 청해 보려고 뒤척이기만 해도 심한 매질을 당했다. 그곳의 환경은 너무도 불결해서 수용자들 대다수가 전염병에 걸렸다. 그곳에서 살아남을 희망은 거의 없었고(살아서 투올 슬렝을 나간 사람은 수천 명 중 일곱 명에 불과했다), 체포된 사람은 죄를 지은 것이므로 처벌을 받아야 한다는 것이 그곳의 불문율이었다.

그곳을 책임지고 있던 사람은 혁명 당시의 이름인 더치로 더 잘 알려진 카잉 케크 아이브였다. 그는 자신과 부하들이 행했던 온갖 종류의 고문을 작은 노트에 기록해 놓았다. 거기에는 여자아이 네 명의 목을 칼로 찌른 뒤 숨이 끊어질 때까지 시간이 얼마나 걸리는지 쟀다는 내용이 나온다. 그보다 더 잔인한 것도 있었다. 여자아이의 배를

---

2. 요크 창(캄보디아 자료보관소 소장)의 '투올 슬렝 수용소Toul-Sleng as a Prison'.
더 자세한 내용은 http://www.bigpond.com.kh/users/dccam.genocide.에서 찾아볼 수 있다.

칼로 가른 다음 아이를 물이 가득 찬 통에 집어넣고 얼마 후에 죽는지 지켜보았다고 한다.

> 수용자들이 대나무를 깐 바닥에서 잠을 잘 때 크메르루주 군이 아래에서부터 총검으로 찔러 등이나 발에 상처를 내기도 했는데, 상처를 입은 수용자들은 몹시 고통스러워했다.[3]

실제로 고문을 하는 사람들 주변에는 킬링필드라는 무덤을 비롯해 사람들을 공포에 떨게 하는 장치들이 많이 있었다. 최근에 이 킬링필드에서 8천 개가 넘는 해골이 발견되기도 했다.

이런 끔찍한 수용소가 투올 슬렝에만 있었던 것은 아니었다. 캄보디아 전역에 있는 수용소는 최소한 스무 개가 넘었다. 수용소가 조금 멀리 떨어져 있는 지역에서는 폐건물을 수용소 대신 사용했다.

> 그들은 집에서 아버지를 끌고 나가는 순간부터 그 죽음의 장소까지 가는 내내 발로 차거나 구타를 했다. 처형당하기 전에 아버지는 다른 세 명과 함께 쇠사슬에 묶인 채 어느 버려진 사원의 지하실에 갇혀 있었다. 크메르루주 간부들은 아버지가 그 무덤까지 끌려가기도 전에 어차피 죽을 거라고 생각했기 때문에 며칠 동안 먹을 것을 전혀 주지 않았다….

---

3. 캄보디아에서 반인륜적인 범죄를 표시하는 '번호' 'The Number' -Quantifying Crimes Against Humanity in Cambodia, 캄보디아 자료보관소, 맵핑 프로젝트(1999).

매질이 너무도 혹독해서 아버지의 언어와 의식은 마비되었
다. 이때 아버지는 움직이지도, 살려달라고 애원하지도 못
하고 그저 마룻바닥에 누워만 있었다.[4]

    1976년 1월 5일에 크메르루주는 캄보디아라는 이름을 민주 캄푸치
아로 바꿨고, 그와 동시에 폴 포트가 총리에 올랐다. 다른 국가의 지
도자들과는 달리 폴 포트는 국내외에서 자신을 드러내지 않고 그림
자처럼 지내면서 '브라더 넘버 1'이라는 별칭으로 알려졌다. 내각의
측근들은 브라더 넘버 2, 브라더 넘버 3 등으로 익명의 호칭을 사용
했다. '앙카'라는 이름으로 더 잘 알려져 있는 폴 포트 정부는 자신들
이 캄보디아의 모든 아이들의 진정한 부모라고 선언했다. 그러고는
십대 아이들을 '재교육' 수용소로 보내 사람을 죽이고 고문하고 불
구로 만드는 법을 가르쳤다.
    여섯 살 미만의 아이들 역시 부모와 떨어져 정부가 선발한 '할머니
들'의 손에 자라면서 당에 대한 충성심을 배웠다. 여섯 살에서 열두
살 사이의 아이들은 대개 이동 부대에 들어가 지방을 다니며 당의 정
치 노선을 따르지 않는 사람들을 색출하는 일을 했다.
    이 집단이야말로 가장 무시무시한 존재였다. 붉은색 수건을 걸치고
다니는 이들은 교육을 받진 못했지만 비정상적일 정도로 철저하게
세뇌 교육을 받았다. 이들은 캄보디아 전체를 황폐하게 만들었으며,
법적인 정당성을 따지거나 재판 절차를 거치는 것은 고사하고 아무
런 이유 없이 시민들을 향해 무차별적으로 총을 난사했다. 그 아이들

---

4. 시소왓 둥 찬토의 증언. www.cybercambodia.com

은 사람들에게 마음대로 죄목을 갖다 붙였고, 어른들이 자신들 앞에서 쩔쩔 매거나 살려달라고 애원하는 모습을 즐겼다.

이처럼 캄보디아에서 인간애를 비롯해 과거의 전통과 관습의 마지막 흔적까지 모두 없애려 한 폴 포트의 행동은 비단 가족에게만 국한된 것이 아니었다. 그는 캄보디아의 가장 오래된 종교, 즉 불교를 자신의 권위에 직접적인 위협이 되는 것으로 간주하고는 말살하기로 마음먹었다. 캄보디아의 남자 아이들은 어느 시기가 되면 일정 기간 불교 사원에서 생활하며 승려 교육을 받거나 불교 교리를 배웠다. 그러나 권력을 잡기 무섭게 불교 의식을 금지한 폴 포트 치하에서 더 이상 이러한 관습을 행할 수는 없었다. 크메르루주는 저명한 승려 수백 명을 처형했고, 일부 승려들의 성직을 박탈했으며, 사원을 파괴했다. 그런가 하면 폴 포트는 캄보디아인들의 생활에 있어 가장 중요한 부분이었던 불교의 교리를 자신의 혁명 이론과 대치된다는 이유로 금지했다. 예를 들어 베풂으로써 덕을 쌓는 불교의 의식은 폴 포트가 이루려 했던 모든 것과 상반되었다.

지식 계급 또한 폴 포트가 제거하려는 대상이었다. 교육을 많이 받은 사람은 크메르루주와 폴 포트에게 불만을 제기할 만한 위험 인물로 간주되었다. 학교와 도서관은 폐쇄되었고, 그중 일부는 불에 타서 잿더미가 되었다. 책을 소유하는 것도 죄가 되었으며, 때론 안경을 쓴 사람들이 단지 지식인처럼 '보인다'는 이유로 잡혀가 처형당했다.

그 외에도 외국의 의료 원조가 완전히 중단되면서 캄보디아 국민들은 이중고를 겪어야 했다. 병에 걸린 사람을 치료해 줄 의사나 간호사는 물론 의약품도 제대로 갖춰지지 않았다. 정부가 세운 대책이라고는 국민들에게 약초 사용법을 교육한 것이었다. 질병이 온 나라에 퍼지기 시작했는데도 폴 포트는 국민들의 고통을 외면했다.

이 모든 것은 폴 포트가 구상한 계획의 본질적인 부분, 즉 국가의 자립을 위한 것이었다. 캄보디아는 다른 나라, 특히 서방 국가들과 관계를 맺거나 그들의 도움 없이도 살아갈 수 있어야 했다. 사실 서방 국가들은 캄보디아에서 어떤 일이 벌어지고 있는지 거의 알지 못했다.

캄보디아 정부가 신문사와 TV 방송국을 폐쇄하는 것과 함께 외국 대사관과 그 직원들을 모두 자국에서 내몰고 우편 업무를 중지했기 때문에 국내에서 벌어지는 잔학 행위가 외부 세계로 좀처럼 빠져나가지 못했던 것이다. 이따금씩 누군가가 우연히 캄보디아의 경계를 넘어갔다가 그곳에서 벌어지고 있는 대량 학살과 구타, 참혹한 생활상을 목격하고는 외부 세계에 전하긴 했지만 심각하게 받아들여지지 않았다. 심지어 유엔은 정상회의에 캄보디아를 참여시킬 방법을 모색하기도 했다. 1978년, 리처드 더드먼 기자와 『뉴욕 타임스』의 엘리자베스 베커 기자, 그리고 영국 학자인 맬컴 캘드웰은 폴 포트를 만나려고 여러 차례 시도한 끝에 겨우 인터뷰를 하게 되었다. 그로부터 20여 년이 흐른 뒤 엘리자베스는 폴 포트와의 만남에 대해 이렇게 회고했다.

> 호감이 가는 미소와 섬세하고 빈틈 없어 보이는 눈빛을 가진 그는 기품이 넘치는 사람이었다…. 폴 포트는 원고나 메모를 준비하지도 않은 채 부드러운 목소리로 우리에게 한 시간 넘게 연설을 했다. 그는 임박한 베트남 침공에 대해 시종일관 차분한 어조로 열변을 토하면서, 나토의 미국과 유럽의 군대가 그를 대신해서 캄보디아의 논과 고속도로에서 베트남과 그 동맹국인 소련을 상대할 거라고 말했다. 그는 멈추지 않고 계속 말을 이었다. 하지만 캄보디아 국민들이

처한 상황이나 무차별적인 처형, 혹은 킬링필드에 대해서는 단 한마디도 언급하지 않았다. 그의 시야에는 자신의 행동을 정당화하는 것과 적에 관한 이야기 외에 다른 것이 들어설 여지가 없었다.[5]

인터뷰가 끝난 뒤 세 명의 외국인은 쫓기듯 호텔로 돌아왔다. 그리고 그날 밤 늦게, 엘리자베스 베커가 총소리를 듣고는 위층에 있는 맬컴 캘드웰의 방으로 부리나케 올라가 보았더니 그의 몸이 바닥에 널브러져 있었다. 맬컴 캘드웰의 몸 여기저기에 총탄 자국이 나 있었다. 엘리자베스 베커는 그때 크메르루주가 무슨 이유로 그를 죽여야겠다고 생각했는지, 왜 그들이 자신과 리처드 더드먼은 죽이지 않았는지 지금까지도 그 이유를 알지 못한다.

1976년 말 크메르루주는 1년 이내에 생산량을 세 배로 늘리는 것을 목표로 4개년 농업계획을 세웠다. 폴 포트는 곡식을 심고 추수할 때 지켜야 하는 엄격한 시간표를 만들었다. 하지만 지역에 따라 기후 조건이 다르다는 점은 고려하지 않았다. 그 결과 1977년이 되면서 거의 온 국민이 들에 나가 농사를 짓거나 적어도 농작물 생산과 관련된 일을 했는데도 여전히 식량이 부족했다. 국민들은 기아에 허덕이거나 심한 경우 목숨을 잃는 사람도 있었다.

사람들은 일에 대해 어떤 자부심도 느끼지 못했다. 아무리 열심히 일하고 생산량을 높인다 해도 돌아오는 것은 없었다. 삶의 유일한 목표는 단지 살아남는 것이었고, 심지어 사람의 살을 뜯어 먹는 사람들도 있었다. 국민들이 살아남기 위해 그처럼 극단적인 행동까지 해야

---

5. 엘리자베스 베커의 '폴 포트에 대한 기억Pol Pot Remembered', nwes.bbc.co.uk, 1998년 4월 20일.

폴 포트 체제 아래에서 얼마나 많은 캄보디아인들이 살해되고, 고문이나 굶주림으로 목숨을 잃었는지 그 수를 정확히 헤아리기란 거의 불가능하다. 하지만 어림잡아 2백만 명 정도 되는 것으로 여겨진다. 시체들을 대량으로 매장한 킬링필드에서만 8천 개의 해골이 발견되었다.

한다는 사실도 폴 포트에게는 그다지 대수로운 일이 아니었다. 오히려 그는 사람을 먹다가 적발된 사람을 목까지 땅에 파묻은 다음 죽어가게 내버려두라고 명령했다. 그리고 나중에 그들의 머리를 잘라서 긴 막대에 꽂아 다른 사람들에게 경고로 삼으라고 했다.

수십만 명이 기아로 죽어가는데도 폴 포트는 중국으로 가서 식량이 아닌 군사적 지원을 약속받고 돌아왔다. 베트남이 침략할지도 모른다는 사실에 위기감을 느꼈던 것이다. 인종 차별이 심했던 폴 포트는 캄보디아에 사는 소수민족인 참족[6]과 이슬람교도들을 제거한 다음 베트남으로 관심을 돌렸다. 크메르루주는 처음에 베트남에 친척이 있거나 국경을 넘어서 베트남과 접촉하는 사람들을 모두 적발하여 처형했다. 그러다 나중에는 베트남어를 말하거나 베트남인처럼 보이는 사람들조차 그들의 표적이 되었다. 캄보디아 군대는 베트남 국경을 게릴라 전술로 공격하는 훈련을 받았다. 하지만 이처럼 캄보디아 내에서 행해졌던 인종차별주의 가운데 가장 소름 끼치는 것은 베트남 여자와 결혼하는 사람은 자기 아내를 죽이거나 아니면 아내와 함께 처형당해야 한다는 것이었다. 이것 역시 폴 포트가 직접 내린 지시였다.

폴 포트의 지배 아래서는 처형이 끝도 없이 이어지는 듯했고, 살면서 매일매일 당하는 고통도 끝이 없는 듯했다. 당 간부들도 두렵기는 마찬가지였다. 1977년부터 1978년까지 폴 포트는 자신의 정부 내에서 위협을 느끼고는 하나하나 제거하기 시작했다. 1975년에 그가 권력을 잡았을 때 22명이던 공산당 중앙위원회 위원은 1978년에 단 네 명만이 남고 나머지 열여덟 명은 처형되었다. 그가 누구든, 어디서 왔든, 군인이든 공무원이든 노점 상인이든, 시아누크의 지지자이든 학생이든 정부 관리이든 상관없이 죽임을 당할 수 있었다. 나라 전체가 완전히 고립된 채 가능한 한 가장 잔인한 방법으로 서로를 죽이고 자신의 형제자매를 매질하고 굶겨 죽였던 것이다.

1978년에 이르러 캄보디아는 그야말로 붕괴 직전에 이르렀다. 국민들은 이제 죽고 사는 것에 조금도 연연하지 않는 듯했고 농촌 지역의 땅들은 대부분이 경작되지 않은 채 버려졌다. 국경 지대에서는 베트

---

6. 베트남 고원 지대와 캄보디아 메콩 강 유역에 사는 민족. 고대 힌두문명의 영향을 받은 참파 문명의 후예로 중부 베트남 해안에 참파 왕국을 건설하고 중계무역으로 번영을 누리다 10세기에 안남 왕국과의 전쟁에서 패배한 뒤 남쪽으로 이동하면서 점차 쇠퇴했다. 1471년 안남 왕국에 의해 점령되어 1882년 합병된 이래 지금은 소수민족으로 남아 있다.

남 군대와 크메르루주 군대 간의 전투가 끊임없이 벌어지고 있었다. 게다가 국경 지대에서 자국민들까지 박해당하고 대량 살상된다는 소식까지 듣게 된 베트남은 캄보디아의 국경을 따라 몇 개의 사단을 배치했다. 그리고 국가를 구원하기 위해 조직된 캄푸치아 국가 연합전선 Kampuchean National United Front for National Salvation의 반反 폴 포트 정치 운동을 지지하기도 했다.

1978년 12월 25일, 베트남 병사 15만 명이 캄보디아의 국경 방어 시설을 공격했고 1월 6일에는 프놈펜의 몇 킬로미터 이내까지 진격했다. 폴 포트의 병사들은 영양 부족 상태인 데다 명령 체계가 완전히 붕괴되어(이것은 나라 전체의 붕괴를 반영하는 것이었다) 전투력을 상실한 상태였다. 캄보디아 군대는 어느 방향으로 진격해야 하고, 누구의 명령을 따라야 하는지, 그리고 침략자들에 맞서 나라를 지켜야 하는지 아니면 도망가야 하는지조차 알지 못했다. 그러나 캄보디아 국민들은 조금도 혼란스러워하지 않고 베트남 군대를 열렬히 환영했다. 그들은 그처럼 오랫동안 기다렸던 해방자들이었던 것이다.

프놈펜은 1979년 1월 7일에 함락되었다. 이때 폴 포트는 크메르루주의 최고위 간부 몇 명과 함께 캄보디아 북서쪽 벽지로 피신했다가 그곳에서 다시 캄보디아와 태국의 국경 지역으로 옮겨갔다. 거기에서 폴 포트는 새로운 권력 기반을 형성하고, 이번에는 크메르 인민해방전선 Khmer People's Liberation Front이라고 이름 붙였다. 그는 자신이 대통령직에 복귀하면 정치적 종교적 자유를 보장하겠다는 내용의 새로운 정당 선언문을 발표했다. 그러나 아무도 그의 선언을 진지하게 받아들이지 않았다. 그후 산발적인 게릴라 공격이 있었고, 폴 포트의 두 번째 결혼 소식(그의 첫번째 아내는 정신이상을 일으켰다)이 들려왔을 뿐 그는 정치 무대에서 완전히 사라졌다. 그의 소식을 다시 듣게 된 것은 그로부터 17년이 지나서였다.

1997년 6월에 제1총리인 로노돔 라나리드와 제2총리인 훈 센이 이끄는 캄보디아 정부는 캄보디아 북부 안롱 벵 근처에서 폴 포트가 그에게 환멸을 느낀 몇몇 크메르루주 병사들에 의해 체포되었다고 발표했다. 폴 포트의 체포를 주도한 사람은 지휘 계통에서 브라더 넘버 5로 불렸던 '타 목'이었다. 그는 크메르루주의 고위 간부였던 손 셍이 아내와 아이들과 함께 폴 포트의 손에 처형당하는 것을 보고 격분했다. 폴 포트가 드디어 체포되었다는 소식을 듣고 많은 캄보디아 사람들이 기뻐했다. 정부는 그가 국제법정에서 재판을 받기를 원했지만 끝내 이루어지지 않았다.

　1백만에서 2백만 명에 가까운 사람들을 죽음으로 내몰고, 전 국민을 굶주리게 했으며, 수천 명을 잔인하게 고문했던 크메르루주의 게릴라 대원들과 특히 타 목은 폴 포트를 캄보디아 정부에 인도하려고 하지 않았다. 그들은 폴 포트를 캄보디아 정글 깊숙한 곳에 '가택감금'을 했다. 이 시기에 폴 포트는 『파 이스턴 이코노믹 리뷰Far Eastern Economic Review』[7]의 네이트 세이어라는 기자와 인터뷰를 했다. 그 자리에서 폴 포트는 이렇게 말했다.

　　당신은 내가 잔인한 사람이라고 생각합니까? 그렇지 않습니다. 내 양심과 사명에는 아무런 문제가 없습니다. 이 점을 분명히 밝혀두고 싶습니다…. 나의 행동은 내가 추진해온 활동에서 얻은 것이었습니다. 우리는 서툴렀고 경험이 없었습니다. 그리고 우리가 처리해야 할 사건들이 끊임없이 일

---

7. 아시아에서 최고 권위를 자랑하는 홍콩의 영자 시사 주간지.

어났습니다⋯. 그것은 나라와 국민을 사랑하는 마음으로 반드시 해야 할 일이었습니다. 하지만 그 과정에서 우리는 실수를 했던 겁니다.

얼마 후, 정부와 타 목은 폴 포트를 태국으로 보내 미국이 체포하여 국제재판소로 넘기게 하자는 방안에 대해 논의했다. 하지만 1998년 4월 15일에 폴 포트가 사망하면서 이마저도 이루어지지 못했다. 그의 시신은 서방국의 기자들이 그의 죽음을 확인할 수 있도록 전시되었다. AK-47 소총으로 무장한 십대의 크메르루주 병사들이 포위한 가운데, 죽은 독재자의 머리 위에는 핑크색과 하얀색 꽃으로 만든 꽃다발이 놓여 있었다. 나중에 정부는 폴 포트가 적절한 치료를 받지 못해 심장병이 악화되어 죽었다고 발표했지만, 폴 포트의 아내는 잠든 채로 숨을 거두었다고 증언했다.

크메르루주 병사들 한 사람 한 사람, 그중에서도 특히 폴 포트는 현대 아시아 역사에서 가장 지독한 체제를 만들었다. 폴 포트는 캄보디아를 '영년'으로 돌려놓아 국민들의 기억을 완전히 없애버리고 싶었는지도 모른다. 하지만 오늘날 캄보디아에서 살고 있는 어느 누구도 브라더 넘버 1을 결코 잊지 못할 것이다.

13

이디 아민
IDI AMIN

이디 아민
IDI AMIN

빅 대디 |

우간다는 동화 속 나라다.
콩 줄기 대신 철도를 타고 올라가면
그 꼭대기에 경이로운 세계가 펼쳐져 있다.
그곳의 경치와 기후,
그리고 무엇보다 그곳 사람들은 아프리카를 통틀어
그 어떤 것과도 비교할 수 없다.

윈스턴 처칠

아프리카의 한가운데 위치하며 수단, 케냐, 탄자니아, 르완다와 경계를 이루고 있는 우간다는 빼어나게 아름다운 자연 경관을 가진 나라다. 그중에서도 가장 뛰어난 곳으로 루웬조리 산맥('달의 산'이라고도 한다)과 마라마감보 숲과 빅토리아호湖를 꼽을 수 있다. 이 낙원을 처음 발견한 유럽의 탐험가 존 해닝 스피크는 우간다 사람들에 대해 이런 글을 썼다.

> 그들에 비해 내 모습은 몹시 초라했다. 그들은 노란색의 최고급 코르덴처럼 보이는 깔끔한 나무껍질 망토를 입고 있었는데, 풀을 먹인 듯 빳빳하고 반듯하게 주름이 잡혀 있었다. 그 위에 덧입는 망토는 작은 양가죽 여러 개를 서로 꿰매 만든 것인데, 내가 보기에 그 바느질 솜씨는 영국의 어느 장갑 업자라도 한눈에 알아볼 정도로 훌륭했다….[1]

하지만 이처럼 여유로운 그들이 늘 평화로운 삶을 누렸던 것은 아니다. 우간다의 역사는 아프리카의 다른 어떤 나라보다 유혈 참사로 얼룩져 있다. 그런데도 우간다 국민들은 군사 독재 체제의 전조가 되었던 1971년 1월 25일에 벌어진 일에 대해 전혀 준비가 되어 있지 않았다. 어느 날 갑자기 국가 전체가 유례없는 잔학함과 무자비한 공격의 시대로 곤두박질쳤다. 이디 아민 다다Idi Amin Dada가 8년간의 공포정치를 시작하면서 말이다.

1928년 1월 1일, 우간다 북쪽과 수단 남쪽의 경계 지역에 있는 코보코 근처 작은 마을에서 한 여인이 남자아이를 낳고 이름을 이디 아민 다다라고 지었다. 이디 아민의 아버지는 카크와족으로 이슬람교도였고 어머니는 루그바라족으로 기독교인이었다. 그러나 두 사람 모두 힘과 용맹함으로 유명한 누비아족에 속해 있었다. 아민은 그리 좋지 않은 환경에서 태어났다. 그가 태어난 곳은 마을이라고 해봐야 진흙 집 몇 채가 있고 둘레에는 허술한 채소밭이 있었으며 농사를 짓지 않고 내버려둔 땅이 몇 킬로미터씩 이어져 있는 그런 곳이었다.

---

1. 조지프 카마우·앤드루 캐머런의 『살인에 대한 갈망:이디 아민의 융성과 몰락Lust to kill: The Rise and Fall of Idi Amin』(1979).

이디 아민이 태어난 지 얼마 안 되어서 그의 어머니는 아이를 데리고 캄팔 진자 가도에 있는 꽤 큰 도시인 루가지로 가기로 마음먹었다. 아민의 어머니(아민의 아버지에 대해서는 알려진 것이 없다)는 누구든 몇 푼이라도 돈을 지불하는 사람에게 주문을 외우고 약을 지어주는 일을 하며 아들과 함께 겨우 생계를 꾸려나갔다. 당시 우간다는 영국의 식민지였다(우간다는 1962년 10월이 되어서야 영국으로부터 독립했다). 그래서 우간다에는 영국의 대규모 군대가 주둔하고 있었는데, 두 사람은 그 군대의 막사 근처에 거처를 정하기도 했다.

어린 아민은 영국군에 대한 경외심을 품으며 자라났다. 특히 왕립 아프리카 소총부대의 병사들이 입은 격조 높은 제복에 감탄하곤 했다. 어쩌면 어린 아민은 그 병사들을 보면서 자신도 군인이 되고 싶다는 생각을 하게 되었고, 더 나아가 우간다 국민을 지배하고 싶다는 욕망을 품게 되었는지도 모른다.

초등학교만을 마친 이디 아민은 1946년에 왕립 아프리카 소총부대의 제4대대에 사병으로 입대했다. 징병관들은 체격이 좋고, 총을 잘 쏘며 무조건 복종하는 것을 선발 기준으로 삼았기 때문에 지적 수준은 그다지 중요하게 여기지 않았다. 입대 당시 아민은 키가 190센티미터가 넘었고 복싱을 즐겨 우간다의 헤비급 챔피언이기도 했다. 아민은 비록 병장으로 진급하는 데 7년이라는 꽤 오랜 시간이 걸리긴 했지만 어쨌든 이런 요구 조건에 딱 들어맞았다. 당시에는 중위였던 이아인 그레이엄 소령은 이렇게 이야기했다.

> 1953년에도 이디 아민은 분명 뛰어난 지도자였다. 그는 용감했고, 솔선수범했으며, 충성심이 굉장히 강했고 아주 건강했다. 영어라고는 '안녕하세요'밖에 할 줄 몰랐고, 교육을

제대로 받지 못했다는 불리한 조건을 가지고 있었는데도 모두들 그가 꽤 빨리 승진할 거라고 생각했다.[2]

하지만 군대에 들어간 지 얼마 되지 않아 그의 병무기록이 꽤 야비한 '사건'으로 얼룩졌다. 그런 점으로 보아 아마도 군 생활이 혹독했던 데다 인성 교육을 제대로 받지 못했기 때문에 아민은 점점 더 잔인해졌던 것 같다. 아민과 부대원들이 케냐 북서쪽을 순찰하던 중에 케냐의 투르카나에서 온 한 무리의 소도둑떼를 발견한 적이 있었다. 이디 아민은 즉시 그들을 구석진 곳으로 몰고 가서 고문을 한 뒤 칼로 찌르고는 피를 흘리다가 죽도록 그냥 내버려두었다. 아민에게는 안된 일이었지만, 그의 부하 중 한 사람이 아민의 행동을 연대 원사에게 보고했다. 하지만 언제나 상관들을 절대적으로 존경하던 이디 아민답게 법정에서도 아주 적절하게 처신해서 모든 죄를 면제받을 수 있었다. 그러나 아민은 자신을 고발한 새뮤얼 아다카의 이름을 잊지 않았다. 들리는 얘기에 의하면 새뮤얼 아다카는 나중에 군사훈련을 받던 도중 아민의 총에 맞아 죽었다고 한다.

이런저런 불미스러운 사건을 겪으면서도 이디 아민은 군대 생활에 만족했다. 군대는 그에게 권력과 집과 규칙적인 월급과 음식, 그리고 무엇보다 존경받는 지위를 주었다.

다가올 나라의 독립에 대한 기대 속에서 1959년, 이디 아민은 준위로 진급했다. 그는 케냐로 가서 훈련을 더 받은 후 우간다로 돌아오자마자 '명예의 검 sword of honor'을 수여했다. 이것만으로도 굉장한 영

---

2. 앞과 동일.

1975년, 190센티미터가 넘는 키에 전前 우간다 복싱 헤비급 챔피언답게 당당한 체구를 가진 이디 아민이 영국인 다섯 명과 여성 한 명을 비롯해 백인 열네 명이 우간다 군대에 들어가 남아프리카와 투쟁하겠다고 선언하는 과정을 지휘하고 있다.

광이었는데, 얼마 지나지 않아 그레이엄 소령이 또 다른 우간다인인 샤번 오폴로토와 함께 그를 제4대대의 중위로 임명했다.

1962년에 우간다가 독립하고, 얼마 뒤에 아민은 새로 생긴 우간다 대대 중 하나를 지휘하게 되었다. 그후에 영국의 남부 윌트셔 주로 가서 부대 지휘관 훈련 과정을 받았지만 끝까지 마치지 않고 1964년에 우간다로 다시 돌아왔다. 나중에 낙하산 훈련을 받기 위해 이스라엘로 갔지만 이번에도 과정을 마치지 못했는데, 들리는 말에 의하면 낙하를 단 한 번도 해보지 못했다고 한다. 그런데도 이디 아민은 이스라엘에서 항공 배지를 받고는 우쭐해서 우간다로 돌아왔다.

1966년에 이르러 우간다의 정치 상황은 점점 더 불안해졌다. 우간다가 영국으로부터 독립하면서 밀턴 오보테가 총리로 선출되었다. 아프리카의 다른 국가들과 마찬가지로 우간다를 구성하고 있는 여러 부족 간의 내전이 온 나라를 뒤덮었다. 법률가였던 오보테는 랑기족이라는 소수민족 출신이었다. 정부 각료들을 모두 자신과 같은 출신으로 선출하는 것이 무모한 일임을 깨달은 오보테는 부간다족의 지배자인 프레디를 대통령에 임명했다. 하지만 이상하게도 앞으로 한 걸음 나갈 때마다 뒤로 두 걸음 물러서는 모양새가 되었다. 다른 종족 출신인 프레디를 최고 지위에 임명하자 오히려 부간다족보다 더 소수인 다른 부족들과는 멀어지게 되었던 것이다. 이런 상황을 인식한 오보테는 프레디의 권력을 억제하려 했다. 그런데 이런 행동이 부간다족을 자극하는 바람에 급기야는 무력으로 통제해야 했다. 이때 총사령관인 이디 아민 다다가 등장했다.

아민은 신속하게 행동했다. 그는 지프 뒷자석에 올라탄 채로 프레디의 궁을 겨냥해서 122밀리 권총을 연속적으로 쏘았다. 그날 프레디를 죽이지는 못했지만, 프레디는 두려움을 느낀 나머지 영국으로 망명해버렸다.

그후로 몇 년 동안, 이디 아민은 밀턴 오보테의 몇 가지 중요한 견해 차이, 즉 오보테가 아민의 부족을 희생시키면서도 랑기족과 아콜리족 출신 병사들을 진급시키려 했는데도 그의 눈에 거슬리는 행동은 좀처럼 하지 않았다. 오보테는 아민의 충성심을 확신한 나머지 1971년 1월에 싱가포르에서 열리는 연방 총리 회의에 참석하기 위해 우간다를 떠났다. 하지만 그것은 오보테가 평생 동안 후회할 만큼 경솔한 행동이었다.

1월 25일에, 무장한 우간다 병사들이 '우간다의 목소리 Voice of Uganda'

라는 라디오 방송국을 습격했다. 그들이 방송국을 장악하면서, 정규 프로그램 대신 갑자기 군악이 나오더니 이어 3등 준위인 샘 아스와의 목소리가 들렸다.

> 우간다의 군대는 오늘 오보테로부터 권력을 이양받아 우리의 동료인 이디 아민 다다 총사령관에게 넘기기로 결정했으며…. 우리는 이제 이디 아민 다다가 우리의 사랑하는 조국 우간다를 다른 무엇보다 평화와 선의로 인도할 것이라고 믿는다. 평소와 다름없이 각자의 일을 계속할 것을 모든 국민들에게 당부한다. 그리고 모든 외국 정부는 우간다 내의 문제에 관여하지 말 것을 경고한다. 우리는 준비가 되어 있기 때문에 어떤 식으로 개입하더라도 철저하게 진압할 것이다.[3]

이것은 공허한 협박이 아니었다. 그날 일찍부터 아민의 병사들이 의회 건물뿐 아니라 은삼바의 경찰 병영, 캄팔라 외곽으로 몇 킬로미터 떨어진 곳에 있는 경찰대학, 오언 폭포의 수력발전댐을 포위했다. 엔테베 공항의 활주로와 공항 건물에는 가시철조망이 둘러쳐졌다. 그 직전에 공항에서는 가톨릭 사제 네 명이 캐나다로 떠날 예정이던 한 명을 비롯하여 다른 세 명과 작별 인사를 나누고 있었다. 그때 예고도 없이 공항 중앙 대기실에서 포탄이 폭발하면서 성직자 네 명 중 두 명이 즉사했다. 그들의 시신은 나일 강으로 던져져 악어의 먹이가 되었다.

---

3. 앞과 동일.

외국 관광객들은 호텔 안에 갇혔고, 캄팔라 전역에서 박격포 소리가 울렸다. 야간 통행 금지령이 내려졌지만 아무도 지키지 않았다. 오히려 사람들은 거리에서 축제를 벌였다. 어른들은 색색의 종이와 길게 매단 양철 깡통으로 차를 장식하고 나타나는가 하면 어린아이들은 바나나 잎을 흔들면서 거리를 따라 달렸다. 이따금씩 병사들이 요란한 소리를 내며 발포를 했다. 이전의 총리나 정부를 지지한 사람은 아무도 없었는지, 사람들은 오보테의 포스터를 뜯어내 갈기갈기 찢어버리거나 발로 짓밟았다.

공격의 대상이 된 오보테는 봄베이를 거쳐 다시 아프리카로 돌아왔다. 처음에 그의 일행은 케냐의 엠바카시 공항에 내렸지만, 케냐의 부통령인 다니엘 아랍 모이를 잠깐 방문하고 나서 다시 탄자니아로 가 결국 그곳에서 피난처를 찾았다.

한편 우간다의 상황은 완전히 달라져 있었다. 이디 아민은 국민의 전폭적인 지지를 등에 업고, 그후로 계속 이어지게 될 무모하고 비현실적인 수많은 연설 중 그 첫번째를 발표했다.

> 나는 우간다의 두 번째 공화국이 큰 축복 속에서 순조로운 항해를 하길 바랍니다. 나의 정부는 적절한 시기에 정직하고 공평하며 자유로운 총선거를 치르기 위해 준비 할 것입니다…. 그리고 나서 나는 병영으로 돌아가 누가 됐든 대통령으로 선출된 사람의 명령을 따를 것입니다. 나의 정부는 국제 평화와 인류의 친선을 굳게 믿습니다…. 나는 세계의 모든 나라와 좋은 관계를 유지할 것입니다…. 나는 1당 체제를 믿지 않습니다.[4]

하지만 이 연설의 내용과는 정반대되는 상황이 펼쳐졌다. 아민이 쿠데타에 성공한 직후 전제 정치가 시작된 것이다. 오보테 정부에서 일하던 사람들은 모두 처형되었으며, 아민은 자신의 군대에 지령을 내려 범죄와 관련된 사람은 누구든 구금했다. 유례없는 학살의 향연이 시작되었고, 아민에게 반대하는 사람은 특수 훈련을 받은 살인부대의 손에 눈 깜짝할 새에 처치되었다. 캄팔라에서는 오보테 정부에서 육군참모총장을 지냈던 후세인 슐레이만 준장이 체포되어 악명 높은 루지라 감옥으로 끌려가 매질을 당하고 개머리판으로 수도 없이 구타를 당하다 끝내 목숨을 잃었다. 아콜리족과 랑기족 병사들 역시 그들의 두개골을 대형 망치로 박살내기 위해 줄지어 기다리는 아민과 그 부하들의 목표물이 되었다.

그뿐 아니라 필라델피아 『이브닝 불레틴Evening Bulletin』의 기자 니콜라스 스트로와 사회학 강사였던 로버트 세이들 등 미국인 두 명도 처형되었다. 그들은 모두 아콜리족과 랑기족의 살해 현장을 조사하러 갔다가 목숨을 잃었다. 하룻밤 새에 사회적으로 저명한 우간다 시민 수천 명이 '실종'되었으며, 시간이 흐른 뒤 아민의 교도소에서 모습을 드러낸 사람들은 다음에 들어오는 수많은 새로운 죄수들에게 자리를 내주기 위해 즉각 처형되었다.

이처럼 잔혹한 참상이 벌어지고 있는데도 우간다 국민들은 아민이 권력을 잡은 것을 여전히 기뻐했다. 아마도 자신들의 눈앞에서 벌어지고 있는 일들이 사실이라는 것을 믿지 못했기 때문일 것이다. 대부분의 다른 국가들 역시 아민이 우간다의 새로운 국가원수로 취임했을 때 선례를 따라 합법적인 정부로 인정했다.

---

4. 앞과 동일.

아민은 집권 초기에 영국과 이스라엘을 방문했다. 그는 당시 영국 총리였던 에드워드 히스를 만나 4천 4백만 달러의 부채 상환을 연기해 주겠다는 약속을 받아냈을 뿐 아니라 버킹엄 궁전에서 엘리자베스 여왕과 오찬을 함께 하기도 했다. 이스라엘에서도 영국 못지않은 환대를 받은 이디 아민은 한껏 의기양양해져서 우간다로 돌아왔다.

하지만 외국의 정상들과 함께 식사를 하며 좋은 관계를 맺는다고 해서 아민이 통치하는 우간다의 실상이 감춰지는 것은 아니었다. 아민이 집권한 지 얼마 후 당시 우간다 수출의 90퍼센트 이상을 차지하고 있던 농업경제가 극도로 위축되었다. 뿐만 아니라 아민은 총선거를 실시해서 민간정부를 만들겠다고 약속했지만 그것을 슬그머니 어겼다. 아무도 아민에게서 권력을 빼앗을 수 없었다. 아민은 이제 '우간다의 아시아 공동체'를 조직적으로 위협해서 그들을 우간다 경제난의 희생양으로 삼았다.

어떤 악마의 장난에 휘말렸는지, 아민은 우간다에 있는 아시아인들에게 삼 개월의 여유를 줄 테니 그 안에 모두 떠나라고 명령했다. 라디오 방송으로 "안녕, 아시아인들, 안녕, 아시아인들, 당신들은 너무 오랫동안 이 나라의 경제를 착취했어"라는 가사의 노래를 내보내기 시작했다. 그리고 갑자기 몇천 개의 여권이 불법 체류로 취급되었다. 아민은 아시아인들을 추방하는 것을 우간다의 '경제 전쟁'이라고 규정했다. 부자인 아시아인들이 상당한 가치를 지니고 있는 우간다의 경제를 조종하고 착취했다는 것이다. 뿐만 아니라 인종차별주의자들로 구성된 아시아 공동체가 아프리카인들을 냉대했고 이웃에 살고 있는 아프리카 주민들과 어울리려 하지 않았다고 말했다. 하지만 우간다의 경제난에 대해 책임을 져야 할 사람은 아시아인들이 아니었다. 정작 비난을 받아야 할 나라는 영국이었다.

아민은 군대를 동원하여 아시아인들을 끊임없이 학대했다. 아시아

이디 아민 총사령관이 데스몬드 쉐리단 대법원장의 감시하에 국가원수 취임 선서를 하고 있다. 아민은 이후에 스스로에게 종신 대통령, 빅토리아 훈장, 무공훈장, 전공 십자 훈장에 빛나는 육군 원수 각하 이디 아민 다다, 대영제국의 정복자, 스코틀랜드의 왕이라는 칭호를 부여했다.

인들은 폭력에 시달렸고, 그들의 집은 습격당했으며, 사업장은 약탈당했다. 아시아인들이 우간다의 학대를 피해 달아나면서 사업장들이 연달아 문을 닫는 바람에 우간다의 경제는 더 악화되었다. 게다가 이런 사건을 소수 민족에 대한 박해라고 판단한 영국은 분노를 참지 못하고 당초 1천 9백만 달러를 원조하기로 한 약속을 취소했다.

이처럼 불리한 상황에 처하면서도 아민은 아시아인들에 대한 박해를 멈추지 않았다. 그 결과 1972년 말에 이르러 극소수의 아시아 사람들만이 우간다에 남게 되었다. 나머지는 영국이나 캐나다, 인도, 미국 등으로 피신했다. 더욱 놀라운 사실은, 이 '경제 전쟁'이 엄청난 성공을 거두었다고 생각한 아민은 다른 국가를 군사적으로 지원하겠다고 자청했다는 것이다. 그는 영국이 북아일랜드 문제를 해결하는 데 도움을 주겠다고 했을 뿐 아니라 미국이 베트남 전쟁을 해결하기 위해서는 자신에게 도움을 청해야 한다고 주장했다.

이런 행동들은 아민의 과대망상증이 점점 더 심각해지고 있음을 나타내는 뚜렷한 증거였다. 그는 평생 동안 빅토리아 훈장, 무공훈장, 전공십자훈장 등에 빛나는 육군 원수 각하 이디 아민 다다를 비롯해 대영제국의 정복자에 이르기까지 온갖 종류의 영예로운 칭호를 스스로에게 붙였으며, 엉뚱하게도 자신을 스코틀랜드의 왕이라고 부르기도 했다.

아민은 세계 무대에서 자기 마음대로 으스댈 수 있다고 생각했고, 잔인하다 못해 폭군과도 같은 방법으로 압제정치를 하면서도 조금도 잘못되었다고 생각하지 않았다. 그리고 좋아하는 대상과 증오하는 대상이 수시로 변한다는 것 역시 그가 섬뜩하고도 정신병적인 성향을 가지고 있었다는 것을 보여준다.

1972년 초, 마치 수줍은 신부를 대하듯 이스라엘에게 구애하던 아민은 어느 날 갑자기 아무런 이유 없이 오랜 동맹국을 향해 비난을 퍼부었다. 그는 이스라엘이 우간다를 침공할 계획을 가지고 있다며 비난했다. 1972년 9월 5일에는 팔레스타인의 과격 단체인 '검은 9월'에 소속된 아랍 테러리스트 8명이 뮌헨 올림픽에 출전한 이스라엘 선수 열한 명에게 총기를 난사했을 때 아민은 매우 기뻐하면서 당시 유엔 사무총장이었던 쿠르트 발트하임에게 이런 내용의 전보를 보냈다.

> 독일은 히틀러가 총통 겸 총리로 있으면서 6백만 명이 넘는 유대인들을 불태워 죽인 곳입니다. 이는 이스라엘이 세계인

의 이익을 위해 일하는 사람들이 아니라는 것을 히틀러와 독일 국민 모두가 알고 있었기 때문이며, 그렇기 때문에 독일 땅에서 이스라엘 사람들을 산 채로 가스실에 집어넣고 죽인 것입니다….

여기에 더해 아민은 독일에 히틀러의 동상이 세워지지 않았다며 자신이 우간다에 세우겠다고 말했다.

이디 아민은 외국에서 일어난 잔인한 사건들을 은근히 즐기는 한편 보복이 없을 거라는 확신을 갖고 자신의 주장을 안전하게 실행할 수 있는 국내에도 관심을 쏟았다. 이를 가장 잘 설명하는 사건이 영국인 사업가 도널드 스튜어트의 구금이 불법이라고 선언한 대법원장 키와누카를 체포하도록 명령한 것이었다. 대법원장의 판결에 격분한 아민은 그를 마킨디 감옥에 투옥시켰다. 결국 키와누카는 그곳에서 죽었는데, 쇠막대로 무자비하게 맞아 죽었다는 얘기가 전해지고 있다.

키와누카 사건과 거의 같은 시기에, 밀턴 오보테의 지지자들 몇백 명이 탄자니아의 국경에서 우간다를 침략할 계획을 꾸몄다. 하지만 이 모든 일은 비극만을 초래했을 뿐이었다. 이 일로 인해 흥분한 아민은 그때까지 우간다에 살고 있던 오보테의 동지들을 향해 자신의 악마적 기질을 그대로 발휘했다. 전 내무부 장관 바질 바타린가야도 체포된 뒤 고문을 당한 끝에 참수되었다. 전 농림부 장관이었던 존 카콘지를 비롯해 프랭크 칼리무조, 프랜시스 왈루겜베, 제임스 오콜라, 마이클 루방가를 비롯하여 85명 정도가 사라졌다.

이처럼 수많은 사람들이 실종되거나 공개 처형되자 겁에 질린 국민들은 아민에게 순순히 복종했다. 공개 처형을 할 때는, 남자들의 옷을 다 벗기고 손과 발에 족쇄를 채운 다음 두 눈을 가리고 나무에 묶었다. 그리고 검은 십자가로 총에 맞을 부분을 표시한 흰색 앞치마를 그들의 몸에 걸쳤다.

이즈음 추방당한 교육부 장관 에드워드 루구마요가 쓴 메모로 인해 아민의 성격이 밝혀지기도 했다. 다음은 그 메모의 일부이다.

> 그(아민)는 인종차별주의자이며 독재자다. 그는 살인자이고 불경스러운 자다…. 그에게는 도덕적 기준이나 정치적 기준도 없다. 그는 자신만의 '기준'을 만들고 자신만의 '규칙'을 기록한다. 그리고 그가 움직일 때면 그 기준이나 규칙도 바뀐다…. 특히 현대 국가의 대통령이라는 사람의 무식함에 대해 말하면 문제는 엄청나게 커진다. 예를 들어 아민은 하루종일 집무실에 앉아 있는 것은 거의 불가능한 일이라고 생각한다. 어떤 심각한 문제에도 아침 시간의 반 이상을 집중하지 못한다. 글을 모르는 그는 읽지도 못할뿐더러 쓰지도 못 한다…. 그 끝도 없는 무지함으로 인해 그는 교육과 교육받은 사람들, 그리고 교육기관을 증오했다. 그는 자신이 나라를 성공적으로 통치할 수 있다면 교육을 많이 받은 사람이 필요없게 된다고 허풍을 떤다.[5]

루구마요는 아민과 그의 측근들이 사람들을 살해한 방법들도 소개했다. 생식기나 팔다리를 자른 다음 피를 흘리며 죽어가도록 내버려

---

5. 앞과 동일.

두는가 하면, 몸에서 살을 베어내 그들에게 먹이기도 했다. 또 남자들을 일렬로 세운 다음, 첫번째 남자를 눕히고 그 뒤에 서 있는 남자에게 누워 있는 남자의 머리를 망치로 내려치게 했다. 그 다음에는 그가 누워 앞 사람과 똑같은 방법으로 죽고, 그런 식으로 맨 끝에 서 있는 남자까지 이어졌다. 얼음처럼 차가운 물을 채운 구덩이에 사람들을 몰아넣고 서서히 얼어 죽게 하기도 했다. 대검으로 몸을 찔렀고, 무소 채찍으로 매질을 했다. 그리고 여자들은 상습적으로 고문과 강간을 당했다. 그리고 시신들은 대부분 나일 강에 던져져 악어의 먹이가 되었다.

이디 아민의 소름 끼치는 행동은 얼마 후 더욱더 악랄해졌다. 아민의 가족들도 그의 정신병적인 성격을 견디지 못했다. 1974년 3월, 아민은 아내들 중 세 명과의 이혼을 발표했다. 그중에 케이 아드로아라는 여인은 석 달 후에 자동차 트렁크에서 시신으로 발견되었다. 팔다리와 머리는 잘려나가 각각 다른 천에 싸여 있었다. 검시 결과, 케이는 낙태 수술의 실패로 사망했고 팔다리와 머리는 죽은 뒤에 잘렸다는 사실이 밝혀졌다.

그런데 누가 그녀를 그토록 참혹하게 죽인 것일까. 대부분의 사람들이 이디 아민의 짓이라는 것을 알고 있었지만 그 누구도 감히 그를 지목하지 못했다. 그런데 그보다 더 경악할 만한 일이 케이가 죽고 나서 일어났다. 이디 아민은 케이의 팔다리와 머리를 그녀의 몸에 다시 붙이되 원래의 위치와 다르게 붙이라고 명령했다. 즉 케이의 머리는 앞뒤가 뒤바뀐 채로 몸에 붙여졌다. 그러고 나서 아민은 케이의 어린자식들과 부모님, 그리고 당 간부들을 모아 그녀의 시신을 보여 주었다.

아민이 군사 쿠데타를 일으킨 지 5년이 되었지만, 20세기 역사에서 가장 잔인하고 야만적인 정부의 살육은 좀처럼 사라질 기미가 보이지 않았다. 때때로 소규모 학생 집단이 용기를 내어 "압제에서 벗어나자"와 같은 표어를 목청껏 외치거나, 도시 곳곳에 붙어 있던 아민의 포스터 수백 장을 찢어버리기도 했다. 하지만 이러한 행동은 바닷물 가운데 물 한 방울과도 같아서 손쉽게 진압되었다. 그러던 중 1976년 6월 28일에, 그리 쉽게 무시할 수 없는, 어쩌면 이디 아민의 몰락을 예고하는 사건이 일어났다.

258명의 승객을 싣고 이스라엘의 텔아비브를 떠나 아테네를 경유하던 에어프랑스 139기가 아테네를 막 출발할 즈음 네 명의 팔레스타인 테러리스트에 의해 납치되었다. 리비아로 가려고 했던 이들은 연료를 채우기 위해 엔테베 공항에 착륙해야 했다. 납치범들은 탑승객들을 터미널윙(탑승을 위해 승객들이 대기하는 장소)에 모두 몰아넣었다. 그들은 이스라엘과 스위스, 케냐, 서독과 프랑스에 투옥되어 있는 자유의 투사들을 48시간 내에 석방하지 않으면 승객들과 함께 비행기를 폭파하겠다고 협박했다.

급박하고 위험한 이 상황이 이디 아민에게는 흥미진진한 일로 여겨졌다. 갑자기 그에게 세계의 이목이 집중되었다. 이디 아민은 병력을 보내 공항 터미널을 포위한 다음 테러리스트들이 목욕을 하고 식사를 하는 동안 승객들을 '보호'하도록 했다. 그러고는 테러리스트들을 지지한다는 자신의 입장을 분명히 밝히면서 인질들에게 테러리스트들이 요구하는 것은 그들의 정부에 팔레스타인의 상황을 해결하도록 촉구하는 것이라고 말했다.

불길하게도 인질들은 유대인과 유대인이 아닌 사람들, 두 개로 나뉘어졌고, 절반 정도 되는 비유대인들은 풀려났다. 남은 유대인들은 그 모든 사건이 평화적으로 해결되길 기도했다. 그런데 마감 시한 직전에 나이가 지긋하고 영국과 이스라엘의 이중 국적을 가진 도라 블로흐라는 승객이 목에 고기 조각이 걸리는 바람에 구급차를 타고 물라고 병원으로 이송되는 소동이 벌어졌다. 병원에 가 있던 영국의 고등판무관(식민지 등에 파견되는 상임사절)인 피터 챈들리는 도라 블로흐가 무사할 거라고 장담했다.

그러는 동안 공항에서는 협상이 계속 진행되고 있었다. 이스라엘 비밀정보기관인 모사드는 엔테베 공항을 건설한 기술자들과, 인질범들에게서 풀려나 그 시각 이미 파리로 가고 있던 사람들로부터 공항에 관한 정보를 최대한 수집하느라 분주했다. 7월 3일 자정이 막 지난 시각, 이스라엘의 팬텀 전투기를 동반한 소규모 비행 대대가 엔테베 공항 근처에 있는 빅토리아호에 하강했다. 그리고 곧바로 보잉기 한 대가 이스라엘 의사 23명을 싣고 나이로비 공항으로 향했다. 한 시간 뒤에 이스라엘 특공대원들이 엔테베 공항에서 인질들을 구출했다.

이 과정에서 팔레스타인 테러리스트 한 명과 이디 아민의 병사 20명이 목숨을 잃었다. 그런데 여기서 빠진 사람이 하나 있었다. 바로 도라 블로흐였다. 안전하게 우간다를 떠났다고 생각했던 노부인이 실종된 것이다. 아민은 도라 블로흐가 이스라엘 특공대가 공항을 공격하기 전에 이미 엔테베 공항으로 돌아갔다고 주장했다. 그러나 전 세계 사람들은 그의 말을 믿지 않았다. 그녀는 나중에 나만베 숲에서 시신으로 발견되었다. 정보부 소속의 젊은 사진작가 지미 파머는 그 사건을 보도했다가 애쓴 보람도 없이 이내 살해되었다. 그의 시신 역시 도라 블로흐의 시신이 발견된 바로 그 숲에 버려진 채 발견되었다.

아민은 결국 도라 블로흐를 살해했다는 사실을 시인했다. 그런데 그는 도라 블로흐의 가족을 대신하여 수사에 나선 영국의 조사에 응하고 나서 기이한 말을 했다.

내가 영국 여성과 결혼하지 않았다는 이유로 영국인들은 나를 시기하고 있다. 그들은 내가 자신들의 처남이나 시아버지가 되기를 원했다.

아민은 엔테베 공항 사건을 제대로 처리하지 못한 죄목으로 그와 관련된 사람들을 모두 조사했다. 그리고 우선 공항에서 일했던 사람들을 모두 찾아내 처형했다. 그리고 이스라엘 특공대가 인질을 구출하는 동안 모호한 태도를 취했던 몇몇 저명한 시민들도 함께 처형했다. 아민은 또한 이스라엘을 지원한 케냐에 대해서도 비난을 퍼부었다. 이쪽에 속하든 저쪽에 속하든, 아니면 중립을 지키든 모두 알 수 없는 이유로 처형되거나 실종되었다. 아민은 케냐인들은 더 이상 아프리카인이 아니며 인간으로서 살아갈 가치조차 없다고 비난했다. 서로 상대편을 비인간적인 범죄자들이라고 비난하는 중에 상황은 더욱 악화되었지만, 아민의 혹독한 비난이 훨씬 더 위험했다. 아민은 케냐인들을 공격한 직후, 로디지아와 나미비아, 남아프리카 공화국 등 백인이 지배하는 나라에까지 증오의 그물을 퍼뜨리기 시작했다. 그는 이런 말을 퍼부었다.

> 로디지아에 있는 유럽인들은 집이든 나무든 강이든 정글이든, 어디에 숨어 있든지 다 찾아내 죽여버려라. 전쟁은 전쟁이다. 짐바브웨 사람들은 유럽인이 차지한 땅을 되찾아야 하고 자신의 조국을 완전히 지배해야 한다.[6]

---

6. 앞과 동일.

8년이라는 세월 동안 우간다 국민들을 착취하고 고문하고 살해한 아민은 1979년에 리비아로 망명해서 10년간 호화로운 생활을 누리다가 생애 마지막 13년은 사우디아라비아에서 보냈다. 그는 2003년 8월 16일에 사망했다.

하지만 이디 아민의 분노는 거기에서 멈추지 않았다. 아민은 우간다 내에서도 자신의 마음에 들지 않는다는 이유 하나만으로 누구든 불구로 만들거나 목숨을 빼앗았다.

그중 가장 악명 높은 사건은 우간다 국가연구소에서 자나니 루움 대주교를 처형한 것이었다. 그의 아들인 벤 루움은 아민이 아버지의 고문과 처형에 직접 관여했다고 말했다. 그리고 소문에 따르면 처형한 후에 대주교의 머리를 잘라 다른 사람들의 머리와 함께 냉동고 깊숙이 보관했다고 한다.

아민은 혼자 저녁식사를 하면서 시종들을 시켜서 식탁 위에 올려놓은 죽은 자들의 머리에 대고 욕설을 퍼부었다. 그런 다음에는 특별한 손님들과 '일상적인' 대화를 나누었다.[7]

아이러니하게도 아민이 증오한 것은 '백인이 지배하는 아프리카 국가'였는데, 정작 그의 악랄한 정권을 끝낸 것은 흑인이 지배하는 아프리카 국가인 탄자니아였다. 아민은 탄자니아가 우간다 국민들을 완전히 굴복시키기 위해 잔인한 침략을 감행했다고 비난했다. 그러고는 국경 지역으로 소규모 부대를 보내 그 '침입자들'을 죽였다. 탄자니아의 대통령 요셉 니레레는 격분했다. 그는 몇 년 동안 아민의 종잡을 수 없는 성격 때문에 고통을 받아온 터였다. 그에게는 이것이 마지막 희망이었다.

1979년 4월에 니레레는 병사들을 우간다로 보냈다. 아민은 니레레가 가톨릭 신자라는 것을 이용해 교황에게 병력을 철수하도록 탄자니아 대통령을 설득해 달라고 호소하는 등 필사적으로 애써봤지만 아무런 소용이 없었다. 리비아의 가다피 대령이 아민에게 병사 1,500명을 보내주었지만 이미 너무 늦었다. 소문에 의하면 아민의 병사들 대부분이 부대를 떠났고, 4월 11일에 탄자니아 군대가 수도 캄팔라를 함락했을 때 우간다 시민들이 거리로 나와 축제를 벌였다고 한다.

밤새 확성기를 단 군용 차량들이 거리를 질주하며 요란하게 희소식을 전했다.

---

7. 애드리언 블룸필드의 '우간다인들은 잔인한 독재자 아민의 죽음을 애도한다Ugandans mourn loss of murderous despot Amin', 『선데이 텔레그라프Sunday Telegraph』 2003년 8월 17일자.

"독재는 끝났다."

"이제 정상으로 돌아갔다."

"니레레여, 영원하라."

20년 뒤에 이라크의 수도 바그다드에서 일어날 일을 예고라도 하듯이, 정부 건물은 점령당했고, 상점은 약탈당했으며, 유리창은 모두 박살이 났고, 시민들에게 붙잡힌 아민의 병사 몇몇은 맞아 죽었다. 다음날, 탄자니아 군대는 아민의 감옥에 수감된 수많은 죄수들을 풀어주었다. 하지만 마킨디 감옥에 수감된 사람들은 운이 좋지 못했다. 그들은 탄자니아 병사들이 그곳에 오기도 전에 아민에게 충성을 다하는 병사들의 총에 맞거나 구타로 목숨을 잃었다. 한편 이디 아민은 불가사의하게도 리무진 다섯 대의 호위를 받으며 캄팔라를 빠져나갔다. 마치 잠시 동안 지구 표면에서 사라졌다 돌아온 것 같았다.

도라 블로흐의 가족들은 이디 아민에게 현상금을 내걸었고, 이스라엘의 대부호 사무엘 플라토 샤론은 그를 찾아내기 위해 사설탐정 열두 명을 고용했다. 훗날 세상의 그 누구보다 증오를 받았던 그 인물은 리비아로 피신해 10여 년간 머물다가 사우디아라비아로 가서 그곳의 왕족이 제공한 은신처에서 생활하고 있다는 사실이 밝혀졌다. 아민은 일체의 정치적 행동을 하지 않겠다고 약속하는 대가로 홍해의 제다(지다) 항 근처에 있는 집과 상당한 보수를 받았다.

1999년에 우간다의 『선데이 비전Sunday Vision』은 추방된 '아프리카의 학살자'와 인터뷰를 하는 특종을 따냈다. 인터뷰에서 그는 이렇게 말했다.

> 나는 이슬람교와 알라 신에게 전념하며 조용히 살아가고 있다. 나는 어떤 사람들과도 아무런 문제없이 생활하고 있

다…. 내가 누리고 있는 것에 만족하며, 우간다에서 고아가
된 여러 친척들에게 학비를 대주고 어려운 사람들을 도와주
며 살아가는 것 또한 만족한다.[8]

    오랫동안 고혈압으로 고생하다 신장병까지 얻어 몇 년 동안 고통스런 투병 생활을 하던 이디 아민은 2003년 7월 21일에 신장 기능이 마비된 상태에서 의식을 잃었다. 그는 제다에 있는 킹 파이잘 병원으로 옮겨져 생명을 지탱해 주는 기구에 의지해야 했다. 하지만 잠깐 의식을 차리는가 싶더니 결국 8월 16일에 숨을 거뒀다.
    이디 아민의 유해를 처리하는 문제는 아직도 해결되지 않은 채 그의 이름을 따라다니고 있다. 그의 아내들과 자식들을 비롯해 몇몇 사람들은 시신을 우간다로 옮겨 정식으로 매장해야 한다고 말했다. 하지만 이디 아민이 저지른 대량 학살을 지금도 잊지 못하는 사람들은 그의 육신이 죽어서까지 고통받기를 원하고 있다.

---

8. news.bbc.co.uk

14

사담 후세인
SADDAM HUSSEIN

사담 후세인
SADDAM HUSSEIN

중동의 스탈린 |

후세인을 개인적으로 아는 사람들의 말을 들어보면,
그는 유머 감각도 없고 외교나 대외적인 이미지에 대해
조언하는 것을 싫어한다고 한다.
그에게는 아버지의 이미지와 독재자의 이미지가 엇갈려 있다.

노라 부스태니, 『워싱턴 포스트』 1990년 8월 12일자

지난 일이십 년 동안 미국에게 있어 가시 같은 존재였던 사람은 말할 필요도 없이 이라크 전 대통령 사담 후세인일 것이다. 1980년부터 1988년 사이에 벌어진 이란-이라크 전쟁에서 후세인은 화학무기로 이란 군과 이라크 내에서 가장 많은 소수 민족인 쿠르드인들을 공격했다. 이로 인해 15만 명에서 34만 명 정도의 이란인과 45만 명에서 73만 명 정도의 쿠르드인이 사망했다.

몇 년 후에는 쿠웨이트를 침공해서 (첫번째 걸프전) 1990년부터 1991년

동안 1천 명이 넘는 쿠웨이트 국민을 죽였다. 그리고 1991년에는 쿠르드인과 시아파의 반란을 진압하는 과정에서 3만에서 6만 명 정도의 사람들을 죽였다. 그리고 습지대에 사는 아랍인들이 자기들 땅을 요구하지 못하도록 이라크 남부의 습지대들을 파괴하라고 명령하기도 했다.

2003년에는 미국과 그 동맹국들이 이라크에 대해 대량 살상무기를 모두 폐기하라고 요구하자 두 번째 걸프전을 벌이면서 이라크 국민들을 전쟁터로 몰아넣었다. 사담 후세인이 무시무시한 독재자였다는 것은 분명한 사실이다. 그러나 그가 어떤 이유로 히틀러나 스탈린과 함께 20세기의 가장 악독한 정치인 중 하나라는 혹평을 듣게 되었을까.

사담 후세인Saddam Hussein은 1937년 4월 28일[1]에 티크리트의 동쪽으로 몇 킬로미터 떨어진 곳에 위치한 수니파 이슬람교도[2] 마을 알라위자에서 태어났다.

후세인의 어머니는 수브하 툴파 알 무살라트라는 강인한 여인이었고, 아버지는 후세인 알 마지드였다. 후세인의 아버지는 그가 태어나고 얼마 후에 실종되었는데 사망한 것으로 추정된다.

어린 시절 후세인의 집은 형편이 꽤 어려웠다. 방이 하나밖에 없는 진흙 집에서 온 가족이 생활해야 했고 거기에서 가축까지 길렀다. 집 안에는 이렇다 할 위생시설이나 전기, 더구나 깨끗한 물조차 없었다. 게다가 그가 사는 알라위자는 이라크에서도 특히 가난한 지역이었으므로 그 어린 소년은 별다른 경험을 하지 못하고 자랐다.

---

1. 이 날짜에 의문을 제기하면서 사담이 1939년 7월 1일에 태어났다고 말하는 사람들도 있다.
2. 간단히 말해 이라크는 두 개의 주요 집단, 즉 수니파와 시아파 이슬람교도로 나뉜다. 이러한 교파의 분열이 시작된 것은 기원전 680년으로 거슬러 올라가며, 이로 인해 수세기에 걸쳐 이라크에서 수많은 유혈 참사가 일어났다.

사담 후세인은 1979년에 전임자가 건강 악화를 이유로 사임하자 스스로를 이라크의 대통령으로 선언했다. 하지만 많은 사람들은 후세인이 전임자를 강제로 퇴위시켰다고 믿었다. 천성적으로 제복을 좋아하고 대외적으로 총을 들고 있는 모습을 많이 보여주긴 했지만, 젊은 시절 그는 바그다드 사관학교에 지원했다가 낙방한 적이 있었다.

> …티크리트에는 수박과 그 수박을 티그리스 강을 통해 바그다드로 운반하는 칼라크라고 불리는 가죽 보트밖에 없었다. 대부분의 사람들이 한 가지 이상의 풍토병으로 고생했으며…. 그런 병에 대한 기록은 전혀 없지만 사람들의 평균 수명은 아주 짧았다.[3]

이런 환경을 생각하면, 후세인이 어린 시절의 대부분을 알라위자의 뒷골목에서 보내며 작은 악당이라는 별명을 얻은 것도 어찌 보면 당연한 일이었다. 후세인이 여섯 살 되던 해에 어머니가 재혼을 했는데, 의붓아버지는 어린 후세인을 들로 내보내 정식으로 일꾼 노릇을 하게 했다. 그렇지 않아도 고된 삶은, 학교에도 보내주지 않는 의붓아버지의 학대로 인해 더욱 힘들었다. 그 시절 후세인이 유일하게 존경하고 좋아했던 사람은 외숙부인 카이랄라 툴파였다. 정규 교육을 받은 툴파는 한때 이라크 군대에서 소위로 복무한 후 학교 선생님이 되었다.

1947년에 열 살이 된 사담 후세인은 집을 떠나 그토록 좋아하는 외숙부와 함께 지냈다. 이런저런 이야기에 따르면, 후세인이 갑자기 집을 떠난 것은 글을 배우고 싶다는 간절한 바람도 있었지만 그보다는 가난에서 벗어날 길을 찾고 세상에 이름을 남기고 싶었기 때문이었다.

1953년에서 1954년 사이에 사담 후세인은 바그다드 사관학교에 몇 차례 응시했지만 정규 교육을 받지 못했다는 이유로 번번이 낙방했다. 가난에 찌든 집안 환경과 그로 인해 겪어야 했던 좌절로 인해 그

---

3. 사예드 K. 아부리시의 『후세인 평전: 복수의 정치학 Saddam Hussein: The Politics of Revenge』 (2000).

때 이미 후세인의 마음속에는 증오심이 쌓일 대로 쌓여 있었을 것이다. 그런 절망적인 상황에서 후세인은 정치에 관심을 돌렸다.

그는 자신을 가난한 사람 가운데서도 가장 가난한 사람이라고 말하며, 이라크 내 소수파인 수니파 교도로서 반反정부 시위에 참가하기 시작했다. 또한 폭력단들을 자기편으로 만들고는 반反정부적인 태도에 동조하지 않는 사람들에게는 폭력을 휘두르게 했다. 그러면서 보다 조직화된 집단, 말하자면 1940년경 시리아에서 설립된 바트 당(아랍 사회주의 부활당)에 소속된 학생들과 어울렸다.

1958년 7월 14일, 압델 카림 카셈 준장과 압델 살람 아레프 대령이 마침내 이라크 군주제를 무너뜨렸다. 후세인의 입장에서 그것을 자신이 직접 했더라면 더없이 좋았을 것이다. 후세인은 그 일이 이라크가 새로운 국면에 접어드는 사건이라고 생각했다. 하지만 1959년에 들어서면서 후세인은 태도를 완전히 바꿔 10월 7일에 당시 총리인 카셈의 암살을 기도했다. 이 계획이 실패로 돌아가자 이집트로 도망간 후세인은 아마드 하산 알 바크르가 지휘하는 바트 당이 쿠데타에 성공하고 카셈 정권을 무너뜨린 1963년에 이라크로 돌아왔다. 하지만 중동의 정치 특히 이라크의 정치가 늘 그렇듯이 불안정한 상태가 오랫동안 지속되었다.

사담 후세인은 이라크에 돌아온 지 채 몇 달이 지나지 않아서 압델 살람 아레프가 바트 당으로부터 권력을 이양받자 다시 투옥되었다. 우여곡절 끝에 형무소를 탈출한 후세인은 얼마 후 1966년에 바트 당의 사무 부총장이 되었다. 그리고 바트 당은 1968년에 또 한 번의 쿠데타를 일으켜 이번에는 바크르를 대통령에 취임시켰다.

시간이 지나면서 사담 후세인은 일반 사무국을 책임졌는데, 이 기구는 부드러운 이름과는 달리 굉장히 위험한 임무를 맡고 있었다. '일반 사무'란 다름 아닌 '보안 업무'를 의미했다. 그뿐 아니라 스탈린과 마찬가지로 사담 후세인도 가능한 한 많은 정부 부처를 자신의 명령 체계 아래에 두기 시작하면서 '최고 지도자'인 바크르에게 자신을 없어서는 안 될 존재로 천천히 그리고 확실하게 인식시켰다.

또한 그것이 실재하는 것이든 단지 가능성만 있는 것이든 당과 자신에 대한 어떤 위협도 모두 철저하게 제거했다. 그렇게 해서 사담의 희생자가 된 사람이 바로 하즈 시리 대령이었다. 바트 당원이 아니었던 그는 이미 신경과민 증세를 보이던 사담 후세인에게 조금은 위협적인 존재로 비쳤다. 하즈 시리는 CIA와 공모했다는 혐의로 체포되어 끝도 없는 심문과 혹독한 고문을 받아야 했다. 하지만 그가 끝내 굴복하지 않자 고문을 하던 사람들은 최후의 수단으로 그의 가족들 중 여자들을 모두 데려다가 강간하겠다고 위협했다. 결국 굴복할 수밖에 없었던 시리는 상대가 듣고 싶어하는 대로 진술하고는 사형 선고를 받고 교수형에 처해졌다.

사담 후세인이 저지른 잔혹 행위는 이것이 처음이 아님은 물론 마지막도 아니었다. 시리가 처형되고 얼마 지나지 않아 남자 서른 명이 별 다른 증거도 없이 이스라엘 첩자라는 혐의를 받고 체포되었다. 이즈음 대중선전을 책임지고 있던 사담 후세인은 그 사건을 대대적으로 광고하기로 하고 그들의 재판 과정을 텔레비전으로 중계했다. 재판의 결과는 말할 필요도 없었다. 기소된 사람들 모두 유죄 판결과 함께 사형을 선고받았다. 그리고 사형이 집행된 후에 그들의 시신은 해방 광장에 하루가 지나도록 매달려 있었다. 게다가 사람들에게 그곳에 가서 시신들을 구경하라고 강요했다. 그곳에 도착한 바크르 대통령과 사담 후세인은 자신들을 보고 군중들이 박수를 치며 환호하자 몹시 흡족해했다.

두 번의 성공으로 한껏 의기양양해진 데다 늙고 병든 바크르가 자신을 절대적으로 신뢰한다는 확신을 갖게 된 사담 후세인은 이제 이라크 군대에 관심을 돌렸다. 새로운 체제에 있어 유일하게 위협적인 존재는 바로 군대였다. 사담 후세인은 정규군에게 등을 돌리는 대신 준俊 군사조직인 인민군 Popular Army을 만들어 자신이 직접 지휘했다.

그 밖에 바트 당에 반대하는 사람들의 활동을 제한하는 계획을 추진했다. 후세인은 시아파 명문가인 사예드 무신 알 하킴의 아들과 손자 열일곱 명을 교수형에 처했다. 권력을 잡은 사담 후세인은 시간이 지날수록 점점 더 나라와 국민을 억압했다. 저널리스트이자 작가인 사예드 아부리쉬는 이렇게 말했다.

> 바트 당의 세력을 강화하기 위한 사담 후세인의 양면 작전은 1973년 말까지 계속되었다. 우선 개인이든 인종 집단이든 종교 집단이든, 혹은 정당이든 모든 적들을 무력화했다. 그러면서 동시에 야심만만한 사회경제 정책들을 무서운 속도로 추진해 나갔다.[4]

1974년 12월에 후세인은 바트 당원들에게 위협을 가했다는 혐의로 시아파 성직자 다섯 명을 처형했다. 그후 몇 달 동안 시아파 교도 20만 명이 국경 너머 이란으로 추방되었다. 하지만 그 어떤 것도 1979년에 바크르를 대통령 자리에서 강제로 끌어내린 사건과는 비교가 되지 않는다. 공식적인 바크르의 사임 이유는 건강 악화였다.

사담 후세인은 자신을 이라크의 대통령으로 선언하고 나라를 완전히 장악했다. 후세인의 정부를 전복하려는 외부의 압력에도 그는 물

---

4. 사예드 K. 아부리시의 『후세인 평전: 복수의 정치학』.

러서지 않았다. 그렇다면 이런 외부의 압력은 어디에서 나온 것일까? 바로 이라크의 이웃 나라 이란이었다. 1979년에 이란 정부는 반反 바트 당 체제로 바뀌었다. 그러고 나서 곧 이란의 왕으로부터 지배권을 이어받은 아야툴라 호메이니는 이라크의 시아파 교도들을 부추겨 바트 당 지도자를 몰아내게 했다.

그러나 그것은 끔찍한 불행으로 이어질 수밖에 없었다. 아니나 다를까, 이란이 몇 차례에 걸쳐 국경을 공격하자 이라크는 1980년 9월에 30만 명이 넘는 병사들을 동원해 전면적인 공격을 감행했다. 후세인은 대통령 궁의 지하 벙커에서 모든 전투를 지휘했지만, 그런 그가 결코 전쟁터로부터 멀리 떨어져 있었던 것은 아니었다. 오히려 그 반대로 후세인은 폭격에서부터 소규모 전투에 이르기까지 모든 결정을 직접 내렸다.

그러는 동안 후세인은 국내 상황도 면밀하게 살펴 단 한순간도 정부의 통제력을 잃지 않았다. 전쟁이 지속되면서 이라크의 상황도 악화되었다. 이 기간 동안 사담 후세인이 신경과민 증세를 보였다는 분명한 증거가 있다. 그는 보안국의 인원을 열 배로 늘렸을 뿐 아니라 1981년부터 1982년 사이에 주로 시아파 교도 민간인들을 3천 명 넘게 처형했다고 한다. 하지만 이 시기에 사담 후세인이 한 행동 중 가장 악명 높은 사건이(화학무기를 사용한 것 이외에) 1982년 3월에 열린 내각 회의에서 벌어졌다. 후세인은 회의 중에 보건부 장관인 리야드 이브라힘을 밖으로 데리고 나가 권총으로 사살했다. 그러고는 아무 일도 없었다는 듯 다시 돌아와 회의를 계속했다.

1983년에 이르러 이란-이라크 전쟁은 교착 상태에 빠졌다. 양 진영에서 수천 명의 사망자가 발생했지만 얻은 것은 하나도 없었다. 두 나라 모두 해결점에 접근하지 못했던 것이다. 1899년 헤이그 협약과 1925년 제네바 협약을 위반하면서 사담 후세인이 머스터드 가스(이페

리트, 겨자 냄새가 난다고 하여 붙여진 이름이다)와 신경가스를 사용하기 전까지는 그랬다.

독가스가 살포된 지역 중 가장 큰 타격을 받은 곳은 이라크 북부의 할라뱌라는 쿠르드인 마을이었다. 4만 5천 명이 거주하는 이 지역에 피부와 눈, 코, 후두, 그리고 폐에 영향을 미치는 머스터드 가스와 함께 신경가스 성분인 사린과 타분, VX가 살포되었다. 이로 인해 3천 2백 명에서 5천여 명 정도가 목숨을 잃은 것으로 추정되었다. 가까스로 살아남은 사람들도 질병으로 오랫동안 고통스런 삶을 살아야 했다. 소위 이라크의 '안팔' 작전이라고 불리는 기간에는 화학무기가 훨씬 더 많이 사용되었다. 안팔anfal은 코란 8장에 나오는 말로 '전리품'이라는 의미의 아라비아어이다. 후세인이 바드르 전투에서 거둔 이슬람의 승리를 기념하여 붙인 이름이다.

안팔 작전의 핵심 대상은 사담 후세인이 독립적인 쿠르디스탄[5]을 만들려고 한다고 우려하던 쿠르드인들이었다. 이 작전이 시행되는 동안 5만 명에서 10만 명 정도의 쿠르드인들이 화학무기로 인해 목숨을 잃거나 처형되고 추방된 것으로 추정된다. 그리고 그들의 마을과 농지, 이슬람교 사원이 완전히 파괴되었다.

전쟁이 일어난 지 9년여가 지난 1988년 7월에 이란은 결국 패배를 인정할 수밖에 없었다. 평화조약이 체결되지는 않았지만, 전쟁을 끝내자는 데 양국이 합의했다. 이 전쟁으로 인해 이란은 큰 피해를 입었지만 이라크는 그보다 더 심각했다. 이라크의 국고는 사실상 바닥이 났고, 국민들의 사기는 그 어느 때보다도 떨어졌으며 부패가 만연했다. 이런 절망적인 상황에서도 후세인은 중동에서 자신의 입지를

---

5. 터키, 이란, 이라크에 걸친 산악 고원 지대로 쿠르드족이 압도적으로 많다.

사담의 아들 우다이 후세인(오른쪽)은 잔인한 새디스트로 알려져 있었다. 그는 하반신 마비로 다리를 쓰지 못했는데, 암살자의 총격을 받았기 때문이라고 한다. 그는 2003년 이라크를 침략한 연합군을 피해 달아나다가 미군의 총에 사살되었다.

확실하게 굳히고 이라크를 누구도 무시할 수 없는 강국으로 만드는 최선의 방법은 화학무기를 개발하는 것이라고 믿었다.

그는 민간산업과 군수산업 양쪽에서 될 수 있는 한 많은 돈을 착취했고, 국민들이 아사 직전의 상황에 처했는데도 화학무기 계발에 투입하는 자금을 조금도 줄이지 않았다. 하지만 얼마 지나지 않아 외국에서 장비를 구입하기가 어려워지자 그의 계획은 중단될 처지에 놓였다. 서방의 나라들이 그를 신용하지 않은 데다 무엇보다 미국이 '일반적이지 않은' 무기가 이라크에 유입되는 것을 차단했기 때문이다.

이에 격분한 후세인은 더욱더 기이한 행동을 했다. 그의 아들 우다이 후세인[6](그를 두고 정신박약아라고 말하는 사람들도 있었다) 역시 예측 불허의 행동을 하기 시작했다.

1988년 10월, 우다이는 호스니 무바라크 이집트 대통령의 부인이 참석한 공식 행사에 초대도 받지 않고 쳐들어가 한나 게오고라는 남자를 그 자리에서 총으로 쏘아 죽였다. 사담은 아들을 본보기로 삼기 위해 그를 투옥했다가 나중에 스위스로 추방했다. 하지만 게오고가 살해된 지 넉 달도 되기 전에 우다이는 이라크로 돌아와 대통령의 용서를 받았다. 그로부터 얼마 지나지 않아 다시 사촌과 싸움을 벌여 그의 간을 망가뜨리고 혼수 상태에 빠지게 했다. 그런데 이번에는 사담이 그를 벌하지 않았다. 나중에 우다이가 폭력배들을 모아 마약과 무기 밀매에까지 손을 댄 것은 사담이 아버지로서 아들을 제대로 질책하지 못했기 때문이다.

하지만 사담도 그 난폭한 아들 못지않게 사납고 악랄했다. 후세인은 나라가 아직도 가난에서 벗어나지 못하고 있는데도 여러 개의 궁을 짓는 데 어마어마한 돈을 쏟아 부었다. 그중에는 1988년에 짓기 시작해 완성되기까지 8년이 걸린 것도 있었다. 또 어떤 궁은 1평방미터에 3천~4천 달러를 주고 아르헨티나에서 수입해 온 푸른색 대리석을 바닥에 깔았다. 그뿐 아니라 안팔 작전이 끝난 것을 기념하기 위해 이라크 식 개선문을 짓기도 했다. 그러는 동안 후세인의 마음 한구석은 어디에서 돈을 구할 것이며, 어떻게 하면 이라크의 유전으로부터

---

6. 사담에게는 우다이와 쿠사이 두 아들이 있었는데, 둘 다 아버지를 닮아 폭력적이었다.

배당금을 더 많이 받아낼 것인가 하는 고민으로 가득 차 있었다.

이 무렵 사담은 이라크와 국경을 맞대고 있는 쿠웨이트라는 작은 왕국이 OPEC이 정한 석유 생산량을 초과하는 바람에 이라크가 자국의 자원에 대해 받을 수 있는 액수가 감소했다고 생각했다. 사담은 이와 함께 쿠웨이트 정부가 이라크의 국경 지역에 있는 루마일라 유전에서 석유를 훔치고 있으며 이라크 영토에 군사 시설과 민간 시설을 짓고 있다고 비난했다.

이런 식의 무도한 행위에 분노한 사담은 쿠웨이트를 침략하겠다고 위협하기 시작했다. 전쟁을 피할 수 있을 거라는 한 가지 희망만을 가지고 사우디와 쿠웨이트, 그리고 이라크 관리들이 1990년 7월 31일에 제다에서 회담을 가졌지만, 사담은 마음을 돌리지 않았다. 1990년 8월 2일 이른 시각에 이라크 군대는 이웃 나라로 쳐들어가 반나절이 채 지나기도 전에 쿠웨이트를 점령했고, 쿠웨이트의 자베르 알 아마드 알 사바 국왕은 사우디아라비아로 망명했다.

이후로 일곱 달 동안 쿠웨이트인들에게는 악몽과도 같은 시간이 이어졌다. 이라크 병사들이 약탈과 고문을 일삼았기 때문이다. 이라크 병사들이 침략하고 처음 며칠 동안 런던에 있는 국제사면위원회는 쿠웨이트의 군인 수백 명이 수용소나 고문기관으로 끌려 갔다는 보고를 여러 차례 받았다. 쿠웨이트에서 벌어진 상황은 바트 정권이 이라크 내에서 행사하던 공포정치가 그대로 재현된 것이었다. 다음에 발췌한 기사에서 알 수 있듯이 똑같은 기구와 똑같은 방법이 사용되었다.

국제사면위원회는 쿠웨이트에서 도망친 사람들 수십 명과 인터뷰를 했다. 다음은 이라크가 저지른 인권유린의 희생자

혹은 목격자들의 증언을 듣고 바레인에서 방금 돌아온 위원회 대표 두 사람이 보고한 내용이다. '그들의 증언은 도처에서 행해지는 체포, 심문과 고문, 재판 과정을 생략한 처형과 대규모 법정 밖 살인이라는 끔찍한 상황을 생생하게 전하고 있다. 어떤 사람들은 국왕의 사진을 사담 후세인 대통령의 사진과 바꾸지 않았다는 이유로 체포되거나 목숨을 잃기도 했다…. 또 어떤 사람들은 신체의 예민한 부분에 매질이나 전기 고문을 끝도 없이 당했다. 또 다른 사람들은 사지가 부러지고, 족집게로 머리카락이 뽑히고, 손톱과 발톱이 뽑히고, 성폭행이나 처형을 하겠다는 위협을 수도 없이 받았다. 우리는 고문 피해자들에 대해 자세한 사항을 말해줄 수 없다. 왜냐하면 그들이나 그들 가족의 신분이 밝혀져 나중에 보복을 당할 우려가 있기 때문이다.'[7]

쿠웨이트 내의 정부 건물이나 호텔, 나이트클럽, 병원, 학교 등이 약탈당한 것은 물론이었다. 외국인들은 서방국이 보복 공격을 가할 때 사담 후세인이 자신들을 잡아다. '인간 방패'로 쓸까 봐 두려워 어디로든 숨어야 했다.

서방 국가는 이라크에 대한 공격을 결정했다. 처음에 유엔 안전보장이사회는 이라크의 침략을 비난하고 즉각 철수하지 않을 경우에는 제재 조치가 가해질 것이라는 내용의 결의안(유엔 안보리 결의안 660조)을 통과시켰다. 하지만 사담이 이를 무시하자 영국의 마거릿 대처 총리

---

7. www.kuwait-info.org/Gulf_War/amnesty_international.html

는 사담 후세인을 전쟁으로 위협하라고 미국의 조지 부시 대통령을 설득했다.

그로부터 얼마 지나지 않은 8월 7일에 리처드 체니 미 국방장관이 사우디아라비아의 파드 국왕을 만나 이라크의 침략을 예방하기 위해 사우디의 영토에 미국 병사들을 배치할 수 있도록 요청했다. 하지만 이런 위협으로 사담이 쿠웨이트에서 철수하기는커녕 오히려 자극을 받았다. 후세인은 역사적으로 볼 때 쿠웨이트는 오토만 제국 시대부터 이라크의 19번째 주였으며, 이라크는 언제나 쿠웨이트를 자국 영토의 일부로 간주해 왔다고 선언했다.

그의 말에 크게 흥분한 유엔은 사담을 비난하는 또 다른 결의문을 즉각 발표했다. 이번에는 소련이 참여했는데 이는 이라크의 지도자에게 엄청난 타격을 주었다. 사담은 졸지에 같은 편을 모두 잃고 국제적으로 무시당한 꼴이 되었다. 그러나 후세인이 그 특유의 오만함과 고집을 버리지 않아 상황은 더욱 악화되었다.

1990년 9월 1일, 마거릿 대처는 사담 후세인이 반인류적인 전쟁을 일으킨 것에 대해 책임을 져야 할 것이라고 선언했다. 9월 9일에는 부시 대통령과 미하일 고르바초프가 만나 유엔 결의안에 따라 두 나라가 이라크에 대한 연합전선을 펴기로 합의했다. 국제적인 동맹이 형성되면서 전 세계에서 수백만 명의 병사들이 하나의 지역으로 모여들었고, 노먼 슈와르츠코프 사령관의 지휘 아래 전투 계획이 일사천리로 세워졌다.

전쟁을 피해 보려는 모든 외교적 접근은 11월이 되면서 끝이 났다. 사담의 외면에 지친 유엔은 마감 시한을 1990년 11월 29일로 정하고 (유엔 안보리 결의안 678조) 이라크가 그때까지 쿠웨이트에서 철수하지 않을 경우에는 '가능한 모든 수단'을 동원해서 이라크를 쿠웨이트에서 몰아내겠다고 선언했다. 1991년 1월 16일 오전에 이라크에 대한 대규모 공습이 시작되었고, 이는 일명 '사막의 폭풍Desert Storm' 작전으로 불렸다.

처음에는 이라크와 쿠웨이트에 있는 군사 시설과 다리, 발전소, 정유공장, 공항 등에 폭격을 가했다. 늘 그랬듯이 사담은 공습을 피해 이쪽 궁에서 저쪽 궁으로 옮겨다녔고, 전쟁에 대비해 특별히 만든 지하 벙커에서 잠을 잤다. 그것은 불리한 상황에서 그가 할 수 있는 최선책이었다. 이라크 공군은 밤이면 밤마다 이라크에 폭격을 가하는 연합국의 상대가 되지 못했다. 사담이 어떻게 자신이 승리할 수 있다고 생각했는지 이해하기 힘들지만, 1월 26일에 후세인의 명령에 따라 이라크 병사들은 사우디아라비아의 북서부 카프지라는 도시를 점령했다가 이틀 만에 쫓겨났다.

이라크 병사들은 대체로 지치고 굶주려 있었다. 며칠 동안 아무것도 먹지 못했다고 말하는 병사들도 있었다. 병원도 폭격으로 파괴되어 의료품도 부족했다. 부시 대통령은 사담에 대한 압력을 늦추지 않으면서, 2월 23일까지 쿠웨이트에서 철수하지 않으면 지상전을 벌일 거라고 경고했다. 이에 대한 보복으로 사담은 쿠웨이트 유전에 불을 질렀고, 그로 인해 엄청난 양의 기름이 유출되었다. 냄새가 코를 찌르는 크고 검은 구름들이 눈 깜짝할 사이에 하늘을 뒤덮었다.

이것은 무모한 한 남자가 저지른 마지막 행동이었다. 1991년 3월 3일, 미군 사령관 슈와르츠코프와 사우디의 칼리드 빈 술탄이 만나 이라크 장군인 술탄 하심 아마드와 살라 아비드 무하마드로부터 이라크의 항복을 받아냈다. 이즈음 미국과 연합국 군대는 이미 이라크 깊숙한 곳까지 침투해 들어갔지만, 바그다드에 조금 못 미쳐 그들의 최종 목표물인 사담 후세인을 잡기 직전에 모든 군사적 행동을 멈췄다. 그 결정은 이후 십년 넘게 그들을 괴롭히게 되었지만, 당시 부시 대통령과 슈와르츠코프 장군은 그들이 그곳에서 임무를 완수하는 대신

이라크 국민들이 반란을 일으켜 그들 스스로 사담을 몰아내도록 부추겼다.

1991년 3월 5일에는 미국이 지원해 줄 거라고 믿은 시아파 교도들이 패배한 지도자에 대항해 이라크 남부에서 폭동을 일으켰다. 바스라와 나시리야에서 순식간에 무장 봉기가 일어나면서 수천 명의 이라크인들이 사담의 퇴위를 요구했다. 그리고 이 시위가 나자프와 카르발라와 같은 시아파 도시에까지 퍼지면서 전면적인 내란으로 변해 갔다. 폭동은 시아파 교도들에 의해 시작되었지만 얼마 지나지 않아 이라크 북쪽에 있는 쿠르드족들도 가담했다. 그들은 미국에게 지원을 요청했지만 부시 대통령은 이를 거절했다. 미국이 시아파의 반란을 도와주는 것은 시아파가 이라크를 통치하는 것을 인정하는 것이나 다름없었다. 미국이 거절한 이유가 최악의 경우 훗날 이라크가 이슬람 원리주의자들의 국가가 되는 것을 염려했기 때문이라고 말하는 사람들도 있다. 이유가 무엇이든 간에 연합국은 움직이지 않았고, 내전은 폭동을 일으킨 사람들과 사담 간의 전쟁이 되어갔다.

사담은 '케미컬 알리'라는 별명으로 유명한 자신의 사촌[8]을 이라크 남부 지역에 보내 가능한 모든 수단을 동원해서 반란을 진압하게 했다. 그리고 바그다드에는 자신의 병사들을 보내 나라의 수도에서 감히 무기를 드는 사람은 누구든 사살하라고 명령했다. 시위대들은 이웃의 시아파 국가 이란의 도움을 기대했지만 아무런 반응이 없자 낙담했다. 이라크의 국내 문제에 개입할 여지를 조금이라도 보이면 미국인들을 자극할 뿐이라는 사실을 너무도 잘 알고 있었던 이란은 한 걸음 물러나 그냥 지켜보기만 했다.

---

8. 사담 후세인의 사촌인 알리 하산 알 마지드를 말한다. 후세인 정권의 실력자였던 알리는 1980년대에 쿠르드족을 상대로 화학전을 주도하여 '케미컬 알리'라는 악명이 붙여졌다.

이라크 전역의 포스터와 벽에 사담 후세인의 초상이 붙어 있었지만, 그가 권력에서 물러나자 대부분의 이라크 국민들은 앞다퉈 그의 사진을 찢어내버렸다. 하지만 후세인이 집권했을 당시에 이런 행동은 중벌에 처해질 만한 것이었다. 1990년에 이라크가 쿠웨이트를 침략했을 때, 쿠웨이트인들은 국왕의 사진 대신 사담 후세인의 사진을 걸지 않았다는 이유로 체포되어 처형당했다고 한다.

사담 후세인

케미컬 알리는 재빨리 바스라를 수복하고, 그가 지휘하는 다른 사단들은 카르발라와 나자프를 되찾았다. 그것은 5만에서 2십만 명의 사람들이 죽고, 병원들은 산산조각이 났으며, 수백 명의 남자와 여자, 어린아이들이 고문을 당한 대학살의 결과였다. 어느 보고에 의하면, 한 가족 전체가 헬리콥터에 실린 다음 공중을 날다가 산 채로 떨어뜨려졌다고 한다. 그런가 하면 시위대에 동조하는 것으로 여겨지는 사람들은 귀를 잘렸다는 보고도 있었다.

이런 일들이 이라크 남부에서만 일어났던 것은 아니다. 북부에서는 쿠르드인들이 느닷없이 공격을 당했는데, 동맹국들이 조금도 도와주지 않는 가운데 이라크 병사들은 비열한 천성을 그대로 드러내며 죽음의 향연을 벌였다. 십만 명이 넘는 쿠르드인들이 사망하거나 부상을 입었고, 2백만 명 가까운 사람들이 실종되거나 추방되었다. 이는 전 세계가 무시할 수 없는 수치였고, 희생당한 사람들에게는 너무 늦은 일이기는 했지만 그나마 다행히도 전 세계는 이것을 무시하지 않았다.

1991년 4월 10일, 쿠르드인들을 보호하기 위해 연합군은 '편의 제공 작전'을 실시했다. 이라크 북쪽에 비행 금지 구역을 만들어 쿠르드인들이 안전하게 지낼 수 있는 장소를 마련해 주었다. 이처럼 계획이 좌절되었는데도 사담 후세인은 완전히 무너진 상황에서 이라크 최고 지도자의 모습으로 나타났다. 게다가 믿기 힘들겠지만 그의 지위는 전쟁이 처음 시작되었을 때보다 훨씬 더 탄탄해졌다.

미국과 영국이 특별히 지지하는 가운데 유엔은 이라크에 대해 제재를 가한 다음 사담의 대량 살상 무기를 찾아내기 위해 장기간의 작전에 돌입했다. 자료에 의해 충분히 증명되듯이, 이 작전은 사담이 처음에는 유엔 사찰단의 사찰에 동의했다가 나중에 거부하고, 다음에는 거부했다가 또다시 동의하면서 12년이 넘게 이어진 쫓고 쫓기는 게임이었다. 참으로 안타까운 사실은, 그것이 사담에게는 게임에 지나지 않았을지 모르지만 이라크 국민들에게는 너무도 끔찍한 일이었다는 것이다.

다른 나라들이 이라크에 대해 식량과 의료품을 제한하는 등 엄격한 조치를 가한 데다, 사담의 압제로 인해 이라크 국민들은 날이면 날마다 고통이 가중될 뿐이었다. 이라크 국민들에게는 하루하루가 절망적이었다. 국민들이 고통을 받으면 받을수록, 사담은 전 세계를 향해 인류를 위해 제재 조치는 해제되어야 한다고 목소리를 높일 수 있었다. 하지만 유엔 사찰단이 임무를 수행하지 못하는 한 어떤 조치도 취할 수가 없었다. 그래서 12년 동안 아무런 결론을 내리지 못하고 상황은 제자리걸음을 걸었던 것이다.

자국의 국민들에게 끊임없이 가해지는 사담 후세인의 횡포 중 가장 악독했던 것은, 유프라테스와 티그리스 강에 이어 세 번째 강을 만들면서 습지로 흐르는 물길을 다른 곳으로 빼내 습지대 아랍인들의 땅에서 물을 고갈시켜버린 일이었다. 생존 자체를 위협당한 습지대 아랍인들이 폭동을 일으키자 사담은 공화국의 근위대를 투입해 진압했다. 수천 명의 아랍인들이 죽고 수만 명 이상이 추방되었다. 사담은 여기에서 그치지 않고 자신의 당과 정부에서 일하는 사람들, 심지어 가족까지도 파멸시켰다. 당원들과 정부 관료 대다수가 사담과 같은 티크리트 출신이었지만 사담은 자신을 해칠 음모를 꾸밀까 봐 두려워서 그들 중 상당수를 처형했다. 그리고 1966년 사담의 사위 둘이 생명의 위협을 느끼고 사우디아라비아로 피신했지만 사담의 끈질긴 설득에 넘어가 다시 이라크로 돌아와서는 결국 처형되었다.

무자비한 살상이 계속되던 중에 오사마 빈 라덴과 탈레반이 자행한 2001년 9월 11일의 사건은 하나의 분수령이 되었다. 9월 11일 이슬람 테러리스트들은 미국의 민간 항공기 4대를 공중에서 납치해 자살 테러로 무역센터를 폭파시키고 워싱턴의 국방부 청사(펜타곤)를 공격했다. 테러가 발생하자마자 미국은 주범이라고 생각되는 대상들, 즉 알카에다 조직과 그들을 지원하는 사우디아라비아 출신의 국제 테러리스트 오사마 빈 라덴에 대해 분노를 쏟아냈다.

미국은 즉시 오사마 빈 라덴이 숨어 있는 것으로 추정되는 아프가니스탄을 공격했다. 하지만 전쟁이 발발한 직후 관심은 사담 후세인에게 집중되었다. 국정 연설에서 조지 부시 대통령은 이라크와 이란, 북한, 시리아를 핵심적인 악의 축으로 규정하면서 테러와의 전쟁을 선언했다. 미국은 실력자가 누구인지 보여주기로 결심했고, 유엔의 방침을 따르라는 토니 블레어의 설득을 무시하고 2003년 3월 20일 마침내 전쟁을 일으켰다.

4월 3일에 미국 군대는 바그다드 중심가에서 15킬로미터 정도밖에 떨어지지 않은 사담 국제공항까지 진격했다. 그리고 4월 8일에는 바그다드 내에서 군사 행동을 개시했다. 미국의 또 다른 적인 오사마 빈 라덴의 경우처럼 사담을 찾아내는 데 전력했지만 그를 체포하지 못했다. 대신 연합군은 1991년 시아파 폭동 때 사라진 1만 5천 명 가량의 시신이 묻힌 거대한 무덤을 발견했다. 끔찍하게도 이와 유사한 대규모 무덤들이 나라 곳곳에서 발견되었다. 에드 벌리아미는 2003년 5월 25일자 『옵저버Observer』에 이런 기사를 내보냈다.

> 일꾼들이 삽질을 할 때마다 붉은 뼈와 더러워진 천 조각들이 나왔다. 어떤 시체들은 군복을 입고 있었고, 운동복이나 평상복을 입은 시신들도 있었다. 한쪽에는 운동선수의 방한복이 있었고, 다른 쪽에는 줄무늬 옷이 있었으며…. 이것은 바그다드 남쪽의 무사이브에서 벌어진 일이었다. 반란에 가

담한 것으로 의심되는 사람들은 모두 공터로 끌려나와 트럭과 버스에 실렸다. 그런 다음 차는 강 유역을 떠나 어디론가 사라졌다. 그곳에서 그들은 두 눈을 가리고 두 손이 묶인 채 나란히 서서 구덩이 밑으로 던져졌다. 그 흙구덩이 안에서 사람들은 기관총으로 사살되었다. 그러고 나면 불도저가 아무렇게나 흙을 덮었다.

목과 얼굴이 잘려나가거나 눈알이 도려내어지거나 생식기가 망가진 채 죽어 있는 이라크인들의 사진으로 가득 찬 보안부의 파일과 고문실 등이 속속 드러나는 가운데서도 이라크 대통령과 대량 살상 무기는 좀처럼 찾을 수가 없었다. 이라크 대통령은 국경을 넘어 시리아로 간 것으로 짐작되었지만, 살상 무기에 대해서는 지금까지(이 책이 쓰여지던 당시)도 전혀 드러나지 않아 연합군은 당혹스러워하고 있다.

이제 이라크는 어떻게 될 것인가? 앞으로의 일을 예측해 보면 미국과 영국이 이라크를 안정시킨다는 명목으로 그 나라를 점령할 것으로 보인다. 이라크 국민들이 서방 국가들을 불신하고 있다는 점을 생각해볼 때 그렇게 되지 않을 수도 있지만 최근의 동향을 보면 그러한 전망은 어둡다. 2003년 6월 24일에 마자르 알 카비르 동남쪽에서 두 번의 공격으로 영국 왕립 헌병대 소속 병사 여섯 명이 죽고 여덟 명이 다쳤다. 이라크인들이 자국을 점령한 서방 군대를 지속적으로 공격했으며 주로 미국인들이 희생되었다.

2003년 11월 2일에는 최악의 사건이 발생했다. 치누크 헬리콥터가 이라크 게릴라 대원들의 저격을 받아 미국인 병사 15명이 죽고 21명이 다쳤다. 근래에 일어난 다른 비극적인 사건들과 더불어 이 사건에 대해 보고를 받은 독재자의 얼굴에는 분명 미소가 떠올랐을 것이다.

권력을 잡고 있을 당시 사담은 주위 사람들에게 고통과 불행을 퍼붓는 일을 그 어떤 일보다 즐겼다.

  2003년 12월, 전쟁이 끝나고 여덟 달이 지났을 때 사담 후세인은 고향인 티크리트 근처에서 마침내 미군 병사들에 의해 별다른 저항 없이 체포되었다.

15

로버트 무가베
ROBERT MUGABE

로버트 무가베
ROBERT MUGABE

짐바브웨의 실력자 |

짐바브웨 국민들이여, 투표를 함으로써
용기를 보여준 수많은 사람들에게 감사합니다.
우리는 여러분의 결단을 봅니다.
우리는 여러분이 지지하는 소리를 듣습니다.
우리는 여러분의 초조함을 알고 있습니다.
힘은 여러분의 손에 있습니다.
이제 짐바브웨 국민들이 누려야 하는 것은 축제입니다.
하지만 어두운 그림자가 우리나라를 위협하고 있다고
말하는 사람들이 있습니다….
인류 역사상 그처럼 넘치는 자비로움과 동시에
그와 같은 무자비함을 마주 대하고 있는 민족은 좀처럼 없었습니다.

짐바브웨에서 2002년 대통령 선거의 결과를 기다리는 동안
야당 지도자 모건 츠방기라이가 했던 언론 발표문

1980년 처음 권력을 잡은 로버트 무가베는 로디지아에서 짐바브웨로 이름을 바꾼 자신의 나라에서 밝은 미래를 상징하는 존재였다. 무가베는 평화와 민주정치, 그리고 무엇보다 지난 수십 년간 자신의 나라를 지배한 백인과의 화해에 대해 이야기했다. 하지만 그가 대통령에 오르고 나서 얼마 뒤 어두운 그림자가 드리워지기 시작했다. 무

가베는 남쪽의 마타벨레란드에서 일어난 폭동을 잔인하게 진압하고 반대 세력이긴 하지만 정치적으로 중요한 몇몇 사람들을 제거했다. 로버트 무가베의 강력한 권위주의가 점점 더 부각되기 시작하고 부패로 인해 진정한 정치적 이상이 사라지면서 상황은 더욱 악화되었다. 오늘날 짐바브웨는 경제가 붕괴되고, 에이즈 환자가 급속도로 증가하고 있다. 농장을 소유한 백인과 그의 가족들은 농장들을 강탈당하고 자신들의 나라로 쫓겨가거나 잔인하게 살해당했다.

로버트 가브리엘 무가베Robert Gabriel Mugabe는 1924년 2월 21일에 짐바브웨의 수도인 하라레에서 약 80킬로미터 떨어진 곳에 있는 쿠타마 미션에서 목수의 아들로 태어났다. 무가베는 어린 시절을 외롭게 보내야 했다. 그의 집에는 그 말고도 아이들이 넷 있었으므로 어머니인 보나 무가베(처녀 때의 성은 슌히와였다)는 아들을 신경 쓰며 돌보지 않았다. 게다가 그가 열 살 되던 해에 아버지 가브리엘 무가베가 가정을 버렸다. 로버트는 어린 시절의 대부분을 아일랜드 예수회의 오에 신부 손에서 자랐고, 그 덕분에 선교 학교를 다녔다.

1945년 스물한 살에 로버트 무가베는 교사 자격증을 땄다. 그러나 교사 생활을 하며 안정되게 살기보다는 남아프리카의 포트헤어 대학에 장학금을 신청했다. 어린 나이였는데도 그는 무척이나 열의가 넘치고 야심만만한 청년이었다. 무가베는 정식으로 장학금을 받고 남아프리카로 가서 새로운 학문을 시작했다. 아마도 그는 이때 처음 세계적인 안목으로 정치사상과, 특히 공산주의 문학을 접했을 것이다. 그의 상상력은 활활 타올랐다.

1952년에 남아프리카를 떠나 로디지아로 돌아온 무가베는 혁명을 일으켜 로디지아 전선의 지도자인 이언 스미스가 이끌었던 백인 정부를 몰아내고 이상적인 공산주의 국가를 건설하겠노라고 마음먹었다. 무가베가 자신의 야망이 실현 가능하다고 실감한 것은 가나에 있는 타코라디 교육대학에서 일자리를 얻었을 때였다. 가나는 아프리카 식민지 중 제일 처음 독립을 쟁취한 나라였기 때문이다. 그가 미래의 아내인 샐리 헤이프론을 만난 것도 가나에서였다.

무가베가 1960년에 로디지아로 돌아왔을 때 나라는 정치적 혼란의 소용돌이 속에 있었다. 흑인 민족주의자¹들의 운동을 시작으로, 로디지아의 수도인 솔즈베리(지금의 하라레) 거리마다 시위가 벌어졌다. 그러자 이언 스미스는 '법과 질서 유지법'이라는 새로운 법령을 통과시켰는데, 누구든 체포되어 재판 없이 투옥될 수 있다는 내용이었다. 이에 격앙된 민족주의자들은 반대당 두 개를 창설해 신속하게 대응했다. 하나는 조슈아 은코모가 이끄는 짐바브웨 아프리카 인민연맹Zimbabwe African People's National Union, ZAPU이었고, 또 하나는 은다바닝기 시톨레가 이끄는 짐바브웨 아프리카 민족연맹Zimbabwe African National Union, ZANU이었다.

무가베는 짐바브웨 아프리카 인민연맹에 가입했지만, 3년 후에는 그곳을 떠나 시톨레 당의 사무총장이 되었다. 하지만 두 당이 서로 자신의 주장을 내세우면서 몇 년 동안 이들 사이에 대격전이 이어졌는데, 그 덕분에 이언 스미스는 로디지아를 더 확실하게 장악할 수 있었다. 그는 또 이 기회를 적절하게 활용해서 1964년에 은코모와 시톨레, 무가베 세 사람을 재판도 거치지 않고 10년 동안 투옥했다. 뿐만 아니라 그로부터 채 1년도 지나지 않은 1965년 11월 11일에는 로디지아를 영국으로부터 독립시키기 위해 '일방적 독립선언Unilateral Declaration of Independence'을 발표했다.

영국은 즉각 로디지아에 제재를 가했고, 로디지아는 곧 굴복하고

---

1. 흑인만의 정부를 수립할 것을 주장하는 급진파.

1989년에 영국의 마거릿 대처 총리를 만났을 당시 로버트 무가베는 이미 마타벨레랜드에서 2만 명에 달하는 국민들의 목숨을 빼앗았고, 그의 잔인한 탄압 정치는 이제 막 시작되려던 참이었다.

말았다. 1971년에 당시 영국의 외무장관 알렉산더 더글러스 흄 경이 솔즈베리를 방문해 이언 스미스와 화해했다. 양측 사이에 타협이 이루어졌지만, 그것은 로디지아의 백인들에게만 유리한 것이었으므로 흑인들은 당연히 격분했다. 또 다시 나라에서는 유례없는 규모의 폭동이 일어났고 이어 전면적인 게릴라전이 벌어졌다.

1974년에 석방된 무가베는 로디지아에 머물지 않고 모잠비크로 떠나 가장 규모가 큰 게릴라 당 중 하나를 설립해서 이언 스미스에게 대항했다. 상황은 로디지아의 지도자에게 그다지 유리한 것 같지 않았다. 남아프리카 정부가 병력을 투입해 폭동 진압을 도왔지만 그들마저도 스미스에게 환멸을 느꼈다.

1979년에 로디지아의 평화협상과 차후의 흑인 통치를 약속하는 랭

커스터 하우스 조약이 체결되었고, 무가베는 열광적인 환영을 받으며 고국으로 돌아왔다. 1년 전에 그는 '짐바브웨 아프리카 민족연맹당'의 지도자로 선출되었고 고국으로 돌아온 지 1년도 채 안 되어서 짐바브웨라고 이름을 바꾼 나라의 대통령으로 선출되었다. 물론 이 과정에서 무척이나 의심스러운 조직적인 폭력과 협박을 겪어야 했다. 무가베는 연합 정부를 형성할 필요가 없었지만, 아프리카 인민연맹의 게릴라 군과 함께 이언 스미스에 대항해 오랫동안 힘겨운 투쟁을 벌여온 조슈아 은코모와 손을 잡았다. 하지만 다음의 유머러스한 글에서 알 수 있듯이 무가베와 은코모의 결합은 그다지 이상적이지 못했다.

> 무가베는 은코모를 그리 호의적으로 대하지는 않았다. 이 점에 대해 믿을 만한 얘기가 전해지고 있다. 두 사람과 좀더 밀접한 관계를 맺고 싶었던 탄자니아의 대통령 니에레레가 그들을 초청했는데, 이때 두 사람은 니에레레를 각각 따로 만났다. 무가베가 대통령을 만날 차례가 되어 그의 집무실로 들어갔다. 니에레레가 손짓으로 의자를 권하자 무가베는 이렇게 말하며 거절했다.
> '그 돼지 같은 인간이 앉았던 의자에 제가 앉을 거라고 기대하셨다면 다시 한 번 생각해 보셔야 할 겁니다.'[2]

실제로 두 사람의 관계가 악화된 나머지, 1982년에 인민연맹 지지

---

[2] 스티븐 챈의 『로버트 무가베: 권력과 폭력의 삶 Robert Mugabe: A Life of Power and Violence』(2003).

자 아홉 명의 집에서 꽤 큰 무기 저장소가 발각되었을 때 은코모는 내각에서 즉각 해임되었다. 그의 여권은 압수당했고 거주지는 불라와요로 한정되었다. 게다가 무가베는 인민연맹 지지자들을 엄격히 단속하라는 명령까지 내렸다. 이로 인해 두 사람의 관계는 완전히 단절되었다.

무가베는 이제 단독으로 짐바브웨를 통치하게 되었다. 이것은 그가 정치에 뛰어들어 활동하던 초창기부터 갈망해 오던 기회였다. 하지만 권력에 굶주린 대통령에게는 이상적인 상황이 그 통치 아래 살아가야 했던 대부분의 사람들에게는 그렇지 않았다. 얼마 지나지 않아 마타벨레랜드에 사는 사람들이 그것을 경험했다.

1983년에서 1984년 사이에 무가베는 마타벨레랜드에 있는 정치적 반대세력을 진압하기 위한 합동군사작전을 개시했다. 이 세력은 조슈아 은코모가 이끄는 짐바브웨의 소수 부족인 은데벨레족으로 이루어져 있었다. 무력으로 진압하는 과정에서 수천 명이 매질을 당하고 고문을 당하거나 목숨을 잃었다. 그중 가장 대표적이라 할 만한 것이 1983년 2월에 일어났다. 오직 무가베에게만 충성을 맹세한 쇼나 부족(무가베 역시 쇼나족이었다)만으로 이루어진 군대 5여단이 마타벨레랜드 남쪽에 있는 마을로 쳐들어가 주민 수백 명을 체포해 심문한 것이었다. 그들이 알아내려 했던 것은 무가베 정부에 대항해 투쟁하고 현 정권에 대해 나쁜 소문을 퍼뜨리는 폭도들의 본거지였다. 북한군으로부터 정당한 이유 없이도 잔인한 행동을 할 수 있도록 훈련받은 5여단 병사들은 잡아온 주민들을 격리해 놓고는 여자아이 두 명을 골라내 사람들이 보는 앞에서 바로 처형했다.

정의와 평화를 위한 가톨릭위원회Catholic Commission for Justice and Peace와 합법적자원재단Legal Resources Foundation이 보고한 자료에 의하면, 병사들은 여자아이들을 총으로 쏴 죽인 것에 만족하지 못하고 아이들의 배를 갈라 몸을 만신창이로 만들었다. 무가베의 병사들은 마타벨레랜드를 진압하면서 수천 가지의 만행을 저질렀다. 그들은 사람들에게 자기 무덤을 직접 파게 하고는 그들을 죽인 뒤 나머지 가족들에게 무덤 위에서 춤을 추게 했다. 전혀 무장하지 않은 민간인 1만 명에서 2만 명 정도가 학살된 것으로 추정되었다.

하지만 다행스럽게도 1988년에 무가베와 은코모 사이에 평화협정이 체결되었다. 은코모는 두 명을 선출하는 임시 부통령에 임명되어 정부에서 새로운 자리를 차지했다. 이제 혼란이 진정되는 듯했다. 그러나 은데벨레족 대다수가 그 협정이 쇼나족에게만 유리할 뿐이며 조슈아 은코모가 부통령 자리에 팔려간 것이라고 주장했다. 반체제 운동가였던 부자 마냐텔라는 이렇게 말했다.

> 우리의 옛 지도자들은 우리를 배신하고 장관 자리와 많은 돈에 팔려갔다. 그들이 우리를 배신할 것이라는 사실을 알았더라면 해방전쟁에 그토록 온몸을 바쳐 뛰어들지 않았을 것이다.[3]

잠시 동안 전쟁이 끝났다고 한다면, 로버트 무가베 개인의 문제는 1992년 1월 27일에 본격적으로 시작되었다. 사람들 앞에서 애정을 표시하는 일은 없었지만, 아내와의 사이가 무척 좋았던 무가베는 아내의 갑작스런 죽음으로 엄청난 정신적 충격을 받았다. 게다가 그해 3월부터 가뭄이 시작되면서 식량이 부족해졌다.

---

3. 『아프리카 뉴스 African News』(1997. 7).

그때까지 짐바브웨는 아프리카의 '곡창지대'였다. 땅이 비옥하고 기름져서 국내에서 생산되는 곡류와 과일과 야채만으로 온 국민이 넉넉하게 먹고 살 수 있는 나라였다. 실제로 무가베가 처음 권력을 잡았을 때 짐바브웨 땅의 약 70퍼센트가 경작지였다. 그런데 무가베는 그 땅의 대부분이 백인 소유라는 것이 마음에 걸렸다.

1992년 3월 19일에 로버트 무가베는 '짐바브웨 토지취득법령Zimbabwean Land Acquisition Act'을 통과시켰다. 정부는 이제 어떤 농지든 원하는 대로 몰수할 수 있게 되었다. 다른 나라의 정부들은 기아가 임박해 있어 식량 생산을 보호해야 하는 때에 그처럼 오만한 태도로 나라를 위험에 빠뜨려서는 안 된다는 점을 지적하며 무가베의 새로운 법률을 비난했다. 이런 비난은 상당 부분 옳았다. 왜냐하면 무가베가 실시한 이 새로운 법은 식량 생산이나 다른 농업 분야에 전혀 도움이 되지 않았다. 그보다는 무가베가 '사회적 정의'라고 간주하는 것, 즉 백인 소유의 땅을 흑인들에게 재분배하기 위한 것이었기 때문이다.

기아가 만연한 상황에서도 짐바브웨 국민들은 대부분 이 새로운 정책을 환영했다. 무가베는 그 어느 때보다 인기에 영합하는 듯했다. 토지 분배에 더해 그는 해외 시장에서 식량을 사들여와 대량 아사를 막았다. 15만 마리의 소가 죽긴 했지만 말이다. 하지만 무리한 정책은 부작용이 따르게 마련이었다. 외국에서 식량을 수입하면서 국고는 서서히 고갈되어갔다. 작가 크리스토퍼 그레고리는 어느 사설에서, '증가하는 실업률, 점점 심각해지는 인플레이션, 끊임없이 지속되는 소비재 부족, 실질 임금 하락'⁴, 그 밖에 수많은 경제, 사회적 문

---

4. 래리 벤저민·크리스토퍼 그레고리(편집)의 『짐바브웨의 두 번째 10년:방향 전환의 여지가 있는가?Zimbabwe's second Decade: Little Room for Manoeuvre?』; 리보니아의 『기로에 선 남아프리카South Africa at the Crossroads』(1992).

2003년 5월에 영국과 짐바브웨의 제1회 크리켓 국제우승결승전이 열리기로 한 첫날, 인권운동가들이 런던에 있는 로드스 크리켓 그라운드 밖에서 시위를 벌였다. 여기에서 100명이 넘는 영국 의원들은 짐바브웨 팀에게 영국에서 경기하지 않을 것을 요구했다. 나중에 영국 선수들은 짐바브웨에서는 경기하지 않겠다고 말했다.

제들이 이 시기에 짐바브웨를 둘러싸고 있었다고 설명했다. 뿐만 아니라 무가베를 반대하는 사람들은 토지 재분배 정책이 단지 무가베가 자신에게 충성하는 지지자들에게 농지를 분배해 주어서 전제 통치를 더 확고히 하려는 수단일 뿐이라고 주장했다.

일부 흑인 지도자들 역시 로버트 무가베가 백인들의 식민통치만큼이나 짐바브웨 국민들에게 고통을 가져다줄 새로운 엘리트주의 체제를 만들고 있다고 지적했다.

하지만 이런 반대파들의 목소리는 강력하지도 체계적이지도 못해서, 점점 심해지는 무가베의 자만에 아주 미미한 영향조차 미치지 못했다. 사실 이즈음에 반대 세력들은 여러 개로 분리되어 있었다. 짐바브웨 아프리카 민족연합(은돈가 당), 아프리카 민족의회, 국가민주연합, 짐바브웨 보수연합, 짐바브웨 민족전선, 이 밖에도 여러 개의 소규모 단체가 있었다.

이렇게 분열된 상태에서는 상대가 꼭 로버트 무가베와 같이 교활한 정치가가 아니더라도 효과적으로 대항할 수 없었다.

무가베는 온갖 비난에도 아랑곳하지 않고 재분배 정책을 계속 추진해 나갔다. 한때는 생산성이 굉장히 높았던 농지들을 나누어 분배하는 바람에 수지가 맞지 않게 되었고, 그로 인해 생산성이 급격히 떨어졌다.

1994년에 이르러 무가베의 국가 장악력은 거의 교살 수준에 이르렀다. 그러나 반대 세력들은 다음해에 선거가 있었기 때문에 머지않아 그의 시대도 끝날 거라는 희망이 조금은 남아 있었다. 반대 세력의 지도자였던 에드거 테케레는 이렇게 말했다.

'칼을 든 천사Angels with Swords'라는 군대를 조직해서 무가베

의 '짐바브웨 아프리카 민족연합–인민전선ZANU-PF이라는 악을 물리치자.[5]

하지만 '몽둥이와 돌로는 내 뼈를 부러뜨릴 수 있지만, 말로는 절대 나를 해치지 못할 것이다'라는 말은 바로 이런 경우를 두고 하는 말이었다. 무가베는 어떤 비난이나 협박에도 꿈쩍하기는커녕 코웃음만 쳤다. 그로 말하자면 마타벨레랜드에서 수천 명의 민간인을 학살하라고 명령한 사람이었다. 그런 그가 무엇 때문에 천사와 칼을 걱정하겠는가?

무가베는 짐바브웨 남쪽에 있는 은코모와 그를 지지하는 은데벨레족이 충성심을 보이며 자신에게 한 표를 던질 거라는 걸 알고 있었다. 그들은 재투자와 그보다 더 중요한 물을 얻기 위해 무가베에게 의존해야만 했다. 이 모든 것을 고려해볼 때 1995년의 선거는 한쪽으로 치우칠 수밖에 없었다. 게다가 반대 당들은 체계가 잡혀 있지 않아 150석 중 55석도 얻지 못했다. 그런데 완벽했던 무가베의 선거 운동에도 단 한 가지 문제가 있었다.

로버트 무가베는 오랫동안 자신이 어릴 때부터 가톨릭 교도였기 때문에 도덕 기준이 매우 엄격하다고 말해 왔었다. 그런데 최근에 옛날 자신의 개인 비서였던 여자와 결혼을 했는데 그녀의 나이가 자기 나이의 절반밖에 되지 않을 뿐 아니라 결혼하기 전에 그녀와의 사이에서 자식을 둘이나 낳았던 것이다. 이 이야기는 몇 주 동안 짐바브웨의 여러 신문에 몇 페이지에 걸쳐 실렸다. 하지만 도덕성에 반하는 이러한 사실도 무가베의 승리에 영향을 끼치지 못했다. 그의 인종차

---

5. 스티븐 챈의 『로버트 무가베: 권력과 폭력의 삶』.

별적인 발언과 성차별적인 발언도 마찬가지였다. 무가베는 짐바브웨의 백인들을 끊임없이 비방했고, 동성애자들을 가리켜 '개 돼지보다도 못한 존재들'이라며 신랄한 욕설을 퍼부었다.

마침내 투표가 시작되었고 '짐바브웨 아프리카 민족연합-인민전선'은 150석 중 148석을 차지했다. 압도적인 승리였다. 부정한 방법으로 선거운동을 했고, 투표와 집계를 조작했다는 주장이 있었지만, 무가베는 그러한 것에 전혀 관심을 두지 않았다. 게다가 오만함의 극치를 보여주려는 듯이, 선거가 끝나고 몇 주 되지 않은 1995년 10월 16일에 무가베는 새로운 의회에서 의석 두 개를 차지한 반대당 지도자 한 명을 체포했다. 은다바닝기 시톨레는 무가베를 살해할 음모를 꾸몄다는 혐의를 받았다. 실제로 시톨레는 매니카랜드의 반대 당에 속한 사람들 세 명과 함께 무가베를 암살할 계획을 세웠었다고 했다. 그 세 명이 무기를 지닌 채로 체포된 뒤 심문을 받는 중에 시톨레를 끌어들였다는 얘기가 있다.

시톨레는 1997년이 되어서야 재판을 받았다. 1996년에 무가베가 대통령 재선거에 입후보했는데(짐바브웨에서는 당과 대통령 선거가 따로 치러진다), 시톨레가 체포된 것은 무가베에 맞서 이 선거에 출마하지 못하도록 하려는 의도였다는 주장이 제기되었다. 시톨레는 재판에서 무죄 판결을 받았지만 이미 때는 늦었다. 무가베는 선거에서 90.2퍼센트의 지지표를 얻었던 것이다.

이때 영국에서도 선거가 치러졌다. 토니 블레어가 존 메이저를 압도적으로 누르고 새로운 총리에 선출되었다. 기회를 놓치는 법이 없던 무가베는 국가 전반에 대한 새로운 목표, 특히 토지 개혁에 대한 목표를 밝히기로 했다. 『가디언』지에 그대로 실린 그의 연설은, 말할 필요도 없이 곧 에든버러에서 열릴 국가 정상회담에 참석하려는 토니 블레어의 관심을 끌기 위한 것이었다. 무가베는 이렇게 말했다

우리는 땅을 거두어들일 것이며 그 땅에 대해 값을 치르지 않을 것이다. 이것이 우리의 확고한 정책이다. 우리의 땅은 식민주의자들이 절대 살 수가 없으며 우리가 땅을 되살 방법도 없다. 하지만 영국이 보상을 원한다면, 그들은 우리에게 돈을 주어야 하고 우리는 그 돈을 그들의 후손들에게 전할 것이다.[6]

정상회담이 끝난 직후 무가베는 백인 소유주 1,732명의 목록을 작성했다. 그는 이 땅을 몰수해서 국민들에게 '되돌려' 주려고 했다. 하지만 무가베가 이러한 정책으로 짐바브웨 내의 다른 문제들도 어느 정도 해결하고 국민들의 지지를 얻을 수 있다고 생각했다면 그건 오산이었다. 식량 부족과 전반적인 국가 경제 쇠퇴로 인해 폭동과 파업이 일어나면서 국가의 정세는 점점 더 불안해졌다. 무가베가 처리해야 할 문제는 그뿐이 아니었다. 1999년 7월 1일에 조슈아 은코모가 82세의 나이로 죽으면서 마타벨레랜드는 깊은 슬픔과 충격에 빠졌던 것이다. 무가베는 은코모의 장례식에서 이렇게 말했다.

당신들의 위대한 지도자가 떠났다고 해서 우리 정부가 당신들을(은데벨레족) 외면할까 봐 걱정하지 마십시오. 우리 정부는 은코모가 살아있을 때와 똑같이 마타벨레랜드를 대할 것입니다.[7]

---

6. 『가디언』 1997년 10월 15일자.
7. 『가디언』 1997년 7월 6일자.

그러나 1983년과 1984년에 행해진 무가베의 군사작전에서 살아남은 사람들은 그가 은데벨레족을 어떻게 대했는지 절대 잊지 못했으며 무가베도 결코 잊지 못하게 했다. 조슈아 은코모가 죽은 후에 마타벨레랜드 사람들 대부분은 반대 세력의 편에 서기 시작했고, 그래서 반대 세력의 힘은 무가베가 무시할 수 없을 정도로 강해졌다.

게다가 짐바브웨가 대규모 경제 위기를 겪고 있다는 사실도 확연히 드러났다.

1997년부터 1998년까지 로버트 무가베는 콩고의 새로운 대통령 로렌트 카빌라를 지지하면서 콩고에서 전쟁을 치렀다. 짐바브웨, 나미비아, 앙골라는 르완다와 우간다, 그리고 카빌라를 몰아내려는 콩고의 일부 세력에 대항했다. 하지만 전쟁의 대가는 너무도 컸다. 그렇잖아도 경제적으로 탈진 상태에 있던 짐바브웨는 병사들을 지원하고 반대쪽 군대를 폭격하는 데 하루에 160만 달러 이상을 쓰고 있었다. 더구나 외국 물자와 식량 부족으로 인해 생활 수준이 눈에 띄게 저하된 것은 그렇다 치고, 또 다른 지역에서는 질병으로 인한 고통이 시작되었다.

1980년대와 1990년대에 에이즈는 남아프리카 전역을 휩쓸었고, 1997년이 되면서 짐바브웨는 가장 심각한 에이즈 감염 지역이 되었다. 나나 포쿠Nana Poku는 이렇게 적었다.

> 짐바브웨의 경우, 15세 이상의 여성들이 아이를 낳는 시기가 끝나기 전에 사망할 확률이 1980년대 초에는 11퍼센트였는데, 2001년이 되면 그 네 배인 40퍼센트 이상이 될 것이다. 매년 2천 명 이상이 에이즈로 죽어간다.[8]

하지만 늘 그랬듯이 무가베는 이런 비극을 끝낼 생각조차 하지 않았다. 그보다는 높은 인플레이션과 붕괴 직전에 놓인 경제에 쏠린 국민들의 관심을 그가 걸핏하면 끄집어내는 토지 개혁 문제로 돌려보려고 했다.

느닷없이 백인 농장주들은 또 한 번 공격을 받게 되었다. 이번에는 '전쟁 퇴역 군인들'이 추악한 본색을 드러냄으로써 그 방법이 특히 더 험악했다.

1997년에 무가베는 그의 연설 중 가장 무모했다고 할 만한 연설에서, 자신은 퇴역 군인들의 공로에 '감사하는' 의미에서 약 2억 4천만 달러를 보상할 것이라고 말했다. 그렇게 하면 이미 병들 대로 병든 짐바브웨의 경제 상황이 더욱 심각해질 것은 뻔한 일이었다. 하지만 그때까지만 해도 전쟁 퇴역 군인들이 토지 개혁에 개입하지는 않았다. 그러다 1998년에 이르러 국내의 불안이 최고조에 달했을 때, 백인 여자 농장주 하나가 '블랙 스쿼터(Black Squatter, 스쿼터는 무단 점거자를 말한다)'라는 집단의 공격을 받아 농장이 불에 타는 사건이 발생했다.

여느 사람들 같으면 흑인들의 이처럼 잔인한 행동을 보면서, 그 값이 얼마가 됐든 백인의 농지를 되찾는 것은 흑인들의 당연한 권리라고 했던 말을 취소했을 것이다. 하지만 로버트 무가베는 그러기는커녕 아내와 함께 영국으로 여행을 가서 해롯 백화점에서 쇼핑하는 모습을 보이기도 했다. 그러는 동안 짐바브웨에서 모건 츠방기라이는 수많은 짐바브웨 병사들이 콩고의 전쟁터에서 떠나기 시작했다는 보고를 듣고 기뻐하며 이런 말을 했다.

---

8. 나나 포쿠의 『아프리카에서 에이즈의 위기와 대응의 정치The Crisis of AIDS in Africa and the Politics of Response』(2001).

> 인플레이션은 하늘 높은 줄 모르고 치솟고, 경제는 혼란 그
> 자체다. 나라가 이처럼 어려운 상황에 빠져 있는데 왜 우리
> 가 그 전쟁터에 있어야 하는지 모두들 의문을 갖는다. 우리
> 는 전쟁을 치를 여유가 없다.[9]

츠방기라이는 '민주적 변화를 위한 운동'을 이끌면서 이후에 무가베의 주요 반대세력의 지도자가 되었다.

국내의 불안이 높아가는 가운데 귀국한 무가베는 언론의 자유를 철폐하기 시작했다. 언론인들은 체포되고 매질을 당하기 시작했으며, 백인 농장주들은 이보다 더 심한 위협을 받았다. 하지만 무가베는 정치에 입문해서 처음으로 겪게 되는 엄청난 패배를 피할 수 없었다. 2000년 2월 15일, 사실상 무가베의 국가 장악력을 더욱 강화해줄 새로운 헌법이 찬반투표에서 통과되지 못했다.

무가베는 패배의 상처를 어루만지면서 자신이 좋아하는 문제, 즉 백인 농지 문제를 다시 꺼냈다. 이 투표에서 무가베가 패한 지 이틀 밖에 지나지 않은 2월 16일에 '블랙 스쿼터'들이 떼를 지어 백인들의 농지를 습격했다. 자신의 별명을 '히틀러'라고 밝힌 첸체라이 훈즈비가 이끄는 스쿼터들은 이제 '전쟁 퇴역 군인들'로 더 잘 알려지게 되었다. 그들은 훈즈비의 지휘 아래 자신들의 요구대로 포상금과 전쟁연금을 지급하지 않으면 전면적인 내란을 일으킬 거라며 무가베를 협박했다.

그들에게 양보하든 아니면 정치적으로 자멸하든 둘 중 하나를 선택해야 한다는 사실을 깨달은 무가베는 전자를 택했고, 퇴역 군인에게

---

9. 『가디언』 1998년 11월 14일자.

각각 약 5만 달러씩 지급하기로 약속했다. 하지만 연금을 지불하기 위해 돈을 찍어내야 했으므로 인플레이션은 다시 치솟았다.

 그때까지도 상황이 밑바닥까지 추락하지는 않았다. 3월에 짐바브웨 대법원이 농장을 습격하는 것은 불법이며 필요하다면 무력을 동원해서라도 스쿼터들을 모두 제거해야 한다는 판결을 내렸기 때문이다. 하지만 법정의 판결은 무시되었고, 이는 곧 비극으로 이어졌다. 2000년 4월 15일에 데이비드 스티븐스라는 백인 농장주가 하라레 남쪽의 마체케에 있는 자신의 농장에서 스쿼터들의 총에 맞아 죽는 사건이 일어났다.

> 그 일은 두 달 전부터 수백 개의 백인 농장들이 습격당하기 시작한 이래로 최악의 폭력 사태였다. 일주일 동안의 쿠바 여행에서 돌아온 무가베는 하라레 공항에서 그 습격 사건을 주도했던 1천 명 이상의 전쟁 퇴역 군인들로부터 열렬한 환영을 받았다.
> 폭동에 휘말린 농장 공동체의 지도자들은 무가베가 이번 사건을 계기로 혼란을 끝내주기를 희망했다. 하지만 무가베와 그의 측근들은 스쿼터들을 추방하면 더 많은 생명의 손실을 가져올 뿐이라고 말했다.[10]

 그러나 정작 더 많은 생명의 손실을 가져온 것은 무가베의 '무대응'이었으며, 거기에 더해 끊임없이 계속되는 위협과 폭력이었다. 스티븐스가 살해되고 3일 후에 마틴 올즈라는 또 다른 백인 농장주가

---

10. www.telegraph.co.uk

불라와요 근처에 있는 자신의 농장에서 100명 정도 되는 전쟁 퇴역 군인들로부터 포위 공격을 당해 목숨을 잃었다. 숨지기 전에 올즈는 필사적으로 전화를 걸어 도움을 청했지만, 해당 기관에서 그곳에 도착했을 때는 이미 스쿼터들이 떠난 뒤였다. 올즈는 이미 사망했고 농장은 불길에 휩싸여 있었다.

BBC 특파원 벤 브라운은 올즈가 어떻게든 살아남으려고 했지만 어쩔 도리가 없었다고 보도했다. 그는 다리에 총을 맞은 채 집 안으로 도망갔다. 하지만 스쿼터들이 집 안에 화염병을 던지면서 집에 불이 붙었다. 집을 빠져나갈 수밖에 없었던 올즈는 집에서 나오기가 무섭게 총에 맞아 쓰러진 것이다. 물론 목숨을 잃은 사람은 이들만이 아니었다. 정치적 폭력이 점점 늘어나면서 5월 15일 즈음에는 농부 1천 명 이상이 공격을 당했고 그중 19명 이상이 목숨을 잃었다.

6월에 의회 선거를 치러야 했던 무가베는 모건 츠방기라이가 이끄는 '민주적 변화를 위한 운동Movement for Democratic Change, MDC'과 같이 점점 확대되어가는 반대 세력들에게 두려움을 느낀 나머지 선거에서 승리하기 위해 게릴라 전술을 사용하기로 했다. 그러면서 토지 개혁을 좀더 강력하게 추진했고, 수많은 백인 판사들을 해임시켰다. 또한 백인 농장주들을 가리켜 짐바브웨를 영국의 식민지 시절로 되돌리려는 사람들이라고 비난했다.

무가베는 훈즈비를 이용해 국민들이 자신의 정책을 지지하게끔 선동했다. 훈즈비는 폭력을 자랑스럽게 여기면서 이따금씩 "나는 짐바브웨 최고의 테러리스트다"라고 공언하곤 했다. 수많은 사람들이 그를 무가베에게 반대하는 자들을 혹독하게 매질하고 고문한 '짐바브웨 아프리카 민족연합-인민전선'의 활동가 중 하나로 증언한 것도 어찌 보면 당연한 일이었다. 실제로 '민주적 변화를 위한 운동MDC'의 구성원들 중 열네 명이 이 시기에 죽었는데도, 모건 츠방기라이는 절대 항복하지 않을 것이며 선거에서 끝까지 싸우겠다고 선언했다.

세계의 관심을 MDC 지지자들에 대한 협박으로부터 돌리기 위해, 무가베는 더 많은 백인 농장을 공격하고 더 많은 백인 농장주들을 살해했다. 그러면서도 이러한 살인 행위 때문에 시골 흑인들의 지지표를 잃을 것을 우려해(흑인 노동자들은 백인 농장주에게 일자리와 임금을 받고 있었기 때문이다), 백인 농장주들이 ZANU-PF를 지지하고 있다고 주장했다.

> 어느 지방 총독은 이렇게 말했다. '우리는 반대 세력을 지지하는 일부 백인 농장주들의 태도가 달갑지 않다. 우리는 더 이상의 전쟁을 원하지 않는다. 평화를 원한다면, 나와 지배당을 지지해야 한다. 고통을 원한다면 다른 당에 표를 던져라.'[11]

하지만 폭력은 끝날 기미가 보이지 않았고, 급기야는 반대편 지지자들을 구타하고 고문하여 투표를 하지 못하도록 하는 일까지 생겼다. MDC 설립에 관여했던 패트슨 무주와도 그중 하나였다.

> 아홉 번이나 체포되었던 서른여섯 살의 자동차 정비공은 심문을 받는 과정에서 경찰들에게 전기 고문을 받았고, 갈비뼈와 발바닥에 매질을 당했으며, 일곱 달 동안 가택 연금되었다.[12]

---

11. 스티븐 챈의 『로버트 무가베:권력과 폭력의 삶』.
12. 수 서머스의 '추방 기록Exile Files', 『옵저버Observer』 2003년 8월 10일자.

어느 날 밤 무주와는 무장한 민병 여러 명이 집으로 들이닥치는 소리에 잠에서 깼다. 민병들은 그를 납치해 가려고 했지만 다행히도 이웃 사람들이 와서 구해 주었다. 그렇지 않았다면 무주와는 분명 외딴 곳으로 끌려가 산 채로 매장되었을 것이다.

선거 2주 전에 짐바브웨의 모든 계층에서 행해진 협박과 폭력의 수치를 보면 섬뜩할 정도다. 1,400개의 농지가 전쟁 퇴역 군인들에게 점령당했고 최소한 29명의 반대 당원들이 죽임을 당했다. 이 모든 것은 무가베가 민주적인 과정과, 무엇보다 자신의 국민을 철저히 무시했음을 보여주었다. 무가베에게 중요한 것은 오직 선거에서 이기는 것이었다. 그의 바람대로 비록 근소한 차이이긴 했지만 그는 선거에서 승리했다.

의회 선거가 끝나고 나서 2002년 초기에 대통령 선거가 시작되었다. 츠방기라이는 무가베를 물러나게 하기 위해 또 다시 활동을 조직하기 시작했다. 반면 무가베 정부의 재무장관인 심바 마코니는 적절한 시기에, 공개적으로 나라가 심각한 식량 위기에 직면할 것이라고 경고했다. 동시에 세계은행과 IMF를 비롯해 짐바브웨에 막대한 액수의 돈을 지원했던 서방의 나라들 대부분은 짐바브웨와의 관계를 끊으면서 더 이상 지원하지 않았다. 무가베의 토지 몰수 정책이 주된 이유였다.

유럽 또한 폭력정치를 멈추지 않으면 제재를 가하겠다고 위협해 왔지만, 무가베는 눈앞에 닥친 경제적 파국에서 벗어날 생각은 하지 않고 자신의 지지자들로 구성된 짐바브웨 대법원을 통해 토지 '개혁'법을 합법이라고 선언하면서 계속 영국을 자극했다. 그러면서 외국의 기자들에게 압력을 가하고 짐바브웨 언론이 ZANU-PF의 정책에 반하는 내용은 절대 보도하지 못하도록 조치했다.

그런가 하면 무가베는 청년 여단을 설립하기도 했다. 이 부대의 신병들은 가난한 시골 지역에서 데려온 젊은이들이었다. 무가베는 정부에 절대적으로 충성하는 대가로 군사훈련을 받게 해주겠다고 약속했다. 젊은이들은 50명이 한 조가 되어 훈련을 받았는데, 이는 그들이 서로 유대관계를 형성하도록 하기 위한 것이었다. 훈련이 끝나면 그들은 지역 민병 형태로 복무하면서 그 지역의 MDC를 위협하여 ZANU-PF의 지배력을 높이는 임무를 수행했다.

이제 로버트 무가베의 힘이 미치지 않는 곳이 없었다. 그는 권력을 유지하고 국민들을 위협하는 일이라면 어떤 것도 서슴지 않았다. 그리고 자신은 여전히 권력의 자리에 있으며 대통령직을 포기할 의사가 없다는 것을 확실히 인식시키기 위해 2002년 1월에 세 개의 새로운 법안을 채택했다. 그중 하나는 '경찰의 승인' 없이는 집회나 시위를 열 수 없도록 하는 공공질서 법안이었다. 경찰은 정부로부터 급료를 받는 공무원이기 때문에 반대 세력들은 결코 그들의 승인을 받을 수가 없었다.

또한 무가베는 언론에 대해 기상천외한 말들을 했다. 그중 하나는 모건 츠방기라이가 토니 블레어의 꼭두각시에 지나지 않으며 블레어 정부는 게이와 레즈비언 장관들로 구성되어 있다고 말한 것이었다. 이 마지막 발언과 관련해서, 무가베는 게이와 레즈비언을 경멸하면서 그들 중 누구도 '정상적인' 짐바브웨인들과 똑같은 인권을 누릴 수는 없다고 말했다.

2002년 대통령 선거 과정은 부패와 무자비한 경찰에 대한 비난으로 얼룩졌다. 투표 과정에서의 조작이나 협박을 감시하기로 한 유럽 연합의 감시자들은 무가베가 자신과 정부에 적대적인 그들의 명단을 모두 발표한 이후 짐바브웨를 떠나야 했다. 그 명단에는 영국, 스웨덴, 독일, 핀란드, 네덜란드, 덴마크 등이 올라 있었다. 유럽 연합이 철수한 직후, 무가베는 MDC의 본거지에 있는 투표소를 줄이고

무가베의 반대 세력인 MDC 당 지지자들이 ZANU-PF 당원들에게 협박을 당하는가 하면 MDC의 지지자가 많은 지역은 투표소가 부족했는데도, 2002년 선거에서 상대편인 모건 츠방기라이가 125만 8,401표를 얻은 데 비해 무가베는 168만 5,212표를 얻어 근소한 차로 승리했다.

ZANU-PF를 지지하는 지역의 투표소를 늘렸다. 또한 이중 국적을 가지고 있는 백인 짐바브웨인들이 영국 국적을 버리지 않으면 투표할 수 없다고 발표했다. 하지만 이제 어떤 방법으로도 승리를 보장할 수 없다는 것을 무가베 자신도 잘 알고 있었다. 모건 츠방기라이가 여론조사에서 굉장히 높은 지지를 얻었기 때문이다. 여느 때와 다름없이 무가베는 좀더 야비한 방법, 그러니까 협박과 노골적인 폭력을 쓰기로 했다. 그로 인해 수천 명의 MDC 지지자들이 ZANU-PF의 공격을 받아야 했다(주로 매질을 당했다).

> 여러 지역에서 주민들은 MDC에 동조한다는 혐의를 받고 청년 여단의 손에 이끌려 그들의 막사로 가 폭행을 당했다. 병사들은 주민들의 몸에 상처를 내서 다른 사람들에게 본보기를 보여주려고 했다. 병사들은 어떤 젊은이의 등에 단도로 MDC의 머리글자를 새기기도 했다. 여러 채의 집에 불을 질렀다는 보고도 있었다.[13]

폭력적인 위협은 나라 곳곳에서 행해졌다. 도시에서는 ZANU-PF의 폭력배들이 MDC의 집회를 습격해 참가자들에게 경고하기도 했다. 경찰이라고 해서 나을 것은 없었다. 그들도 걸핏하면 폭력을 쓰고, 최루가스를 쏘고, 곤봉을 휘두르고, 총의 개머리판으로 사람들을 때렸다.

무가베는 사람들 앞에서 언제나 미소 띤 얼굴로 온갖 공약을 선언

---

13. 스티븐 첸의 『로버트 무가베: 권력과 폭력의 삶』.

했다. 나라가 기아에 직면한 상황에서도 그는 언제나 토지 개혁만을 주장했다. 마치 토지 개혁만 하면 국민들이 배불리 먹을 수 있고 국가의 위기도 해결할 수 있는 듯이 말이다. 선거일인 3월 9일이 되자 짐바브웨는 눈에 띄게 긴장감이 감돌았다. 투표소가 줄어든 지역에서는 사람들의 행렬이 끝도 없이 이어졌다. MDC 지지자들이 기다리다 지쳐 투표를 포기하고 집으로 돌아가는 것이야말로 무가베가 바라던 일이었다. 게다가 행정적인 절차가 너무 복잡해서 어떤 곳에서는 한 사람이 투표하는 데 7분이 걸렸다.

마지막 날 밤까지 수백만 명의 MDC 지지자들이 투표를 하기 위해 투표소 앞에 줄을 서서 기다려야 했다. 다급해진 MDC는 3일째도 투표할 수 있게 해달라고 대법원에 요청했고, 대법원은 이를 받아들였다. 무가베는 몹시 실망했다. 그러나 선거 3일째에 투표소를 열고 닫는 데 혼란이 생기면서 투표 자체가 엉망이 되어버렸다.

2002년 3월 13일에 결과가 발표되었다. 로버트 무가베가 168만 5,212표, 모건 츠방기라이는 125만 8,401표를 얻었다. 압도적인 승리는 아니지만 어쨌든 무가베가 승리한 것은 사실이었다. 결과를 조작해야 하긴 했지만 로버트 무가베는 다시 한 번 권력의 고삐를 움켜쥐게 되었다.

오늘날, 짐바브웨에서는 여전히 전쟁 퇴역 군인들과 무가베의 정부를 지지하는 무리들이 수백 개의 백인 소유 농지를 점령하고 있다. 반대당 지도자들과 그 가족들, 그들의 가정은 여전히 여당과 정부의 공격을 받고 있다. 식량과 연료 부족은 일상적인 일이 되었고, 무엇보다 비참한 것은 매일 200명이 에이즈로 죽는다는 사실이었다. 수백만 명의 짐바브웨 사람들이 로버트 무가베의 통치 아래에서 고통받고 있지만, 그는 국민들의 어려움을 덜어줄 그 어떤 일도 하지 않고 있다.

무가베와 그의 정부가 관심을 두는 것은 오직 어떤 희생을 치르더라도 권력을 유지하는 것뿐이다.

| 감사의 글 |

이 책을 쓰면서 여러 기관의 도움을 받았다.
특히 자료를 제공해준 런던 도서관 측에 감사의 말을 전한다.
그리고 편집을 맡아준 루블리 주블리 출판사의
로드 그린과 앨버트 클랙에게도 고마움을 전한다.

나폴레옹 전기

666 인간 '나폴레옹'
그는 알면 알수록 점점 커져만 간다(괴테)

역사상 그 누가 모스크바를 점령하여 아침 햇살에 빛나는 모스크바의 둥근 지붕들을 바라보았던가? 이 책은 너무나 잘 알려진 이름임에도 그동안 감추어져 있었던 영웅 나폴레옹의 진면목을 강렬하고 빈틈없이 요약했다. - 동아일보

펠릭스 마크햄 지음 / 값 13,000원

성서 이야기

기쁨과 슬픔을 집대성한 인류역사 소설
왜 인간은 에덴의 동쪽으로 돌아갈 수 없는가

노벨문학상 수상 작가 펄벅 여사의 '성서 이야기'는 경건한 종교세계는 물론 인류역사의 시작과 그 과정을 특유의 유려한 필치로 흥미롭게 풀어낸다. - 조선일보

펄 S. 벅 지음 / 값 18,000원

베토벤 평전

진실한 삶 속에서 울리는 풍요로운 음악 소리
베토벤, 자신을 버린 세상을 끊임없이 사랑하다

악성 베토벤의 인간적 삶에 초점을 맞춘 전기. 알콜중독자 아버지에게 혹독한 훈련을 받던 어린시절부터, 청각을 상실하는 말년에 이르기까지 베토벤의 삶과 예술을 풍성하게 되짚는다.
- 조선일보

앤 핌로트 베이커 지음 / 값 8,000원

상형문자의 비밀

고대 이집트의 눈부신 현장이 펼쳐진다

고대 이집트의 멸망과 함께 영원히 비밀 속으로 사라질 뻔했던 상형문자. 어느 날 회색빛 돌 하나를 로제타라는 작은 마을에서 발견하고, 돌 위에 씌어진 상형문자의 해독을 위해 모든 것을 바쳤던 사람들, 바로 그 정열적인 사람들의 신비로운 이야기.

캐롤 도나휴 지음 / 값 12,000원

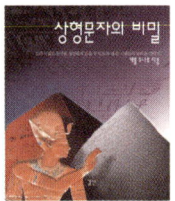

두개의 한국

한국 현대사를 정평한 제3의 객관적 시각
한반도 현대사는 진정한 핵의 현대사다

전 워싱턴포스트지 기자 돈 오버더퍼의 눈을 통해 한반도 문제의 핵심인 청와대, 평양, 백악관 사이에서 비밀스럽게 진행됐던 수많은 사건들과 핵 협상의 숨막히는 담판 승부를 생생히 목도할 수 있다.

돈 오버더퍼 지음 / 값 22,000원

절대권력(전2권)

'돈 對 사상' 현대 중국의 고민

경제 발전에 따른 중국의 부패상을 담아낸 장편소설로 '사회주의적 인간의 건전성'을 찬미하는 데 목적을 두고 있다. 그러나 현대 중국의 갈등과 고민을 당성黨性과 자본주의적 배금주의와의 충돌로 이해하는 데 도움을 준다.
- 중앙일보

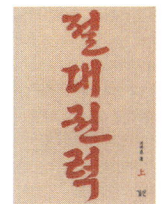

저우메이선 지음

연인 서태후

꽃과 칼날의 여인, 서태후!

지금껏 수없이 오르내렸던 서태후란 이름은 각각의 입장에 따라 다른 해석이 나오게 마련이다. 환란의 청조 말기, 그녀의 이름은 어떤 사람에게는 시대를 밝히는 등불이었으며, 또 어떤 사람에게는 무시무시한 독재자의 이름이기도 했다.
중국에 대해 남다른 애정을 보였던 저자에게 '서태후'란 이름은 특히 매력적이었을 것이다. 이미 대작 『대지』로 친숙한 저자의 필치를 통해 '서태후'의 또 다른 모습을 볼 수 있다.
희대의 악녀로 불렸던 그녀를 순수하고 열정적인 여인으로 재탄생시키고 있는 것이다.

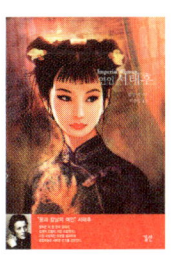

펄 S. 벅 지음 / 값 22,000원

양마담과 세딸

소리 없이 찾아드는 대반점의 밤

이 소설은 거대한 중국 본토에 피의 강을 범람케 했던 '문화대혁명'의 물결 속에서 영혼의 갈등을 겪는 한 가족의 이야기다. 상하이 최고 대반점의 여주인으로 언제 무너질지 모르는 아슬아슬한 삶을 사는 어머니와, 조국의 부름과 자유 사이에서 번뇌하는 세 딸들… 온갖 영화의 시기를 구름처럼 흘려보내고 대혁명의 습격으로 인해 문을 닫게 되는 대반점과 양 마담의 비참한 최후는, 인간이 역사에게가 아니라, 역사가 인간에게 가져야 할 도의적 책임은 무엇인가라는 엄중한 물음을 던지고 있다.

펄 S. 벅 지음 / 값 14,000원

매독

매독, 그리고 어둠 속의 신사들

콜럼버스가 신대륙 학살 끝에 얻어온 '창백한 범죄자' 매독은 근 5백 년간 천재들의 영혼을 지배하며 복수의 칼날을 휘둘러왔다. 링컨의 알 수 없는 광증, 베토벤의 청력 상실, 히틀러의 유대인 학살, 니체의 폭발적인 사유, 이 모두가 만일 매독이 불러일으킨 불가해한 현상이라면, 과연 유럽의 역사는 어떻게 달라져야 하는가?

데버러 헤이든 지음 / 값 20,000원

해외 부동산투자 20국+영주권

해외투자는 새로운 미래다!

이 책은 투자 천국인 미국, EU 영주권을 제공하는 몰타, 최저비용으로 고품격 삶을 누릴 수 있는 멕시코 등 20국가를 선별해, 금전적 이익과 생활의 자유를 한꺼번에 잡을 수 있는 새로운 차원의 투자 방법을 제시하고 있다. 새로운 경제 돌파구를 마련하고자 하는 소규모 투자자, 세계를 익히고자 하는 의욕적인 사업가, 새로운 문화 속에서 제2의 인생을 꿈꾸는 퇴직자라면, 이 책에서 해외투자에 대한 많은 정보를 얻을 수 있을 것이다.

헨리 G. 리브먼 지음 / 값 15,000원

누구를 위한 통일인가

전직 주한미군 그린벨의 장교가 바라본 한국의 분단과 통일관

한국 격변기 때 중요한 역사의 현장을 온몸으로 체험한 주한 미군 장교가 수기 형식으로 써내려간 이 책에서 우리는 흔히 접할 수 있는 딱딱한 이론이나 주관주의에 매몰된 자기 주장 따위는 찾아볼 수 없다.
마치 한 편의 소설을 읽는 듯한 착각에 빠지게 만드는 저자 특유의 생동감 넘치는 대화체 등의 현장 묘사와 그 동안 배후에 가려져 왔던 숨겨진 일화들을 공개함으로써 읽는 재미를 배가시키며, 나무와 더불어 숲을 아우르는 객관적이고 심도 있는 분석을 통해 남북 분단의 근거와 실체, 주요 리더들의 특징과 그 역학적 관계에 대한 정확한 이해, 그에 따른 통일의 함정과 지향점 등을 설득력 있게 제시한 역작이다.

고든 쿠굴루 지음 / 값 17,000원

톨스토이 공원의 시인

톨스토이, 그리고 영혼의 집 짓기

1년밖에 살지 못한다는 시한부 인생을 선고받고 숲으로 들어와 20여 년을 더 살아낸 20세기 마지막 시인 헨리 스튜어트. 이 책은 삶과 죽음 사이를 흔들흔들 오가며 둥근 지붕의 집을 지은 헨리의 특별한 이야기이자, 세월 속에서 잃어버린 우리 영혼에 대한 기록이다. 마치 눈으로 보듯 세밀하게 그려진 집 짓기 과정은 부나 명예와 같은 껍데기가 아닌, 내면의 뼈대를 구축하는 일이 얼마나 중요한가를 역설하고 있으며, 곳곳에 녹아 있는 레오 톨스토이의 사상은 매순간 삶에 대한 뜨거운 애정으로 되살아난다.

소니 브루어 지음 / 값 15,000원

Dear Leader Mr. 김정일

김정일은 악마인가? 체제의 희생양인가?

2005년 타임지 선정 '세계에서 가장 영향력 있는 100인(지도자&혁명가 부문)' 중 한 사람. 세계 최초로 핵확산금지조약을 탈퇴한 지도자. 예술적 면모와 열정을 지닌 북한 최대의 영화 제작자. 개인 최대 코냑 수입자. 주민의 10%가 굶어 죽어가는 나라의 지도자.
이 책에서는 이처럼 아이러니 그 자체인 김정일을 정확하고 심도 있게 분석하고 있다. 김정일을 둘러싼 분분한 소문보다는 그의 행동과 북한 체제, 과거부터 현재까지 북한의 역사와 한국과의 관계를 정확히 분석하여 가정을 세우고, 그 가정을 증명한 이 책은 그간 어디서도 찾아볼 수 없던 북한 정밀 보고서이며, 김정일 정신분석 보고서이다.
북한의 핵문제가 전 세계적으로 파급되고 있는 이때, 북한과 김정일을 정확하게 파악하지 못한다면 세계의 미래 역시 예측 불가능할 것이다. 저자는 이 책을 통해, 김정일을 사악한 미치광이로 매도하는 것은 지나친 단순화의 오류며, 김정일 또한 냉전이라는 덫에 사로잡힌 역사의 제물이고, 북한 공산주의라는 체제의 피해자임을 지적한다.

마이클 브린 지음 / 값 14,000원

통제하의 북한예술

'북한 예술'을 발가벗긴 책

우리의 관심을 벗어날 수 없는 북한예술은 이 책을 통해 북한의 정치, 사회사를 통합적으로 관통한 저자의 서술에서 그 희미한 실체가 윤곽을 드러내게 된다. 또한 풍부한 자료를 통해 생생하게 전달되는 북한의 미술 세계에서 우리는 이제껏 품어온 궁금증을 하나씩 벗어버리며 저자의 훌륭한 안내를 받게 될 것이다

제인 포털 지음 / 값 18,000원

사요나라 빠

일본 신사이바시 골목 어딘가에 '사요나라 빠'를 무대로 펼쳐지는 이 소설은 사랑과 폭력, 그리고 상처와 연민을 젊음과 중년세대를 아우르며 매우 실감나게 묘사하고 있다. (야쿠자 조직원과 눈먼 사랑에 빠진) 영국인 호스티스 메리, (소설 '황금비늘'과 '캐리'의 주인공을 연상케하는) 영험한 정신적 능력을 지닌 4차원적 인물 와타나베, (죽은 아내의 환상 속에서 살아가는) 외로운 일벌레 사토, 이들의 이야기가 탄탄한 구성과 함께 저자 특유의 현란한 문체에 힘입어 독자들은 어느새 '사요나라 빠'에 앉아 삶의 진한 페이소스로 혼합한 위스키 한 잔을 맛보는 듯한 착각에 빠질 것이다.

수잔 바커 지음

알리와 니노

사막의 영혼을 가진 소년과 숲을 사랑하는 소녀

이 소설은 낭만적인 사랑이야기이면서 동시에 우리에게 낯선 이슬람 세계의 역사와 풍습을 생생하게 보여주는 문학적인 안내서이기도 하다. 이 작품을 읽다보면 독특한 중동의 정서가 자연스럽고 친근한 모습으로 다가오는 것을 느끼게 된다.
사막으로 둘러싸인 이국의 풍경 위로 신기루 같은 사랑이 장대하게 펼쳐지는 이 작품은 아마 천년야화가 오늘날까지 이어져 왔다면 그 중에서 가장 아름다운 사랑 이야기가 되었을 것이다.

쿠르반 사이드 지음

독재자의 최후 / 셸리 클라인 지음 ; 이순영 옮김 - 고양 : 길산, 2005

384P. ; 145×211mm

원서명 : The Most Evil Dictators In History
원저자명 : Klein, Shelley
ISBN 89-91291-05-8 03900 : \18000

340.99-KDC4   324.2092-DDC21   CIP2005002149